資本主義と支配システム

その展開と終焉の社会過程

隈栄二郎［著］

合同フォレスト

目次

第3章　経済法則による支配システムの変成

第4章 後進国資本主義の形成と支配システム

資本主義と支配システム

その展開と終焉の社会過程

序

筆者は、これまでの拙著3書（『行為の集成』、『歴史としての支配』、『「上部構造」の社会学』）において、いわばわれわれの現在を理解するために、「歴史的背景の中の日本社会」という視点による分析を行った。それに対して本書は、読者の方々に歴史そのものを行為論的に把握し、それによって歴史の中の全世界を我が物にしていただこうとする試みである。これは同工異曲のようにも聞こえるがそうではなく、歴史の規定性を日本につながらぬものも含めて命題的にあぶりだすことで、日本以外の国を把握する枠組みの提供へつなげる、ということである。

こうした視点は、昔はマルクス主義の独壇場であった。本書もこの事実を無視するわけにはいかない。そしてその結果は、マルクス主義経済学の批判という形になる。このため本書は、一面、過去有効とされてきたマルクスの経済学的諸見解について、その有効さの根拠と隘路を、行為論的社会学の方法により、誰にでもわかる仕方で明らかにしてみせたものである。

元マルクス主義者に言わせれば、労働者は相対的にしか窮乏化せず、階級闘争は社会の多様化で消え、プロレタリア独裁など既にその言葉さえない。マルクスは終わった、ようである。しかし、そうではない。絶対的窮乏化も階級闘争もプロレタリア独裁も、全て限定的に正しい。そしてそれを「限定的に」支持する論拠を展開することは、筆者の主観的意図にかかわらず、かえってマルクスの洞察の内容を理論的に補強する、ということでもある。もっともまだ生き残っているマルクス主義者は納得しないであろうが。いずれにせよ、昨今の論者が持つ認識の正しさは、マルクスは過去の優れた一学者に過ぎない、ということだけである。

ともかくも読者は、本書の記述では、マルクス主義経済学・哲学・諸評論に跋扈《ばっこ》したジャーゴンの代わりに、同様の社会事象に関して、高校の教科書と同レベルの平易な社会学の言葉による説明を見出すだろう。ただ残念ながら、筆者の行為理論の用語と規定だけは知ってもらわなければならないが。

さて、マルクス主義経済学批判は、別にそれ自体に意義があるわけではない。この批判はただの手段である。そして、歴史の規定性を明らかにすることに存する本当の目的は、因果連関を適用することによる将来の洞察である。読者は本書に、有史の支配の歴史を通して拡大し続けてきた人間の自由が、最後の桎梏である「国家」による支配をどう打ち捨てられるか、その方途の提示を見るであろう。その提示自体は科学ではない。しかし、因果連関の科学は常に将来を予測することができる。人間にとっては、そのための「科学」の存在なのである。

この論拠は、隈の行為論的社会学である。本著は、隈の社会学を土台的な経済現象に適用すれば人間の新たな未来が見える、ということを証明しようとしている。

大げさに言えばこうである。マルクスが何を言おうと、あるいは資本主義を擁護する人間が何を言おうと、同様に、資本主義を否定したい人間が何を言おうと、世界の行く末は本書の記述どおりになる。

と、述べても本書の対象は広く、読者には本書の意図がつかみづらいと思われる。そこで本文の前に、文章構成の意図を申し上げる。

本書は序論を除き2部、6章に分かれる。

第1部は、資本主義の本質とその本質の影響力の限界について、社会科学に基づき、つまり行為論的社会学に基づき、その規定性が持つ因果連関を述べている。資本主義がその上に載っている基盤は支配社会のシステムなので、隈の前著とかぶらないようにしながらこのシステムについても述べている。とりわけ本著の焦点は、先進国でマルクス主義者にさえ見えなくなっている階級構造をめぐるシステムである。資本主義とは世界資本主義のことであるから、当然、ここには資本主義に直面した後進国が辿る状況をも含んでいる。

第2部は、将来状況の説明である。つまり第2部の趣旨は、社会科学的因果連関の立言の提出、それ自体ではない。筆者が第1部で解明済みの社会学上の因果連関の立言を将来状況に当てはめればこうなる、という説明である。と言ってしまうと、あまり科学的価値がなさそうだが、本部の説明内容を積極的に言えば、「資本主義の腐朽過程の存在により、なぜ資本主義が崩壊しなければならないか、を述べ、さらに、なぜその歴史的時点が、人間の有史以来の支配社会の終焉となるのかを述べる」ということになる。

ついで、各章別の意図を述べよう。

本論に入る前に序論として、資本主義論に入る以前の社会科学上の確認事項を述べている。序論では、本論がそうである社会科学と、本論があたかもそのようにも見える箇所がある歴史学と、これを扱うわれわれ主体の位置づけとについて述べる。

わかりづらいので少し解説すれば、行為主体が自由であること、あるいはさらに自由になることへの意思自体が、人間にとっての社会科学の方法に対して以下のことを要求する。つまり、第1に、科学的＝因果解明的であり、第2に、主体的であり、第3に、歴史的であり、第4に、人民的であり、第5に、変革的であることとである。

これにより、人は、社会科学の研究、叙述に当たっては、3つの課題を意識し、これをクリアしなければならない。第1に、行為としての主体性。これは、これまで隈の行為理論として再三述べてきた。第2に、見えないものを視る、という規定因主義。第3に、この第2の立場は第1の立場をも規定する。見えない自分の場所を視る。時間と空間を越えた自己の場所的立場において、自己の主体性を取り戻す。時空を同じくしているがゆえに、人民は、国家を超えて自己の自由を得られるのである。とりわけ、資本主義の検討は歴史的にされるだろうとお考えの読者が多いだろうことに鑑み、歴史学と社会学の違いについて焦点を当てている。

ここまでの議論は、基礎理論に興味のない方は、目に留まったところだけご覧いただければ良いのかもしれない。なお、本論で利用する隈の行為理論について、最低限を載せておいたが（第4

節）、こちらはご存じでない方には目を通しておくようお願いしたい。

次いで、第1章。

ここで、社会の支配システムについての可視と不可視の理論レベルの重大な齟齬、実はそれこそが科学の本質の現象形である2つのレベル間の差異についての議論が、押さえられている。支配とは、支配者組織のことでも資本家組織のことでもない。人民が刃向かえば困るシステムのことである。この「システム」について、その依って立つ所以、その社会に現れる状況について、基礎的に述べている。

次いで、第2章。

世界資本主義の法則的運動についての論議を淡々と続けていくには、社会科学の歴史にかかわる或る障害がある。マルクスの「資本論」である。

第1章において、有史以来の社会に存する支配システムについて述べてきた。これは本来、資本主義社会においても同様なのだが、とりわけ現在の社会科学においては、同様とみなされてはいない。ここで問題なのがほかならぬマルクス主義経済学である。

現実に歴史に起こった変化は、支配者が商業従事者に私的所有という権力を加えたという要素の変更のみである。これだけが、唯一つ、制度上起こった変化である。にもかかわらず、大方の社会科学者の間では、いつの間にか支配者は資本家に代わり、人間の労働を収奪し続けてきた支配者の歴史は、これまた「搾取」と称される「労働力」の「等価交換」なるものに変容され、支配の歴史が継続しつつあることは抽象の闇に隠されてしまった。この事情をもたらしたのが「経済学批判」

＝資本論である。資本主義社会は資本家が作ったものではない。それはそれまでの支配者が、あるいは国家が作ったものであり、そしてありつづける。これを透視できなかった資本論を、まず批判しておく。

ついで第3章が資本主義的支配システムの成立とその腐朽である。

支配システムが歴史の中で資本主義という経済システムを選択したことで、支配システム自身にどのような性格付けの変化をもたらしたか、を述べる。

ついで、資本主義の進展が、その進展という事実によって、もう一つ別次元の要素を歴史に与えることを述べる。武力と行為共同性である。この過程が、資本の過剰とあいまって、資本主義を腐朽へと導く。

統一的な武力システムが確定した先進国においては、支配権力自体と経済法則は、変わらない、あるいは変われない。が、その中で人民の自由は成長する。その秘密が行為共同性である。もう少し具体的に言えば、不可視のシステムとしての「階級」であり、可視である身分と意識の諸形態である。この行為共同性による歴史の進展を説明する。

第4章は後進国である。

第3章までの先進国の現状の規定性の次に、これまでの純粋資本主義的な議論では語れない世界資本主義の局面を押さえておく必要がある。後進資本主義国の事情である。現在、世界資本主義の中において窮乏化の法則の最底辺を担っている後進資本主義国には、独自的な経済規定、あるいは生産関係規定と、さらにその過程における武力水準と行為共同性の独自性がある。この件について、後進諸国を通じた一般的因果連関の抽出を試みる。これにより資本主義成立以降の世界史的法則性が一貫する。

第5章は資本主義の崩壊である。

現在進行中である世界資本主義上の窮乏化の法則が実現したときに、資本主義は崩壊する。初めに行われるのは資本主義から離脱する革命である。何かを目指した革命ではない。これが歴史的法則の重要な規定性なのである。自由に将来が決められたらそれは資本主義ではない。やむにやまれぬ進展が、歴史の規定性なのである。

過去の筆者の著作ではこの変更過程についてそれぞれの著作の視角から述べてあるが、本書では、第1に、人々の資本主義否定の動機が運んでいく体制の性格を述べ、第2に、この体制の性格がもたらす、次の体制である「真の」共産主義体制への変更可能性について述べる。

第6章は新社会の規定性、変更される社会の向かうべき地点である。

ここで必要なものは、既存の洞察や思い付きの厳密化ではなく、行為理論という根拠の元での過渡的な理想状態の理論化である。本書ではそれ以外のことは記さない。過渡的な理想状態とは何か。それは、悪意ある支配権力者がいたとしても、その悪意を社会の拘束によって発揮させない状態であり、本章ではこれを記すのである。つまり、「国家」という実は「支配者」が行う、人間の自由の拘束行為への制限の方途である。

本書は古い人間の文章作法に則って、論争的ではある。古い人間も年齢とともに論争に倦み筆鋒は鈍くなってはいようが、それでも70年以後の世代にとっては刺激的に過ぎるかもしれない。その場合は、過去の歴史を伝える伝道書としてでも取り扱われたい。

現在、資本家であれ労働者であれ世界の人民が陥っている、支配の中で自由を志向することによって自己を締め付ける自己疎外の行為の罠がある。著者としては、本書により、この行為への規定性の因果的継時的過程を認識していただければ、科学を伝えるという研究学徒の満足を超えて、幸いである。

序論

本論は、行為論的社会学により経済学の限界を指摘し、これを乗り越えんと意図する試みである。しかし社会科学である一方、あたかも歴史学であるかのような様相も見せる。この序論では、社会科学と、歴史学と、さらにこれを扱うわれわれ主体の位置づけについて述べる。

本論は行為主体の行為理論に基づく社会科学であり、行為主体の本質とは、行為主体は自分が選ぶ次の瞬間に自由になろうとすることである。この意思自体が、人間にとっての社会科学の方法に対して、第1に、科学的＝因果解明的であり、第2に、主体的であり、第3に、歴史的であり、第4に、人民的であり、第5に、変革的であることを要求するからである。

社会科学・歴史学・主体の位置づけというこれら3項は、もちろん密接不可分のものであるが、たかだか数十ページの序論であるので、この論述には3項を統一させるような細工は施さず分断して述べる。しかし、だからといって絡み合った構造が変わるはずもないことにはご留意願いたい。

さて、この前提により、人は、社会科学の研究、叙述に当たっては、3つの課題を意識し、これをクリアしなければならない。第1に、行為としての主体性。これは、これまで隈の行為理論として再三述べてきた。第2に、見えないものを視る。規定因主義。第3に、この第2の立場は第1の立場をも規定する。視えない自分の場所を視る。時間と空間を越えた自己の場所的立場において、自己の主体性を取り戻す。時空を同じくしているがゆえに、世界の人民は、国家を超えて自己の自由を得られるのである。

第1節　不可視の規定的構成の解析

研究は主体がいなければ始まらない。したがって叙述は研究主体から始まるべきであるが、一般読者がまず知りたいのは、本書で解き明かされるべき対象であろう。ここでは論理的前後を承知の上で、まず本書で扱う対象を述べる。

1　社会科学の本質としての不可視の解明

本書では「システム」という語を使う（注1）。「システム」は現実的具象ではなくて観念的構成物ではあるが、行為主体の事実認知にとっては、それこそが本来の現実である（注2）。システムと具体的事象の違いは、環境と行為の違いである。人は自分を取り巻く環境のできる限りの認知の中で、どうすれば自分の行為の自由を実現できるかを考慮のうえ、行為に及ぶ。この行為が人間には「見える」のである。あるいはこの行為がなければ「見えない」のである。見えるものを操作しなければ、見えないものは変化しない。それは、荒地の開墾には、草を刈り木を切り倒し、木の根っこを掘り出さなければならないのと同じようなものである。

しかし、荒地の開墾の達成に本当に必要なものは、人間を生かす消費財の入手の仕方であり、木の根っこを取り出すための馬の入手先であり、植えてできた生産物を運び出しうる流通経路である。

それらは眼には見えない。開墾者はこれらの目に見えない事情に規定されながら、具体的行為に及ぶ。

他方、これらの具体的な行為の結果、荒地は開墾され、開墾者の食料は地産され、馬も自家繁殖し、それまで隣町で終わっていた都市社会の流通経路もこの村まで伸びる。不可視の環境が変化する。あるいは例を変えれば、戦争で勝つのは兵器生産力とその背景であるが、その方法は、目の前の敵兵を銃で倒すことである。

武力の支配は、実際に肉体に武力を行使することである。が、この事象の結果が関係行為者に明示されれば、後は関係行為者の事実認知の能力が支配を確定する。支配者の銃の脅威がわかれば、被支配者は銃の発砲の記憶だけで服従する。ここまでは可視的な過程であり、事実認知は「可視」のものである。

他方、この背景には、支配権力が武力を行使する理由、すなわち、支配者の生理性の確保の方式、あるいは当該社会での賞賛と優越の褒賞がある。それらの内実は、消費物資を得、威信や良い評判を得ることであるが、こちらが見えない世界である。支配者は順調に消費財が手に入り、近隣領主から被支配者人民支配の手際が賞賛され、近隣領主から部下たる証拠の貢物を入手できていれば、それ以上武力を行使する必要はない。あるのは子供の遊びのような、他称「わがままな」権力行使そのものである。

そもそも現象の本質が目で見えるものなら科学は要らない。視力さえあれば誰もが大理論家になれる。自然科学者は物の落ちるさまは見えるし、月の満ち欠けも見えるが、それでは科学にはならない。自然科学者は、同じ現象を予見し、次の瞬間の現実に当てはめるために、目には見えない「数値量」の計算をどのようにするかで頭を悩ませる。それが因果連関を提出することで行為者の役に立つ科学の役目である。

社会科学の場合はどうか。数理社会学の理論家は、標本の数値量を計測しつつ、その場の集団の特性を目で見られるようにしようと頭を悩ませる。数理社会学は自然科学と同じようではある。しかし、社会科学の場合は、それにとどまってはくれない。社会科学は、ある人間が次の行動をどうとるかの知識をそこから得ることにより、社会内において彼の目的を達成することに貢献する命題集である。これには彼の目的を邪魔するその他の人間の反応の法則化を得なければならない。しかし、他の人間の反応を見ることはできない。見てからでは遅い。そもそも他者の行為はその行為が現実に現れるまでは不可視である。

念のために「なぜか」と付け加えておけば、人間には選択の意思があるからである。人間は、ある現実の一行為について、その一瞬前まで自分の行為の決断さえもわかってはいない。人間は自由である。この自由から逃れることはできない。一方、社会科学はこの自由な人間が集まった社会の中のその行為を法則化しなければその目的を達成できない。ここに、「社会科学にもしも法則があるとすれば、それは不可視である」という立言が生まれるのである。

しかし、この結果を「力の平行四辺形」論のごとく、総括して扱ってはならない。そもそもその論の由縁は、科学者エンゲルスから19歳の学生への私信における単なるアナロジーの説明であって社会科学理論ではない（注3）。社会科学とは、同じ著者がその著作で述べているように、偶然のように見える出来事を支配する「内的な、かくれた諸法則」「大切なことはただこれらの法則を発見すること」なのである（注4）。

人間、あるいは哺乳類は、自分に立ち向かってくるものだけが敵である。幸せなものだ。さらに同様に、自分と違う意見は敵である。おめでたいものである。それ以外のものは、自分の「環境」であり、自然や神の領域なのである。おめでたいのはかまわないが、それでは他の環境の中で道筋を持って生きている人間が目に入らなくて自分が困るのではないか。もちろんそうした状態のまま社会を見るとしたら、結果しかわからない。結局、それは「力の合成」だから、とか「神の見えない手」だからといってごまかす。

そうではないのだ。社会システム内に生ずる全ての事象は、いちいちに確認されるはずのことなのだ。すべて人間は理性的である。「力の合成」などというのは、ただその理性を把握していく視角を持たない人間の戯言である。戦争が起きるのは国家支配者同士の思惑であって力の合成でないのと同様に、あるいはそうした立場で見なければそれは科学の放棄であるのと同様に、人の行為は、科学にとっては、行為者の思惑の結果であって、力の合成などではないのである。問題は、その解明のためには、帝国主義戦争の解明が当時の資本主義の利潤獲得様式と行為共同性を媒介としなければならないように、行為者の思惑の解明ではなく、人間の諸行為の媒介物の解明によって行わなければならない、ということである。

（注1） システムという言葉と「システム論」について、人は自己の望むべき将来の実現に、コミュニケーションが取れる人間以外の要素があると、この要素を強制装置と受け取る。これがシステム論の発想である。この意味では、当然システムは、この強制装置のメカニズム、というわけでよいのではある。ただ、これは外部的なシステム観である。確かにこれで、人は外部に強制的メカニズムがあるのを知る基礎を得るが、所詮このメカニズムなるものも、他者の「説明的解釈」によって得られる「システム」的事実認知に過ぎない。

同様な個人内過程がもう一つある。行為が同一の人々という他律的状況の把握である。人は、自己と同じなので、その行為を自己の行為の範とする過程は確かに存在する。ただし問題は、これら自己の環境にある人々が「システムを持っている」わけでもなく、またこれから「システムを作る」わけでもない、ということである。あるいはそれらの人々が持つ情報がシステム的であるわけでもなく、それらの人々とのコミュニケーションがシステムとなるわけでもない。人によって表現の違う、これらの外在的なシステム把握に対しては、以下同様、というわけである。

人間への諸拘束は、権力的拘束と共同体的組織上の拘束、これらからくる行為の原理・原則的規準、さらにそうした既存の拘束性を破壊する歴史による不可抗力な新規要請、とに分かれる。それらは明らかに個人の外にあるものと個人に認識される拘束的な社会事象なのであるが、決して「システム」ではない。ただ人間が人間であるために行為してしまう道筋、である。ただ本書では、その強制性の表現のために、便宜的に「システム」の語を使用する。

（注2） 序論早々に恐縮だが、「事実認知」以下、筆者の行為理論に基づき叙述が展開してしまう。隈理論に

初めて接する方は、初めに序論第4節に目を通されるとわかりやすいかと思われる。

（注3） F．エンゲルス、大内・細川監訳「エンゲルスからヨーゼフ・ブロッホへ（1890年9月21日）」『マルクス＝エンゲルス全集第37巻』所収、大月書店、1975。

（注4） F．エンゲルス、松村一人訳『フォイエルバッハ論』岩波書店、1960。

ただし、エンゲルスは国家の独自性に気づいてしまっているので、きっぱりと唯物史観の法則を述べることはできなかった、という事情もあろう。

2　見えないシステムを視る

では、見えないものをどうやって知るというのか。

システムとは、行為の規定性である生産の体系なり賞賛や優越の供給それ自体を構成素とするものではない。人間が行為の遂行の際に認知する種々の影響要因を媒介とするものであり、この媒介要因のその状況での存在形態とその変容状態が、見えないシステムの可視要素なのである。この媒介要因が行為との間に持つ媒介関係を、社会事象の「規定性」という。

（1）規定性と行為論

規定性といったが、その規定は行為に対する規定である。行為論なしに規定性を振りかざすことはできない。では「客観的な唯物論」はどうか。唯物論といったところで、その内実に根拠はない。

そうした論において客観的物質と人間との間の関係に何かが想定されているのか。いるなら教えていただきたい。筆者が接し続けたそれらの全てでは、要するに日常知の常識論である。自分だけの生活から来る日常的知は、常に自分に都合が良くできている。かくて、世の中はイデオロギーだらけである。

そうではない。全ての行為の一部始終は、人間か、神か、運による。それ以外に何があろう。そして、神も運も、社会学の対蹠に位置する。

他方、社会学とはいえ、そこに見られる定義設定のたぐいの社会制度の機能の指摘、あるいは一般論では「定義付け」、には何の社会科学の前進はない。社会科学というものは、現象の存在を指摘するものではなく、なぜその現象が現象するのか、という理由を明らかにするものなのだ。現象の存在などはたかだか2、30年社会調査してきた社会学者より、その現象の只中で2、30年毎日毎日苦労して生活してきた一般人のほうがよく知っている。その一般人が学者に求めるものは、その自分の現実の由来なのであり、だからその変え方なのだ。規定性というのは唯物的な現実の配置そのものではない。なぜその配置が存在するか、という、その理由なのだ。

現実と、現実が発現する理由とは別の事柄である。現実とは、行為者による、彼の行為の将来にかかる事実認知の定立的再構成である。直近のそれを含めた過去の出来事を集めて、彼の頭脳で考え出された、自分にありうる行為の将来のことである。再構成とは、その認知が日々、時々に変化していく、ということである。

かたや現実が発現する理由とは、行為の規定性の抽象的構成作業である。その「現実」が、なぜ生じたのか、これからも生ずるのか、これは変えられるのか、その認知の脳内での構成のことである。

また、現実的知を担うとはいえ、社会科学と実証学（あるいは実証学者の心情を慮れば、理論科学と実証科学）とは、きっぱりと別のものである。実証学は、現在の状況の実態を眼前させ、人間の次の行為の環境認識とするものである。ところで社会科学とは、その現在の状況を実現させた規定性を探り、人間の次の行為について、行為の将来を彼の希望や思いに沿ったものとするために必要な方向性を、定めさせるものである。

（2）行為上の可視

「可視」とはもちろん対象が身体的五感の回路を通ることであるが、現実はそれには止まらない。五感の回路を通った後には、行為の原理と原則を経過することによって、行為主体により処置されるのである。言い換えれば、「可視」とは、行為者にとって、環境認知、すなわち生理的要求の対象事物の現状と、他者との行為連関に生ずる優越と賞賛の想定という2つの認知のことである。後者は、客観的には、当該行為者の主観的環境である権力と行為共同性を指しているのである。

「行為共同性」とは、「現実」についての行為者の事実認知にかかわる構成概念である。すなわち、行為共同性を形作る「現実の武力」と「現実の賞賛」に対応する、行為者の行為を通じた事実認知を、研究者的外部視角から抽象したものである。しかしてその本体は武力であり、その規定性自体は武力システムの分析によるのである。

が、にもかかわらず、行為共同性という概念は、その他の事象とは独立に考慮・検討される。それは第1に、現実の行為者を語る際の道具としてではあるが、第2に、それが集合的な性格を持つことにより、社会の横断した説明にも用いられうるからである。

行為者への直接的強制を構成する武力は、基本的に可視である。もちろん、国家武力は過激なデモにでもいかないと「見れ」はしないが、それでもテレビの実況中継で「見ることはできる」。しかし、行為者への間接的な強制を行う生産関係は、見ることができない。そのためその存在を疑う人間も出るほどである。

こうした間接的な強制を「視る」方途が、社会科学理論における規定性の設定である。規定性はその概念によって、世界に遍在する事象を時空を超えて知覚し、行為主体の次の行動を作ることができる。

(3) 行為による操作性

「不可視のものを視る」という意味は、その字面である「その存在を確認する」ことに止まらない。その存在を確認するとは、「これを操作することによって確認する」ことにその真実の担保を持つのである。

社会の現象が把握できるかどうかの問題は、可視性ではない。誰でも見えるのだ。見えるけれども把握はできない。ではどうやって把握するか。ポイントは操作性である。社会の現象は行為主体から疎外されたところにあるとは言える。しかし、疎外されていようとも行為主体が行いうる操作性こそが、社会現象が持つそれこそ誰にでも見える疎外性なのだ。自分の行為を自分で行えばよいのに、わざわざ自分の行為により他人を使って、これにより自分の行為を実現するわけである。

（4）行為主体と事象の契機

ある事象は誰にとっても中立である一方、個人としての人間は、これを意味づけすることによって、初めて認識する。人間は中立な事象に当てた照明の方向のいかんによって、ある事象の、中立ではなく自分にとって必要な契機を初めて見出せる（注）。中立な神の身ならぬ、環境の中で行動しなければならない動物は全てそうであり、人間も動物なのである。

ここで、契機の抽象されない論は本質論ではない。本質とは、それが他の事象にも適用されて始めて本質なのである。歴史個性的な事象に、その個性性をいくら解説してもそれはイデオロギー的説明であって、他者にとっては何の意義もない。あるいはそのための経過叙述は、ただのイデオロギー的抽出であって、他者には何の意義もない。本質論的経過叙述の事実抽出は、本質的契機の例解としてのみ意義があるのである。

（注）　契機とはそれによって初めて人間にとってのある社会事象が人間にとっての別の現象に姿を変えさせる人間行為の動因のことである。どこにでもある歴史的過程の事実上の発端は、決して契機ではない。

（5）支配の図式による説明

支配については、支配者の消費物資への要求と、これに呼応し供給過程を担う一群の被支配者、さらに供給物資のそもそもの生産者という図式ができる。この関係を支えるものが支配者の武力であり、また。武力と消費物資の提供への見返りの賞賛と優越と、さらに支配者からのお下がりの消費物資である。

この図式の三者について、生理性の確保と賞賛と優越の要素をめぐって行為論上の説明は下しうる。ただし、それはまだ可視的な現象論なのである。それは行為論上の説明に過ぎず、そんなものは見てわかることである。支配者と呼ばれる政府関係者、一部被支配者と呼ばれうる経営者、さらに生産労働者について、これの説明を加えれば、社会の中で暮らす人民の納得の範囲内で説明は完結する。

しかし、科学で要求されるのは、その関係がどのように維持されているか、という過程である。現象的な「理由」などがいくら「知れた」ところで、これを変えることはできないからである。

第2節　歴史と社会科学

1　研究者としての主体性

(1)　歴史と事実と研究主体

「事実」というものは、そもそも論からすれば、五感的な環境事象の変更の認知に過ぎない。これをいかに「事実」と呼ばれるものにするかは、すでに、当該受け取り手と、受け取り手の表現を聞いた他者との問題である。

が、だからといってこれを「言語論的転回」などというのは、恣意的な評論作業あるいは遊戯に過ぎない。この受け取り手と他者の社会関係で重要なのは、使った言葉ではなく、指示された環境のパーツであり、その環境のパーツへの過去の両行為者の事実認知だからである(注)。

この記述には少し説明が必要だろう。たとえば街角で赤ん坊を抱っこした女が胸から血を流して倒れた、女はもう息をしていない、これが日本語でいう事実である。しかし、この直前に銃弾が飛んできて女の胸に当たっているとき、これを生活者であれば、女は殺された、と言う。さらに銃弾の銃が兵士によって持たれていたとき、女は兵士によって殺された、と言うだろう。さて、これは事実だろうか？　実は兵士の意図としては女の後ろで吠える狂犬を狙ったのだ。しかし、女が兵士に殺された、という話自体は、世に語り継がれる「事実」である。

ここで女が兵士に殺されたことが事実かどうか、は、歴史にとっては問題ではない。それが「言葉」でしかないから問題ではないのでなく、すでに歴史はこの認知の下に先に進んでいるからである。人間の関係というものはそうやって進んでいく。「そもそもそれは事実か」は、歴史ではなく、兵士という個別の人間存在の問題であり、彼の家族や友人の問題である「にすぎない」。

こうして、語られる事実はそもそもは「事実」などではないけれども、生活者としては、その語られる事実が「真実の事実」として扱われて不都合はないのである。

さて、ところで、ここで進んでいく歴史は時系列としての歴史にすぎない。時系列としての歴史によって語られることは、その次に生ずる出来事の「納得」である。この女はガザの住民であり、兵士はユダヤ人であったとき、人はこの事件の後に起こったガザ地区の暴動を納得することができる。こうした性格の「歴史」が時系列の歴史であり、基本的に歴史家が「その提示も歴史学の大きな部分だ。」「いやそれこそが歴史学だ。」と認め合うことだろう。

そもそも歴史は、歴史家が思っているような、著者が自分の書いた本で表したかったような物語ではない。それは、時間的に過去と認識された一連の事象ということ以外にはない。それは一連以上のものではなく、その一連に行為論上の意味があるかどうかがその行為者の事実認知にかかわるだけである。もちろん、「全歴史を通した意識」などはあるはずもない。「その長い数個なり数十個なりの連なる歴史の結果が集約された結論的事実」以外には、行為論上で意味を持てないからである。

さて、それらが歴史学である。そして決して社会科学ではない。歴史学が科学と融合するのは、それが他の現実に有効な因果連関の提示に貢献するときである。著名な理論者を挙げれば、大塚久雄である。別に大塚久雄の論が正しいと言っているわけではない。その方針が科学と歴史学の融合だと言っているだけである。正しくなければ反論すればよいし、それが可能なのが科学のとりえである。

しかし、ここまでは歴史学であって歴史ではない。歴史は決して歴史学者のものではない。生きている人間のものである。歴史とはわれわれであり、死んだわれわれの友であり、あるいは敵のことなのだ。生きている人間は生きている限りにおいて、自己の歴史を持つ。それはその前で「立ちすくんで」などいられない、今日と明日の「我が事」なのだ。

元に戻って、この「歴史」の構成素は、時系列の出来事ではない。それは出来事の意義であり、出来事を担った人々が持った意味であり、それを我が物とした行為主体の存在意味である。出来事を担った人々の意味は時系列で叙述できる。しかし、出来事の意義は科学でなければ解けない。科学の解明なしに人は歴史を自分の行為のパーツにすることはできない。過去の出来事を因果連関で把握しそれを未来への過程として捉える、しかして自己の次の瞬間の行為の未来を因果連関の過程として捉え直す。この二重の因果連関を把握するのが、社会科学なのである。

ここで念のために記しておけば、世の中に「無色透明の事実」などというものはないのと同様、科学の意味や意義は、常に行為主体の志向性と共にある。無色透明の意義などというものはないのだ。ある研究に意味がある限り、その研究には行為主体の志向性ないし嗜好性が伴っている。

当然、歴史とは、研究者が対象から掘り出し、切り出して、再構成したものなのだ。この研究対象の運命は、営為を行う人間が人間である限り免れることがない。研究者は対象の性質を選び提出することで、歴史を自分と自分に連なる他者のために、構築するのである。

（注）暗に筆者が念頭においているホワイトの「実用的な過去」は、社会学で古くから指摘されている観点のイデオロギー的性格を歴史学について遠巻きに眺めて敷衍しているにすぎない。しかも悪いことに、この際に、事実とフィクションを同列に扱うという文学者ならではの作業を行っている。これは社会科学にとっては誤った作業であるというのが簡明であるが、正しく言えば、科学者とは世界の違うお話である。

H．ホワイト、上村忠男監訳『実用的な過去』岩波書店、２０１７。

（2）因果連関の非歴史性

人間の思考は、いわば、平面的である。「平面」で語弊があれば眼前的である。人は、眼前の一事象がどう動いてきたかを誰でもよい他の者とともに知ることはできる、が、なぜこう動いてきたかを誰でもよい他の者と同時に知ることはできない。歴史は全てであるがゆえに、その何に焦点を与えるべきかは、主観の選択に依存するからだ。あるいは、歴史の経緯を心得た者も、歴史がこれからどう動いていくかを過去の知識を元に類推することはできない。彼が知っている歴史の要素は、これからの要素とは違うからだ。

さらに人は、歴史の中にある因果連関を見つけることはできるが、歴史の中に或る因果連関を埋め込むことはできない。そこに作り上げられた事態の像は、歴史ではない。歴史は全てであるにもかかわらず、事態の像は選択された要素の姿であるからである。

もっともこれは歴史というよりは「継時的変化」である。すなわち、その過程に100年かかるのか300年かかるのか、はたまた600年か？　それは規定性の考慮の範囲ではない。それこそ「種々の歴史的要因」というものである。にもかかわらず、歴史をその本質が経過する。たとえば資本論の洞察的な主張において、今は共産主義の亡霊が薄くぼやけて安心したのか、人は「マルクスの予言は当たらな「かった」」などと過去形で言いたがるが、科学的規定性と歴史との関係は、読者には残念ながら読者個人が過ごす時間を反映するものではない。

2 継時性の社会科学

このように、社会科学と研究対象は、継時的なものである。この継時性を研究主体が認識して研究に組み入れた場合、研究対象と研究結果は歴史性を持ち、当該研究の従事者は歴史的主体となる。行為者にとっての歴史とは、継時性が行為共同性をまとったものだからであり、研究対象と研究結果には、研究者の視座が持つ行為共同性が注ぎ込まれ、研究者は、研究という人生経過とその果実の取得から、社会（構成員）との行為共同性を事実認知する。そして読者はこれらの結合総体を歴史として認識するのである。

社会科学の項目としての「歴史」とは、つまり諸行為者にとっての因果連関を提示する歴史とは、決して過去の事象の操作結果のことではない。そうした、操作する各個人の思いで異なる日々の物語の集積ではない。「これから人々の間に存在せざるをえない私の生は、人々の合間でどうなるのか」という行為未来の推定のことである。この「社会の中の私」という現実ゆえにこそ、社会で一つの、あるいはそれに対抗的に存するものとで二つの、歴史が存在しうるのである。

もちろん、「いや私にとっては私の祖先がどうやって暮らしてきたのかということが歴史だ」というのはかまわないが、それは社会科学ではなく歴史学、あるいは文学の対象である。そうした「私」の幾百万の集合体は、社会科学とは何のかかわりもない。

人間の歴史の本質は、人間による自己の自由の追求の結果と新たなその追求であるが、これは被支配者にとっては残念ながら、支配からの自由の追求というのが正しい。対照的に、有史以来、支配者にとって自分たちの歴史は、自由の追求である。経済上の要素だけで言えば、人々はただ生存し死んでいくだけだ。社会の中で人々の歴史を作るものは、権力すなわち行為共同性と事実認知とである。

言い換えれば、経済的与件を乗り越えようと努力するのが権力、すなわち権力によって個々人の間に生成された行為共同性ということであり、その結果を事実認知するということである。目下の経済的与件は乗り越えられないかもしれないが、それにより道は曲がる、あるいは転轍される。

もっとも、経済的要素というのは、生理性の原則のことを指す。カネがからめば経済的と思うかも知れないが、そうではない。生理性の原則とは、自分や家族の、今ではなく明日の、消費物資の確保状況を指す。これに対して、カネとは、現代では多くの場合、賞賛と同時に与えられる褒賞である（にすぎない）。

とりわけ武力では生理性を確保できなくなった時代、すなわち資本主義腐朽期においては、支配武力はその権力の復活、すなわち国家（社会）主義と行為共同性、すなわちナショナリズムに頼るしかなくなるのである。この場合において、行為共同性のない集合体が、差別対象として存在するとき、行為共同性は暴力的となる(注)。

（注）小野塚知二編『第一次世界大戦開戦原因の再検討』、岩波書店、２０１４、は、民衆心理のナショナリズムを強調している。歴史家は歴史叙述上何かを歴史主体とさせなければならない。それが人間の場合は意思主義になるので、民衆心理が個別に（権力とかかわらずに）存在すると思う傾向があるようである。

3　人間の行為の原則と歴史

社会システムの歴史の解明においては、支配者が主役だからといって、社会科学の思考上の支配者に血肉を、あるいは情を、与えてはいけない。そこでの支配者はカテゴリーたる支配者である。本人がどんな性格であれどんなパーソナリティであれ、いたしかたなく行為せざるを得ないその規定性こそが支配者なのである。それゆえにこそ、ポイントはその規定性なのだ。どんな人間であれ従わざるを得ない規定性こそ、歴史の原動力である。

（1）消費物資の傾向的増大

社会変動の進展とは、第1に、行為者にとっての「利害」の進展にある。人は、環境内の利害の進む道にあわせて行動し、それにより別の人間の利害の環境となり、これを繰り返す。その多くは、いわば、「経済的」問題すなわち消費物資の取得の傾向性である。マルクス主義者であれば意気揚々とこれを論述してみせるだろう。

一方、第2に、本人の消費物資の増減を認識する権力者の対応の進展でもある。権力者は支配社会においては決定的なキーパーソンである。彼の意思決定を通して、経済問題に限らない各諸条件が、制度として現実化するからである。すなわち、究極的には権力者の「利害認知条件」が問題なのだ。

権力者が資本主義世界の影響をどれだけだと思っているか、権力者が自分がどれだけ武力を動かせると思っているか、権力者が自己の賞賛をどこから得ているか、権力者が何を自己の優越の根拠としているか。これらによって権力者の存在の反面である人民にとっての社会変動の意義が決定され、そして社会変革の場に至る。

余談のようだが、マルクスが後半生を懸けたものは、この支配者の規定性の歴史的第1要因である消費物資獲得体系を、仮象の形式において理屈付けたことに過ぎない。本来のプロレタリアートが欲する知識は、自己がどれだけ支配者になれるか、ということのはずである。もちろんこれを「本来」と呼ぶには屈折した思考が必要ではあるが、「私」たる「プロレタリア」は自由になりたいし、その他のプロレタリアが支配者権力を握りたがるのは無理からぬところである。彼らの現実では、それ以外に「自由」というイメージは持ちようがないからである。それはプロレタリアのせいではなく、現在までの諸権力者の責である。

(2) 資本主義的生産関係の規定性

資本主義的生産関係の規定性は、そこに従事する行為者が競争をせざるを得ないそのメカニズム内の生産要素の関係と、それを所有権という形で支える権力である。なお、この権力の規定性は、他者の労働及び労働の成果を自己の物としうる諸状況、たとえば武力制度の配置である。この両者とも、行為者の事実認知がかかわるところではない。資本家はどう動けば儲かるか、その事実認知の下に、儲かるように行為するだけであり、労働者は雇われるように行動し、雇われればクビにならないように対応するだけであり、支配者は、この過程がうまくいくように試行錯誤するだけである。

しかし、社会の規定性には資本主義的生産関係とは別個に、行為共同性がある。この行為共同性については、行為者はその認識の下に動く。このときの行為共同性の規定性といえば、権力の保持者の武力行使である。行為共同性自体は事実認知の問題であるが、その共同性内の権力者または対抗権力者の武力行使の認知による権力から、優越と賞賛が派生する。

これらの結果、現実についての評論である「貧農は食べるものも食べられなかったが、それはいつものことなので普段は平穏に暮らしていた。しかし、今回は部落を挙げて決起した」という表現は、権力と生産関係にプラスして行為共同性が関連していると押さえるべきである。つまり、行為共同性について、この事態は「共同体での賞賛と優越による」という表現を用い、行為共同性は、生産関係上の飢えや権力上の官憲の脅しと同様に扱われるレベルのものなのだ、とまず押さえること。ついで、生産関係や権力と同様に、行為共同性のよってきたる道を述べる、というのがスムーズな理解の道筋である。

ところでここで、行為共同性の基盤たる武力については、武力の生産関係への依存によって大きく左右される。なので、武力と生産関係の集約が行為共同性だ、とも言える。

(3) 歴史あるいは経済史における社会学的立言

社会学的立言は、そもそも或る事象からの抽象である。社会学者がこれを歴史のような事実とかかわろうとするならば、結果はただの歴史の説明である。その作業が悪いわけではない。イデオロギー的な歴史説明はすべてその本性から恣意的、あるいは主意的、すなわちイデオロギー的であり、社会学研究者はその説明によってそれを正すことができるからである。もっとも正すとはいえ、研究者の視座はイデオロギーが決定するから、それ自体、歴史学と同じ「物語」となってしまう、と言われるのは仕方がない。

ここで、社会学研究者は、基礎理論を使って、経済学上の立言を立てることはできる。ただ、残念ながら経済学は社会分析学として自立していないので、多くの経済学的物言いに対しては、すでに明らかになっている社会学の立言による、経済学の批判、という形になってしまうのである。

(4) 歴史的事象の傾向性の措定とその意義

歴史的事象はもちろん一回起であり、二度と同じことは起こらない。この一回起性の複数を似たものとして括るのは人間の問題意識である。そしてこの意味づけがなければ「歴史」など存在しない。

この意味づけとは、その事象の原因と結果、つまり因果連関を含んだ意味づけである。その事象がいつ生ずるか、その結果はどうなるか。生活する人間は過去のことを知りたいわけではない。これから生まれる現実について、その同一の規定性のなかで未来がどう変わるか、それが知りたいのである。知りたいだけではなく、その認識の下に、これからの自分の生涯を懸けようとしたいのである。たとえその生涯が、今から1時間で尽きようとも。

とはいえ、こうした形而上学的論議がふつう必要とされないのは、当該の論者自体がすでに特定の視座の下に論を張っているからである。原因と結果の措定も当初から決まった作業である。ただ本当のことを言えば一般的原理はこのとおりだ、ということである。

ならば、とりたててこの件を言いつのるのは無意味であろう、か？

いやそうではない。主体的な論者にとって、原因と結果を持つ理論の体系というものは当初は存在しない。それは順序が逆である。ある志向の下に理論の因果連関を組み立てる、その作業は、次に別の同様の事象が浮かび上がらせる。そこで「同様」は体系のブロックを担いうる、かのごとき想定を持ちうる。それを試行錯誤すればブロックのおもちゃの塔が立ち上がる。ここで「おもちゃ」と言ったのは揶揄ではなく比喩である。その結果生ずる一連の因果連関の束が、あたかも理論体系の観を呈するのである。

（5）人間にとっての認識された環境の意味

人間にとって、「意味」とは「未来」である。もちろん行為上の意味とは一瞬先の将来にかかるものだが、人間はおのれのこの反応様式を無意識のうちにも認識し、「未来」の如何が自己の存在にかかわることとして、全ての意味を未来と接続させる。それはある種イデオロギーレベルではあるが、意識の上では「意味」は「未来」なのである。

さて、人間にとって「未来」とは、いわばテレビ・ドラマである。それは決して現実ではなく、ただ単に、現実となる前にはいかようにも評価される事実認知である。それは科学的知とは「縁」や「ゆかり」くらいの関係しかないが、世間では科学と勘違いされる何かである。つまり、科学の装いが不可欠ともいえる「夢」なのである。大学教育上の「知」はこれにあたる。それは結果的に「面白い」ので、役には立たなくとも月謝が払われる。

ドラマにはすでに世間的賞賛が埋め込まれているが、それ以外に、通常の社交的諸感性、たとえば感情的強制や激励その他が含まれている。それは現実にぶつかる前のイデオロギー構成素ではあるが、その事実認知の受容の際には、決して無視されるべきファクターではない。

未来は、もちろん学者の場合に自分の職を意味する。パズルの意味しかない「学問」でも、自分の教員職につながると思えば意味がある。しかし、一般に膾炙するためには、庶民が自分も主人公になれる学問でなければならない。それには王侯・武将になれる歴史学がいちばん簡便である。もちろん人民史観の下の学問はこれに次ぐ。

歴史その他の庶民への注目喚起の仕方で、よく「ストーリーを作る」と言われるところであるが、これは少し違う。ストーリーはドラマ化の一つの手段であるに過ぎない。ストーリーがなくとも、そこの登場人物になれれば、庶民はそれでよい。現実には歴史にはストーリーがつきものであるが、たとえば、ミルトン・フリードマンがつばを吐き散らかして左翼をけなしてくれれば、庶民は王侯フリードマンの配下として、「武将」になれるのである。

ストーリーにおいて行為をなぞる議論は、二つの点においてミスリーディングである。第1に、それが正しければ、主体的行為者の因果連関的行為を導くのに役立つ。ただし、一般の思いとは逆に、「それがどうできないか」を記すことによってである。人はまず99%、「それによって行為者の意思どおりの何かが達成できる」と記すだろうが、それは99％できない。逆に、「できない」という真実が、行為主体の被規定性を明らかにするのである。

第2に、登場人物が出るストーリーにあっては、必ず、その人物の動機なり意識なりが叙述のため必要となる。貧乏人は必ず資本家に反抗する存在であり、資本家は業突く張りである、ことにならざるをえない。しかし、世の中はそう単純ではない。そのように単純であれば、マルクス主義ももう少し人の耳目をひきつけたことであろう。現実は、人民は自分のことしか考えず、資本家のいくたりかは慈善的なのだ。

そういう意味では、事実データの提出を本体とする社会学、統計学などは、いくら結論に展望をいれようとも、庶民の好むところではないのは当然である。それらの学問は、政策提出の資料になるから生き残っていける、以上のものではない。

さてしかし、これでは学問は何の役にも立たない。自分の人生として誇るものにもならず、他者の人生の役にも立たない。科学は、その成果が歴史と共に累積し、その成果である因果連関が、人々の人生に役立たなければならないのである。本来の科学はこれを因果連関の提示において為さねばならないのだが、それはそのままでは「意味」とならない。その因果連関のどこに人民Aが値するかは、因果連関を聞くだけでは理解しえぬことだからである。

しかも、人民Aと人民Bとでは、その担うべき行為と行為論的将来は同様ではないだろう。一般論でもそうなのに、ましてや世界への影響が異なる別国家内であれば、それに輪をかける。すなわち、或る行為者の世界（史）的使命を明らかにするのは、当人ではなく、科学者である。あるいは、行為者はそこから始めるしかないのであり、このために科学者もその寄る辺を作らなければならない。かくて科学は、「未来」に埋め込まれて人民の学問となるのである。

第3節　歴史性と行為主体

1　歴史における主体性

人間は、どんな環境の事情があろうともその環境の条件を引き受け、自己の決断において、自己の一瞬先の未来について最善の道を選ぶ。たとえその最善の行為が書斎のソファーでふんぞり返っている人間には「悪」に見えようとも。という人間の事情は、行為論的社会学にとって、理論の原点である。

人間は自己の意思があり、行為は意思の通りに行われる。しかし、その意思どおりに動けばそれで自己の将来を実現できるかといえばそうではない。なぜか？　人間の身体的確保や価値の確保は、社会の論理にしたがって行われるからだ。行為の社会学とはこの二元論、しかし規定性で関連付けられた二元論の形態を採る以外には存在できない。この社会の拘束性の理論的認識こそ、トータルとしての救いの論理の認識なのだ。

歴史は自由である。その構成員のすべてが自由を求めているからである。これに刃向かう要素は、歴史の構成員という人間ではない。第1に、消費物資の入手の制限、第2に、消費物資の入手を制限する経済システム、という二つの非人間的要因である。これらの要因が人間を通過することで、第1から支配が生まれ、第2から支配の変遷が生まれる。

それにつけても、自由を求めて消費物資は増産され、そしていつしかその入手システムも変容される。かくて、歴史とは、消費物資の相対的増加生産に裏付けられた、入手システムの変容過程なのである。

なのであるが、このコースを取り仕切るのは人間である。このため、理論的にはこれを人間的にどう制御していくかが問題なのであり、現実的にはこれを被支配者がオーバー制御する様式が問題なのである。人間総体が、生理的条件に包括される。歴史は、価値観ではなく、主体性によって、集約されるのである。

主体的にはもちろん人間は社会の中で自分が占めている場所に拘泥しなければならない。それは本来、行為の構造に直結するものである。何かを「こうしよう」というときは、自己の立場から行わない限り、それは虚偽であり、かつ、その行為は早晩、自分自身によって忘却される。

社会科学的には、社会科学徒は自分の場所に拘泥しなければならない。しかし、それは自分が生活する地点のことではない。自分が生活している、自己と自己のフィールド構成員が属する場所を統合的にフォーカスしない限り、その研究は、真理的にも実践的にも潰れる、あるいは始めから研究の体《てい》をなさない。これはもちろん、左翼組織の内部理論家にも当てはまる(注)。すなわち、十全たる人間は、その善人・悪人の規定にかかわらず、自己を、自己の自由と歴史の自由とにおいて、すなわち自己が所属する社会関係の昇華物たる「善」において、自己と歴史を実現するのである。これは修辞ではない。現実の人生において、自己の行為を、自己の死の後の他者の幸せにおいて、実現し、その連鎖を享受するのである。それには何も比喩はない。人生の具体的行為において、それを実現し、感覚するのである。これが十全の「一個人行為者」である。

（注）場所という言葉を使ったが、世間で俗に言う「場所的立場」とは、自分が意味付与をし続けている自分がいる「場所」、そうした限定的な場所において、勝手気ままに前提とした理念上の立場を生きることである。言い換えればそれは、彼の賞賛の範囲のことである。結局自己の意味づけに基づくものであり、いつのまにか自分自身によって忘却される「論」である。

本来の西田幾多郎の場所の問題はそういうものではない。私見によれば「人は、真空の中には決していない。じゃあどこにいるのか、それは君の身体外の全体である」、これが場所である。人が今まで感知していない、と認識する世界を含めて場所なのである。たとえば、2年後、友人との思い出話で「え！ そうだったのか！」と思い至る世界、それが場所なのである。

なお、西田の著作はわかりづらく、西田の弟子の議論には混乱する。参考には左記が良いと思われる。

小坂国継『西田哲学の研究―場所の論理の生成と構造―』ミネルヴァ書房、1991。

2　生存の中の主体性

さてしかし、歴史を生きられる人間は十全ではあるが、人間はこの世の中で決して十全ではない。

労働者人民は「悪」に手を染めない限り生きてはいけない。それでいいと言っているわけではなくて、人間のトータルの世界が来るまでは、労働者人民は決して満足できるはずもないのだ、と言っている。本当の神仏の民や、プロレタリアートの魂にとって、人生の真理は、言いたい放題の自己満足にではなく、悪に手を染めざるを得ないそのくやしさに、ある。

それでも人間は彼の人生を生きてゆく。

人間の主体性とは、すなわち或る個人が生を享けて、その生を自分のものとして死んでいく、そんな、毎日、悪であれ懸命の行為を行わなければならない人間が、ある一瞬に、しかし、溜めに溜めた正義を行うことで決まるのだ。もちろん、世の中にはその正義を行うその一瞬前に生を終えることもある。それがどうだというのか。人間の主体性は、そっくりかえった僧侶や牧師や思想家の言にあるのではなく、今日は腰を曲げ頭を下げながらも「明日こそ正義を行うんだ」と決意した人間の心の中にあるのである。

人間にとっての物事の意義とは、何の規定性もないゼロの意義というものではない。人は感受性によって将来を見据え、それを実現しようとする自己と、その将来の実現を阻害する「社会」とを認知する。人とは感受性なのだ。人間「彼」にとっては、その思い、その心のことである。

感受性といっても何の規定性がないわけではない。社会の中の感受性とは、人にどうしてやると喜ばれるか、あるいは人にどうすれば自己の威厳が確保できるか、そうした人への賞賛と優越なのだ。すなわち人間は、他人の中で生きることなくして人ではない。

端的な例を挙げる。鉱山奴隷は、ひたすら自己の力を振り絞りこき使われてくたくたのまま明日を迎え、そうしてただ単に堅いパンをかじり濁った水を飲んで若い命を終える。これを人間と呼んでいいわけがない。どんな良心的な同情心溢れる宗教家であろうと、ここに主体性があると言ってはならない。

しかし、鉱山奴隷は疑いもなく人間だ。人間には一瞬の正気の機会がある。岩石を削り運び、いくら死ぬほどに疲れても、翌日の夜明けには、「俺はまた働くのか。ここには家族も友もいないのに」と考え、絶望する。この感受性こそが主体性である。かけがえのない彼の人生である。そのときに「奴隷主をぶっ殺してやる」と思わなくとも、その苦渋の感受性の一瞬こそが人なのだ。彼は今日死ぬであろうが、そのとき彼は神や仏の前で胸を張って、「俺は死ぬほど生きてきた」と言えるのだ。

これは不全な人生だろうか？　違う。本人にとって残念な人生ではあろうが、本当は歴史とは一瞬なのである。彼にとっても一瞬であり、彼と交錯する人間にとっても一瞬である。そんな一瞬の連鎖が歴史なのだ。

その連鎖からイデオロギーを紡ぐ人間以外にとっては、その連鎖がそれぞれの彼の「身体外の全体」であり、それがそれぞれの彼の場所的立場なのである。彼は彼の感受性においてその中の一瞬を知る。彼にとってそれは決して満足するものではないのだが、その苦しみという存在こそが、彼を取り巻く行為主体にとって、「彼」という本体以外の何者でもない。彼を取り巻く行為主体にとっては、「彼」こそが自分たちが生きた歴史なのである。もう一度言えば、このとき、イデオローグ以外の誰にとっても、その瞬間の歴史が実現されるのである。

補項　思想に対する主体性

「主体性」の問題とは本質的には上記のようなものであるが、現実ではそれは少し彩られる。主体的に社会に立ち向かおうとする行為主体は、その行為の手前で立ち止まる。「そんなことやったって無理だ」「何で俺がそんな無駄なことを」。

ここが第2の「主体性」問題であり、かつまた現実には、歴史上で多くの人間が自己の意思を自分で見つめられるようになった時代に、哲学者・思想家が第1に直面したであろう焦燥の状況である。つまり「社会の中で」主体となる姿勢である。

人は自分さえ生きている限り社会のことを考える必要はない、とは言える。これが本来の主体、即自的な主体である。にもかかわらず、人は社会の中で、他者を考慮に入れた際、その社会に抗することが求められる、ことが必ずある。これが第2の主体性である。

正しく言えば社会は、人間に対し、その人間の服従とその人間の決起との2通りを別々に求めてくる。社会は他の人間を介してその要求を行う。支配者の小頭は服従を、運動活動者は決起を。これへの対応は、服従を取ろうが決起を取ろうが行為主体にとっては主体性であることに変わりはない。文句を言う第三者には「勝手なことを言うな。俺が選んだのだ」というものである。

にもかかわらず、服従はさておき、社会に抗する決起は、これを行為主体が行わなければ社会はどうにもならない。常に要求があるにもかかわらず、常に誰も行わない、究極の要請事項である。

これを社会は「主体性」と呼ぶ。いわば、社会からの呼びかけである。これは呼びかけであることをみればわかるように、社会の賞賛と優越を含んだ価値行為である。これは「自主的」に似ているが「自主」に含まれる率先性は期待されていない。ただ、「お願いだからやってくれよ。お前がやらないとどうにもならないんだよ」という問いかけへの対応の要請である。

他方、服従者は社会にとって主体ではない。自分だけの行為をしても、社会にとっての行為しない主体は石ころと同じである、もちろん支配者も直接の当事者たる支配の小頭も、抵抗しない人間は石ころである。そのままほっておけばよい。もっともこの石ころは自分たちのために果実を生成してくれるわけであるが。

この事情が社会科学に、賞賛と優越を伴ってイデオロギーとして侵入するわけである。科学がその定義上持つ「何かをするためにそれが存在する意義」は、行為主体にとっての意義である。したがって行為主体が自分のためだけに生きていてもそれは科学にとって差し支えない。科学は彼のために彼の役に立つ立言を提供する。

この普遍的な事情に、しかし、社会は人間を介して、それ以上のことを他人に要求する。社会科学は、社会のための行為をすれば代わりに賞賛と優越を与えよう、と行為促進のイデオロギーを供給するというわけである。イデオロギーを追加すること自体が悪いわけではないが、その申出自体は科学ではない。追加はいいが、隠して混ぜてはいけない。たとえば主体性論争とは、戦争推進哲学者からも推進される非科学だ、ということをまず認識しなければならない。が、その認識は行為論的社会学以外にはできない。さて、認識した上で、この要求を放っておくかどうかは、逆に科学の名において拒否できる問題ではなく、生活する人間が逃れることのできない対応だ、というわけである。

ここまでの序論をいったんまとめよう。

社会学が前提としあるいは探求すべきものは、第1に行為者が外界に反応して生存するという事実であり、第2に、行為者が問題にする外界の大部分は、社会過程として別の論理で把握しうる、（その他は自然の過程である）という2点に基づいているのである。後者の社会過程は、その過程を経験的に見れば、個人行為者の意思とは別の論理で動いているように見え、しかも個人行為者はその過程内を半強制的に動かざるを得ないから、これをシステムと呼ぶのである。

さてしかし、では社会学者は社会システムを詳細に分析すればいいのかと言えば、そうではない。そんなものを分析するのは、せいぜい経済学者の役目である。経済学者は経済的な社会過程を分析し、人間行為者に関係のあるファクターの動きを見せてくれる。経済学のやれることはそこまでである。それらのファクターは、個々の人間行為者がそれらをどう受け止めどう扱うか、によって初めて実用的な意味を持つ。このセンテンスを受け持つのが社会学者である。そしてこの2段階のプロセスの解明が、行為者がかかわる「社会」の解明なのである。

さらに、この2段階のプロセスを一つにして把握するものが、「規定性」なのである。社会科学者は「行為の理論を踏まえることにより、社会事象の規定性を明らかにする」というスローガンで、自前の研究を統括して把握・提出することができる。何一つ迷う必要はない。ただ探すべきは、自分の研究の社会的意義であり、すなわち自分が生きる意義なのだ。

これ以降の本論は、この理論の提示である。一見、現実や歴史の分析に見えるが、そうではない。本論に登場する現実や歴史は、ただの例証である。

人はある初めて見た分析手法、あるいは真理について、その抽象的な姿あるいは論理上の姿のまま納得することはない。人はその法則的定立を現実に照らして、初めて納得する、そのための例証である。この例証は非常にラフであるが、そのとき人は、自分の力でその定立を詳細にしうる。それが未来の人間であったとき、初めて、当初の提示理論家は、自己のなしたものを後世に伝えたと言い得るのである。

かくて、人間は仲間の内に自由を見出し、仲間のために理論をつむぐ。本書もこの例外ではない。そもそも人間の行為の原則をそう規定してあるのだから、この結論は当然過ぎるほど当然である。

なお、次の第4節は筆者の行為論の基本である。いつもいつも記載するのでご存知の方はあるかと思われるが、何しろ基本なので、ご存知ない方はざっとでも目を通していただきたい。

第4節　行為の原理・原則及び派生する行為論上の定式

本論の視角上の位置付けの如何を問わず、社会科学の理論は、行き当たりばったりの時々の評論でなしうるものではない。人間が行為し、その結果が「社会」となる以上、理論の根本は、その行為を司る法則、あるいはそれ以前の原理でなければならない。

人間がそんな大それた原理や法則を定置しうるのであろうか？

実は、人間とは私のことでありあなたのことである。それなのになぜ私たちに定置し得ないのだろうか？　私たちはそんなに「複雑な」生物なのか。

いや、複雑なのは人間が形作った関係の網目だけである。多少「差別的な」言い方をすれば、われわれはネズミとでさえ3％以下の遺伝子の差しか持たないのである。それなのに人間だけが複雑なのか？　いや違う。そもそもわれわれの行為は朝起きて夜寝るまで、普通の母国語の使い手であれば、それを何の苦もなく語れるほど単純な、生理活動でしかない。

以下に続く章では、人間の行為の基本原理・原則として、いくつかのキータームが頻出する。まず、「生理性」と呼んでいくはずの自分の生理的身体を保全するという要求。端的には、飢えて死なないための方策の追求、という要求である。ついで、「賞賛」と呼んでいくはずの誰かに褒められたいという欲求。さらに、「優越」と呼んでいくはずの他者に対し自分の力を自由気ままにふるいたいという欲求である。この3点は、以下の章に進む前に、確認していただかないと論が進まない。このため、以前の隈の著作を知っている方にはだれにも既にお目にかけた土台的な議論を、今回も記しておく。それらを読まれていない方は、まずはこれからの展開の前提として、最低限の用語定義に似た確認作業をしていただくことになる。本論は、以下の基本テーゼと、そのテーゼを使う著者の生で得た知との、コラボレーションである。

1　人間行為の形式的原理

自己の位置の変更をめぐる行為の前提過程としては、以下の三つの原理的過程と、それに加えて1組の原則を生み出す生理的1過程が必須となる。

第1に《状況の認知の原理》

人間は、現在の自分の状況と将来の状態へ移行する手段とを認知しなければ、反射運動以上の行為をすることはできない。

このような認知は優柔不断な人間や計算高い人間だけがすることのように受け取られそうだが、そうではなくて、どんな単純素朴な人間（や他の動物）のどんな行為にでも、不可欠なことなのである。酔っぱらってビール瓶で殴りかかるような人間でさえ、自分が酒場にいることを認知しており、一瞬の間に、自分の前にビール瓶があることと自分が以前に殴る動作をしたときのイメージと、自分の相手が負けるイメージとが、将来のイメージとして神経組織を走るはずである。

（もっともここで《イメージ》というのは、心に浮かぶ「イメージ」の根底にある作用のことで、現実には心に浮かぶ間もなく神経細胞を走り去っているかもしれない）。

つまり簡単に言えば、人は自分がこうすれば相手がどうなるかを（誤解や誤謬はあるが）心の底で知って行為する。

第2に《将来感覚の認知の原理》
人間は行為する前に、必ずその行為を現実にしたときの自分を感覚してから行為するものである。

人間の反射運動を除いたすべての行為は、頭の中で処理されるスピードにこそ違いがあるが、この将来の感覚を媒介として（多くの場合はイメージを現象させつつ）成立しているのである。ただし、ここで感覚と表現したのは、行為者の身体内で予想作用の際に働く範囲での神経組織上の生理反応のことであり、痛みや満腹感といった行為実現後の身体反応のことではない。

先の例の酔っぱらいも、相手が負けたときの快感を認知して（予想的）期待とともに殴るわけである（もっともどこまで深く認知しているかは別だが）。

簡単に言えば、人は自分がこうしたときの自分の状況を心の底で知って行為する。

第3に《確認の原理》
人間は行為し終わった後に、その行為がどんな結果をもたらしたかを確認する。

これは、他の原理と違って、いつでも生ずると言うと言いすぎである。しかし、人間が生き続けるにはある行為を別の場所でも適合するように修正して再使用していかなければならないわけだが、この意識的な行為の成立には不可欠なプロセスなのである。

先の例で、相手が血を流して倒れていたのを確認したら、次の機会にビール瓶を手に持ったときに神経組織を走るイメージが異なるだろう（それが快感で病みつきになるかもしれない）。

簡単に言えば、人は自分がしたことの結果を知らないと満足しない。もっとも、それは「こうなったはずである」と確信することで足りる。

2　人間行為の形式的原則

これらの必須の前提過程をもった行為の次の過程には、行為の選択を結果する生理的過程が存在する。これを5つの原則にまとめよう。

第1に《論理性の原則》

人間は、たとえ子供でも、つじつまの合わない行為はしない。そもそも「考える」という行為は論理の道筋を必ず持っており、「考えて」する以上は、必ず何らかの意味で論理的な行為の選択なのである。この「論理」とは、以前に自分が行為した経験と今の状況との間で、どこが同一か、を高速にイメージすることである(注1)。

つまり、人は行為をするときは、自分の経験を通して、こうなる「はずだから」として考える。

第2に《好悪の原則》

人間は「好き嫌い」によって行為の選択をする。

これは別に愛情の有無を指すわけではない。人間が生物学的な存在であるところから、全ての行為について生理的な判断として「好悪」があり、この生理的な感覚が積み重なって、複雑な好悪判断がなされるのである。

つまり、人は、較べてみて、より好きなことをする。

第3に《経験の将来感覚の原則》

今述べた《好悪》は、具体的には、自分が過去に経験した生理的感覚の直接の記憶によって判断される。山に登って得た快感は、人に「僕は山が好きである」と思わせる。ところで、この「山に登れば快感がある」という認知は、この快感の記憶とは別に、生理的快感の存在する場所として「よかった」イメージ、「うまくいった」イメージを保存させる。そして、自分と快感との関係を保存したこのイメージは、後になって別の行為の判断の際に刺激され、使用される。

たとえば、山を削って道路を作る計画は、先に得た快感関係のイメージを刺激し、「僕」はこの計画に反対するだろう。(これは、僕が「山を好きである」からではなくて(山には「性」もないし一般的に僕に対して対応を持つ主体でもない)、過去の山との関係の認知を刺激するからである)。「価値判断」と呼ばれる判断は、この好悪によって判断された経験上の記憶のイメージによるものである。

つまり、人の快感は具体的なモノにくっついて残る。そのモノは快感を呼ぶものとして人には大切なものになる。

第4に《優越的自由の原則》

人間は、行為の完成、つまり、一連の行為の流れを自己の意思のままに経験できたときに、自己の行為に満足を覚える。そのため、この行為を邪魔されずに自己の自由の下に行える担保として、他者に負けないことないし優越していることを望む。

正しく言えば、優越そのものを望むのではなく、いつも行為を達成できる状況を望むわけだが、この反復が日々の生活の中で、「優越」という一般概念を生む（注2）。

優越は、暴力と、権力によってつくられた段階的な社会的位置とによる。

ここで、自由を求めるための優越は、だからといって「優越」なる状況が普遍的に世間に存在するわけではない。優越は、暴力で勝利した瞬間や、同じことだが、第三者の暴力に支持されて、他者を意のままにした瞬間にしかない。したがって、《社会に》「優越」が存在するのは、権力的状況ないし権力に基礎づけられた財産制度、または対外的勢力状況が存在する場合に限られる。

そうではなくて、行為論上普遍的な、将来を見込んだ優越は、賞賛を受けることによって認知されるのである。

これは、日常的には最も重要な選択原則である。

要は、人は自分の好きなようにしたい。

第5に《賞賛（―規制）の原則》

人間は、他人から教育されて初めて一人で生存できる人間となれる。そこから、人に褒められることを望み、かつ、そのための人からの規制を甘受する、というより内在化する、心的機構を持たざるをえない。

これは幼少期には重要な選択原則となる。ある年齢の子供は（他の問題がなければ）人に褒められるように行為を選択する。また、潜在的には、大人になってもいわゆる「超自我」として重要な感覚を形成する（注3）。

賞賛は、基本的には生理的な規定性により、権力的上位にあたる年長者、神、等によってなされる。

もっとも、主観的には、賞賛は自己の行為対象としての上位への対応を示しており、この資格において賞賛が社会制度化されている場合もある。たとえばコンテストでの1位等が社会制度の中で羨望や憧れの対象として構成される（注4）。

要は、人は誰かに褒められたい。あるいは賞賛が優越とセットになった場合、人は誰かに認められたい（注5）。

以上5つの原理原則の下で、人間は、自己の、ある行為の完成を求めて行為する（注6）。したがって、行為の本来は個人の持つ「自由」であり、種々の後発的環境的制限からの解放への志向である。

もう少し易しい言葉を使えば、人は好き勝手なことをしたい。もっとも、都会の人間が砂漠の真ん中で「さあここならお前は自由である。好き勝手にしろ」と言ってもふつう楽しくはない。人は、他者の間で、したがって他者のために必然的に生ずる種々の制約の中で、自分の認知に沿って思い通りの行為ができたとき、生理的に満足する。

（注1）「この『論理』」とは、「ここでいう論理」という意味ではなく、「とにかく論理とは」という意味である。人間は誰も、行為に伴ってアリストテレスをなぞってはいない。人間はギリシア哲学を使って生きるのではなく、自分の論理を使って生きている。

（注2）人間にとって優越それ自体が望みではないことは、家臣が強力で自分では何も決められない王は何も

楽しくないだろうという想定でわかる。もちろん「わかる」ということは実際の王がどうだ、ということではなく、そうした想定をするわたしたち行為者の観念がわかるということである。

なお、この「優越」には、他人より劣っていると思われることの拒否、そうした劣等的被支配からの自由を含む。このことが行為に占める度合いは、個人のいわゆる「超自我」的賞賛の取り込み度を反映する。

（注3） 親（など）に教え込まれた道徳的内容をもって自己を律する個人内の「何か」を「超自我」と呼んでいるが、超自我と本当に呼ばれるべきなのは、教え込む親（など）の理念や道徳観念の転化物ではなく、「自我」と呼ばれている現実的な諸判断を通じて蓄積された、この経験獲得的な認知形式である。

超自我と呼ばれ、自己の欲求規制的役割を果たすとされている神経活動は、確かに結果としては規制的ではあるが、それをいうなら同様にすべての判断は結果として規制的である。「超自我」がとりわけ規制的と呼ばれるのは、フロイト以下のこの概念使用者の観念が、西欧の特殊歴史的家族内暴力を反映しているに過ぎない。

（注4） 賞賛や優越は、趣味上の賞賛的文化もあり得はするが、社会的には、権力、生理性をめぐる諸要素があってはじめて普遍化する。

たとえば「大貧民」ゲームのマイスターは、ある時点では賞賛の対象となるが、その賞賛は人々の生活上は普遍化しない。問題となる賞賛は、内面化された賞賛か、制度的に発現される賞賛である。同様に「大貧民」のマイスターはそれが話題になっている数分間は、優越的だが、これも日常的に普遍化しない。行為理論上のキータームとしての「優越」は、社会的には権力階梯上の優越を指す。

（注5） 賞賛のレベルについて。現実の行為に当たっては、行為者は、３つのレベルの「賞賛」を考慮してい

る、と考えたほうが、初めの理解がしやすいかもしれない。すなわち、「賞賛」は、個人的賞賛（内面化された賞賛）と対人的賞賛（次の瞬間に相手から受けることを期待しつつ、行為の社会的交換の中で次にする行為を考慮する際の賞賛）、さらに共同体的賞賛（次の瞬間に社会から受けることが期待される賞賛）、とに分かれる。

第1に、個人内の賞賛である。個人的賞賛は、その賞賛によって個人の行為の道筋が作られた。そして現在も作られつつある、過去の生きた賞賛である。

第2に、対人的賞賛は、主義主張や、身についたこだわりはひとまずおいて、目の前の人間とのやり取りの中で得ようとする賞賛である。

第3に、社会的賞賛は、個人の次の行為が社会の道筋に乗っているという認識から、行為のやり取りというよりも、社会を眼前において自らがする行為において、相互行為なしに新たに賞賛という報酬が得られるはずと認識し、期待される賞賛である。これは、その底で、その表明による優越的自由が隠されている。

事象の発生的に言ってみれば、動物的自然における「対人的」賞賛に対し、記憶の中で行為を持続していくための個人的賞賛であり、また、対環境的なふるまいとして、自己の自由を追求していく際の方便としての行為武器である共同体的賞賛、ということになる。

もっとも現実は、もう少し込み入っている。人間の行為は、将来イメージという観念作業を経由するからである。人は、自己が培った賞賛に合わせて、その行為を褒めてくれる具体的人間を選ぶことができるし、あるいは、自己の行為を褒めるはずの抽象的な人間の集合体を観念の中に育て上げることができる。

本書で、こうした諸状態をまとめて「賞賛」の一語で呼ぶ所以である。

なお、この賞賛の3分類により共同幻想論を想起される方もおられるかもしれないが、まったく関係がない。関係がない理由までは不要と思うが、混乱の元なので、あえて注記しておく。

吉本隆明『共同幻想論』河出書房新社、１９６８。

（注6）なお、「優越的自由」ないし「賞賛」という名辞は、さほど「本質的な」表現ではない。たとえば神経生理学上「賞賛されると刺激されて快感を感じさせる」という特別の神経組織があるわけではない。恐らく実態は、人間の進化上、将来的状況認知と生理的な快感的諸ホルモンの活性化とが入り混じり、成長期の人間が「教育」を受け入れやすいようにしているという事態である。これは本質的な表現ではないが、表現上の経済性を重んじてこの事態をそう要約しておく。論述中にいちいち「将来的状況認知においてこのイメージが生ずることが云々」などという手間をかければ思考が進まないからである。

あるいは、どう呼んでもよければ「動因A」、「動因B」とか呼ぶほうが間違いはなかろうが、私はそこまで臆病ではない。人の日常に寄与する概念は、正確さよりも頭脳への定着の容易さが必要である。

あるいは、これら2種の分類についてそれぞれさらにいくつかの細分を設けることができるかもしれない。それはできうることだろうしそれが適当な場合もあると思うが、とりあえず本論では、その立場は以下の行論にいくつかの細分目を増すにすぎないと考える。

これら「賞賛」と「優越」という二つの概念は、それぞれ経験が教える行為の動因なのだが、そう分ける根拠は、2通りにある。

たとえば哺乳類は、成人になるために年長者の行為を受容し、年長者とこの同一性を確保することに自分の喜びを感ずる。このとき、それまでの自分（と同様の他者）をバカにするという観念は働くだろう。

同様に群れ生活動物は、群れの中で、ボスに服従し、そして自分がボスになれば他の者に服従を要求する。これが優越の生理性だ。ここではそれ以下の子分をバカにするという意識も発生するだろうが、一方、群れの大将への外見的には服従が生むように見える賞賛も結果するだろう。これらが優越の持つ賞賛との近似性であり、しかし分けて判断される因果関連である。

ただ、このように賞賛と優越の2通りがあって、それらが人間の観念ないし脳神経組織の中で最後まで別個に分かれているものなのかどうかまでは、多少なりとも疑わしいところがある。今現在の大脳生理学ではわかっていないが、やはり賞賛と優越とは、遺伝的な差異の表現方法の違い、という問題ではないかという想定はされる。

なおさらに注記しておけば、賞賛も優越も人間行為の「原則」なのであって、原理ではない。すなわち、人間が陥る全ての状況において妥当するわけではない。

あまり想像もしたくはないが、思考実験として人間乳児Aが孤独のまま機械による給餌システムと清掃システム下で生きていくとしよう。彼Aはその孤独状態のまま12歳を迎えた。この場合においても、彼Aには賞賛や優越が存在するか、と言えば、それは疑問である。

しかし逆に言えば、この事実は、そうした状況に陥る人間の極少さを示すものである。社会科学の立言は、パズル組立てや製図作業ではない。社会科学の立言は、その例外の行為が全体社会的意味を持たない限りにおいて存在しうるのであり、かつまた、存在すべきである。

3　行為の生理的基礎

これらの行為にかかわる形式的認識は、人間が行為する際に受動的に神経活動を行うときの諸側面である。「次の瞬間」にする行為の前提は、あと2通り、つまり「以前の時間」と「それを受け止めている私自身」である。「以前の時間」とは、「今」を含み、「状況」のことである。これは本書では略し、後者について述べる。

つまりそれは、人間の自発的事情、身体的な諸要請（欲求）と、身体性に裏付けられた行為の自由である。人間は、生物学的個体として自己の生存を自分で確保していかなければならない（注）。この根拠については、生物学的知識の手を借りなければならない。といってもそうおおげさなものではない。

人間の行為選択の基盤は、何よりもまず、生理的な身体の維持である。個人の意識上に昇る昇らないにかかわらず、まず生理的神経情報が身体の維持をめぐって常に機能しつづけている。具体的な行為選択においても、まずこの点が考慮される。人は何よりもまず生きていかなければならない。そのためにどうするかが人の基礎的な選択であり、これが確保されて初めて、その他のよしなしごとが悩みとなる。

もちろん、一時的、瞬間的な状況においては、「命よりも大切なものへの選択」は起こりうるが、明日も生きる予定の中にあっては、まず生きるためにどうするかが、何よりも問題なのである。

（注）わたしたちには「欲望」概念を採用する理由はない。人間行為の動因について個人のあれこれの欲望という形で無規定的な理屈づけをすれば、過去近代経済学にあった「効用学派」と同様に、人は行為とその規定性についてそれ以上に進んで考えることができなくなる。他人の行為はおろか自分の行為についてさえ、自分が何をしようとしても「それはオレの欲望だ」以上の認知を得ることもできない。そこからは何の関係的把握もなされ得ず、自己が社会の中に位置している関係的視野が正しく把握されることはない。

初学者への老婆心だが、わたしたちは決して「種々の欲望」なり「増大する欲望」なりの用語を使用する発想を持ってはならない。

4 行為の日常

人は、右記の原理原則をやみくもの順番に行為するわけではない。

人は、常にある状況下において、行為の原理の下に、行為の原則にしたがって次の行為を行うが、その際には、まずは生理性の原則を行うことで自らの生存を確保し、次の段階で、自らの永続的な生存選択を行う。すなわち、人は状況の中で自分の生理性が確保された時点で、まず生体的に一段落する。いわば人は「ほっとする」。

しかし次の瞬間、ないし次の1週間後、いずれにせよ生理性の安定をみた段階で、次に迎えるべき試練を考慮する中で、新たに、選択が迫られる。その根拠は、常に道が一つではない、と心の中で言いつづける大脳のあり方である。ではあるが、その行為の根拠を脅かされない限り、人は新たな選択肢に直面する必要はない。

今ここで述べたのは、人生の中での行為における非選択的な時間の長さの問題である。すなわち、人間は、行動を「半ば反射的に」「黙々と」こなすことができるし、実際そのように行為している時間的経過が長い、という事実である。

サラリーマンは、食うために嫌でも通勤電車に乗るが、そしてそれは生理性の原則に規定されてはいるが、365日、「食うために」電車に乗るわけではない。それが合理的と認識された過去の認識の中で、いわば認識を省略し効率的にした中で、「とりあえず通勤電車に乗る」。そこではできれば他人に押しつぶされないのがよく、できれば押しつぶされない一角に身を寄せることができれば、人は「行為論的に」満足する。こうした自己の意図の貫徹の満足の継続により、人は日常の「ストレスを感じない」人生を行為している。もちろんもみくちゃにされ、ストレスだらけで出勤するのも人生である、

ポイントは、それが生理性の判断の下で行われた選択のなかで、人間個人は、行為論的には単に、行為の成就に組み込まれるべき人生を過ごしている、ということである。

なお、さらに重要ではあるがとりあえず仮設的な前提は、賞賛と優越（的自由）の優位性である。生物に本来的であろう行為原則、「好悪の原則」は、哺乳類以降の分化的進化を遂げた生物が生きていくためには、不十分である。哺乳類生物は、将来の適切な行動の選択のため、好悪反応を抑える身体ホルモン分泌過程を持っていると考えるべきである。特に生理科学的に特化して発表されたことのないテーマであろうからこれ以上は言及しないが、わたしたちの基礎理論は、この点を含み

に持っている。

（補註1）　ここで、行為の原理・原則の分類方法への注釈について追記しておく。これらは実用性に最重点がおかれた理論整理である。とくに若い読者は実用的な整理には、論理的な見地から疑問を覚えられることだろう。実際、著者としても若い方には実用本位の作業は勧めない。若いということは、自在に概念を組み立てられるところにその本領があるから。それは実用的ではないが、自分の頭の訓練になる。その頭の訓練が若いときには大事だと思う。若い読者には、その延長で、自身の枠組みの構築に至ることを期待する。

（補註2）　行為に使われる事実認知の意義として、「認識体系」と呼ぶべきものについて記し、理解の一助としておく。

行為に使われる事実認知の一群は、将来選択の認識体系である。これは体系をなしている。体系とは、個人の認知への構えの中に参照枠組みがあることを指す。参照枠組みとはただの静態的把握術語ではあるが。この基準を述べる。

もちろん「準拠枠」なる概念は、人間の志向について節約的に述べただけの用語で、それ以上の積極的意義を持つわけではない。（もともとのシェリフの「準拠枠」のほうが、「理論的」ではある）。筆者が述べるのはそうではなく、それ以前の行為の選択的「思考」方法のことである。

人間は、自己の身体的状況の変化と衝動の発生に対し、状況を認識しつつ次の行為に移る。この場合、すでに既知として行為の成功を経験している場合は、「思考」を介さずに動くことが出来る。朝、いつもの寝室で起き上がったり、トイレのドアを開けたり、歯を磨こうと歯ブラシを手に取る行為である。

他方、朝寝床で身を起こしたとき部屋の様子が新規である状況を発見すると、人はそこで思考する。「ここはどこだ？　起き上がっていいものだろうか？」というものである。筆者が述べるのは、こうした思考と行動の関連である。

すでに理論の当初より行為決定の要素について筆者は定式化しているが、その方法については明らかにしていない。とりあえず社会にではなく個人に属する努力事項だからである。ただそうはいっても個人の事実認識の特質を明らかにするためには、もう少し立ち入って叙述する必要があるのである。

まず状況の認識について、人は過去の記憶の中から現況にフィットし、次の行動を決定しうる経路を探す。これがない場合、次には試行錯誤が始まる。試行錯誤は過去の認知との緊急のやり取りであり、これが間に合わないとされる場合は、そのときの脳内の（無意識の）発火状態に応じ、行為が決定される。

第2に《将来感覚の認知の原理》すなわち、その行為を現実にしたときの自分を感覚してから行為する件。これも過去の自己の身体反応等にかかわる事実認知である。

第3に《確認の原理》本件は確認であり、過去の事実認知とはかかわりない。瞬間の差はあるが、常に過去の事実認知に繰り入れられる手前の認知である。

ついで「行為の原則」である。

第1に《論理性の原則》これも過去の事実認知とのやりとりである。

第2に《好悪の原則》これは自己の生理性に基づきはするが、多少の過去の経験による偏差が入るだろう。

第3に《経験の将来感覚の原則》そのままの事情であり、過去の経験上の快感の保持様態である。

第4に《優越的自由の原則》これは何を持って優越と見るか、という問題であり、第5に《賞賛（―規制）の原則》賞賛を誰がしうるか、という問題である。そしてこれらの原理と原則が、まず、生理的条件の維持に使われる。

というわけであるが、このように、自己の行為の選択に使用されるものは、過去の経験により頭脳と神経組織にセットされた過去の認知情報なのである。

なお、人間行為者が過去に規定されるのは他に規定性がないのであるから当然だが、いちおう心理学プロパーの見解も載せておく。シェリフ他は、その著で、態度や刺激への判断は個人がそれまでに形成してきた関係尺度や類似する諸刺激との過去の出会いで形成した関係尺度に基づいてなされる、と述べている。M．シェリフ・C．ホブランド、柿崎祐一他訳『社会的判断の法則』ミネルヴァ書房、1977。

5　行為に付随する二次的な概念

（1）身体の内発性

社会はもちろん個人の相互行為の過程および結果であるが、その基礎は、人間の内発的事情、つまり身体的な内発性とこれに裏付けられた内発的自由である。たとえば個人が「腹がへったなあ」と感じ、「ではどうにかして食べ物を手に入れよう」、として（他人を含む）諸環境に《自分の思うがままに》働きかける事情である。これは行為の本源であり当たり前のことではあるが、その当たり前さを確認すべきである。

(2) 行為共同性

権力階梯が上から下までスムーズに流れない場合、個人の認知においては社会は一体のものとは見なされない。権力階梯の分断的状態は、その分断されたブロックに応じて《行為共同性》を生む。行為共同性とは、自分の行為の将来が、一人の他の行為者という、問題となっている他者の行為の将来を含んでいるかどうかの認識を指す。つまり、自分はその者と同じ環境要因の下にあるかどうか、ということである。人は、同じく規制される要因がある場合において初めて、他の者と同一の運命にある(注1)。

仮に自分と他者とが同様に死ぬような位置であれば、行為の身体的な原理において、行為体系は同様に存在する。一方、自分は無事安全で他者である奴隷は殺される運命にある間は、自分と奴隷の間では行為体系は全く別個である。奴隷がいくら死のうが自分に関係があるはずもない。もっとも自分が主人であれば、死んだ人数分だけまた幾らか払って奴隷を購入しなければならないが。それは行為体系が同じであることではない。あるいは、主人は奴隷に褒められるために努力はしないだろう。行為の賞賛―規制の原理の下において、上層階級は、仲間、あるいは最上層階級のお褒めに与るために行為する。

つまり、本来人間の共同体(性)の範囲とは、生産関係によって身体的生存の認知に裏付けられた、人間の賞賛=規制の範囲である。この行為の持続的な規制が社会構造を大きく特徴づける。

人が同様の地域範囲に住んでいても規制されない場合、あるいは同じように権力階梯から外れていても規制されない場合（賞賛―規制の関係に入らない場合）は、同一の行為共同性を構成しない。たとえば同じ村内にある庵に隠居している僧侶くずれが、在京の親戚からの仕送りで生活している場合、彼はその村落の一員ではない。もっとも、村が被災し、寄合い決定で「お前も働け」という労働提供勧告を受ける等の規制を受ければ、その時点で、同じ共同性へ入る契機にはなり得るが（注2）。

もちろん同じ社会内での2種の社会層において、それぞれの共同性が、それぞれの社会層から見合ったときに、同じ意味を持つわけではないことは生ずる。とくに下層の社会層が上位層と同じ社会の一員だと思っている場合に、上位層が彼らに冷たく蔑視の目を向けるという事態は、ごく一般に世界で見られる。

行為者はそれぞれの行為体系に沿って行為を行う。他の行為体系にいる者は、それぞれにとって環境因子に過ぎない。支配者にとって、被支配者は生活物資の供給源に過ぎないが、被支配者にとっての支配者は、暴力行使に出る彼らの手先以外なら、被支配者の行為論上の障害となるわけではない。環境因子として考慮すべき場合の支配者は、被支配者にとって、自由を邪魔する「敵」ではなく、他からの攻撃に際しての「楯」なり「武器」なりでさえあり得る。さらに、被支配者は、上層階級に褒められるために行為することさえある。主人に言わせれば奴隷は人間ではないが、奴隷に言わせれば、主人も奴隷も《同じ人間》なのである。どこかに上昇階梯を持っている階級社会においては、上昇階梯の下で上を見上げる者にとっては、こうした同一の行為共同性が存在する。

すなわち支配は、二つの点で人間行為を左右する。

すなわち、その第1は、誰もがわかりやすい直接の暴力において、生理的支配を確定すること。しかし第2は、この暴力の継続性において、人間が自己への支配から優越と賞賛を汲み取っていくことである。

ここにおいて、継続的支配は行為共同性を生む。

（注1） 従来の「共同性」という言葉について、一般に生活共同体での成員行動には、共同体に普遍的な規則性がある。すなわち、共同体の内部には、成員に共有された行為規範がある。たとえば、成員間での消費物の交換には、交換当事者は、その共同体内での生活的消費を円滑にする上でのルーチン化された以上の利益を得てはならない。しかし、「よそ者」はこの規範を守らなくともよい。このように把握できる現実がある。

さてここで、社会学者等の第三者が見ているのは、その内部の行為の規則性である。人々はこれを持って「共同体には規範がある」と称する。しかし、本当はそうではない。本当、すなわち、行為者の行為の選択には、そうした「規範」があるわけではない。行為者は、ある行為をした後の自己の将来をイメージして行為に及ぶ。この将来が、他者にとっても同一である場合が存在する状態を行為共同性と呼ぶ、と定義している。

私たちが為すこの定義は、まず当初には、現象的な、第三者が見ただけの「規範」概念を使用してはならない、という選択である。そうではなく、行為者本来に立ち返って問題にしなければ、行為から離れてしまう、従って解明すべき因果連関から離れてしまう、という要請に沿った選択である。

（注2）「共同体」は、従来、西欧＝日本の社会科学においては、人々が何らかの統一的な価値規範を持ついわば《仲間社会》といった社会について用いられてきた。いわゆる「人間味」のあるこの概念の魅力は、マルクス・エンゲルスでさえ彼らの理想の、権力「国家」死滅後の社会を意味するドイツ語として「ゲマインヴェーゼン」という「共同体」を意味する言葉を使うほどだった。だから日本の左翼知識人にとっても、「共同体」という語にはどこか守るべき何かを持つようなイメージがある。（昨今は、左翼では協同社会＝アソシエーションばやりのようだが、これは流行り現象としてみれば要するに、共同体的ぬくもりを忘れ去った人々に残る仲間感覚が資本主義社会への執着と合致したものでしかない。響きのよい言葉も結構だが、将来的に望ましいはずの協同社会の実態をこの社会の現実の中でまず具体的にみて欲しいものである。）

しかし、有史以後の歴史的存在としての共同体は、実は何ら《一体の》社会ではない。それは、誰もが認めるように《階級社会》であり、かつそれゆえに、あまり認められていないが、論理上必ず《2種以上の共同体性》を一つの「共同体」の中に持っていたはずである。ある階級的共同体の上層階級は、決して最下層のものと同一の価値規範を持ってはいない。奴隷・非人はたしかに同じ村にすんでいる者たちかもしれないが、一般状態においては決して「同じ都市の者」でも「同じ村人」でもなかった。もっとも、既に学史的に存在する「共同体」概念には、同じ価値規範、すなわち同じ賞賛—規制の原理の観念が必ず含まれているわけではない。以下では、地理的・歴史的な実体としてではなく行為論的な意味での共同体成員が抱く意識を、《行為共同性》と呼んでいく。

6　概念の便宜的な昇格的設定

理論から一歩現実に踏み出した社会科学者は、常に記録と記録の間を、自分の人生だけが培った「常識」で埋めてゆく。したがって決して科学とはなりえない。それが人間の科学であるなら、その間は、常識ではなく、行為の定式で埋めなければならない。大脳生理学、脳神経科学の未発達な段階ではあくまで仮設に過ぎないが、しかし、それを仮設として明確に提示しておくことが必要なのである。

と、割り切ったとき、通歴史的な概念は、行為の原理に必然的に付随するものとして、先に定義しておくことで次の社会事象の説明の労力を省くこともできよう。本書においては、「制度」の概念である。これは、本来詳細に解明すべきテーマであるが、本書に限ってはこれを主題として取り扱う文脈がないので、仮設扱いで、あくまで今回だけ特別に先に述べておく。

(1)　制度

「制度」は、行為者にとって固定されるべき、外界認知の範疇により行為者の観念に存在する。人は、先達の肉体権力的知識付与を受けて、世界に行為規制のあることを知り、そして実際に自分の行為でそれを権力的に確認されてしまう。「お前はいやでも小学校に行かなければならない」と親に殴られる。実際、行ってみると全ての子どもたちがそうして登校している。行かないと教師が親に告げ、親でさえペコペコ謝っている。これが「制度」である。個人行為者が行為の前段階で思考すべき、他の人間の対応が確定していると認知される行為の枠組みである。

さらに人は、この持続性をイデオロギーである「理屈」によって、他の事象と組み合わせた位置づけを受ける。「理屈」は、行為のための将来イメージを伴って概念として個人の頭脳に収納される。たとえば「議会とは、多数の人間の意志を総括するものである」。であれば、行為者は議会が凍結されれば、別にまた作るしかないと、概念を共有する他の行為者とともに考える。そして実際、前述の理屈が社会の事実によって否定されない限り、別に作る。

(2) 制度の否定

制度の否定は以下である。

すなわち、人は、社会の事実の認知によって、外界を把握する。たとえば、ある集団的外界の意思決定が議会ではなく、酒場の寄り合い会議で行われたとき、彼の「議会」認識は揺らぐ。「意思決定は多数決ではあるが酒場の集まりでもできる」。

ついで、その酒場の集まりが「ソヴィエト」と呼ばれ、「権力をソビヴィエトへ」と理屈がつけられたとき、彼にとって「議会」と「ソヴィエト」は機能認知的に同等となる。この社会への事実認知の追加と理屈のセットを運動(社会運動)と呼ぶ。

制度は客観的ではあるが、システムそれ自体ではない。それは行為に基づく関係であり、行為の変更で揺らぎ変更される。制度が法律によって権力化されている場合は、この法は変更される。この点で、個々人の主意的行為によっては変更されないシステムとしての生産関係とは異なる(注)。

（注）この異なる点を見ずに、制度＝関係＝システムと等号でつないでしまっては、行為者の主体性が消えてしまう。そのような個人は、制度の中の「役割」を果たすしかない。そうした捉え方の例は、たとえば、岩佐茂『人間の生と唯物史観』青木書店、１９８８。制度は関係ではあるが、「関係」概念には、その定義により、あるいはその使用場所により、いくつもの性格の違いが存在するのである。拙著『行為の集成』p.35以下参照。

（3）感情

これは「感情」という概念が行為の理論の中でどういう意味を持つか、という補足的な追加の項目である。

個人としてのある行為主体は、他と共有されない固有の事実認知の総体を持つ。そしてその固有の事実認知の総体に基づく行為が重要な行為要因となる瞬間がある。

個人の持つ事実認知概念とは、いわば、外界の要素とそれらの連関の認知という事実以外に、それを使用する個人の内容性をその概念そのものに反応する神経組織の内に、括弧書きで、秘めているのである。これをあえて括弧から出せば、生理性や賞賛・優越を行為者が「考慮する」素材たる事実認知に対して、さらにそれに加えて、事実認知の記憶に（ことあるごとに）裏付けられ、一時的ではなくなった「感情」の存在が露わになる。

社会現象としては、この事情が他の人間集合への統合的「対峙」において、統合された感情（憎しみ親しみ）として現実化する一瞬がある、ということである。言葉にすれば、「農奴たちは地主に憎悪を抱き、農奴解放後も富農への強烈な反感を内に秘めていた。これにより貧農の反乱が起きたのだ」みたいなことである。もっともこれは個人内部の事情であり、歴史的ストーリーの説明に使うのはやむをえないが、社会の因果連関の法則に使うべきではなく、また使う必要もない。

行為の理論とは、以上述べてきたたったこれだけの要素が、複雑であるかのごとき社会システムを、社会過程を、社会構造を、形作っていくことを明らかにするものであり、それにより、誰でもが変形使用できる社会理論が持つ応用的実用性を示すものである。

第1部

経済法則と支配システムの展開

第1章

支配システムと可視的世界

第1節　見えないシステム

今でこそ、マルクス・エンゲルスの洞察と、後継の人々の宣伝により、「生産関係」という言葉がおぼろげながらそれなりの像を浮かばせうるところではあるが、もちろん生産関係にその実体はない。生産関係とは何を指すのかと言われて、問われた者の頭に明快な像を描くことはできない。そもそもその概念は、可視的ではないのである。

たとえば、資本家は、資本の要請どおり、カネ儲けを本来とする。これは顕在的である。しかし、いつでもカネ儲けを優先させてよいわけではない。当時の支配権力の要請により、このカネ儲け第一主義を変更せざるを得ない。それはたまたま政治家が横暴だったからか？　違う。政治家が誰であっても同じことをする、あるいはせざるを得ないのである。つまりこの時本来のシステムが現れるのであり、いままで見えていたかのごとき社会的諸関連は、社会全体にとっては見せ掛けなのである。この本来のシステムがマルクス主義者にとっては生産関係であろうし、隈理論にとっては、武力が生産関係を包み込んだ支配システムである。

1　支配の回路と生産手段

支配の組織自体は現実に目に見えたり、どう考えても教科書の説明どおりだったりと、可視的である。政府があり議会があり、あるいは大企業があり経団連があり。それを支配と呼ぶかどうかは別として、少なくとも政治権力の組織と資本家の組織は、権力行使をその役割として持つものとして説明される。無論、この権力は、民主政体においては「民主的に」操作されることになっているのが普通の説明である。筆者としてはこの説明を非難するつもりはない。ただ、そんな表現で説明になると思うこと自体が理解できないだけである。

いったい、民主政体下の人民は、なぜ、一律に政体を支持していけるのか？　嫌いな人々は、野党に票を入れる代わりに鉄パイプと火炎瓶を持って国会を襲撃「すればいい」ではないか。もちろん「すればいい」とは誰も思わない。機動隊その他の機関に踏み潰されるからだが、誰もがそこで思考をストップさせることは「当然」ではない。

「しかし、多くの人民は不満を持っているではないか？　不満を集めて人民の政体を作ればいいではないか？」。もちろん「作ればいい」とは多くの人民は思わない。明日の賃金をくれる人間が自分の明日にいなくなっては困るからである。

支配とは、支配組織でも資本家組織のことでもない。この人民が刃向かえば困るシステムのことである。あるいはシステムと呼ぶとどうしても大統領やその他有力代議士の組織や経済団体を思い浮かべてしまうかもしれない。支配からそうした組織を排除した言葉として「支配の回路」と呼ぶのが良いかもしれないが、「システム」という言葉には人間の手から離れた外在性もあるので、人々の聞きなれた「システム」としておく。

そんなシステムがなぜ存在しうるのか？　人民がそれぞれ自分の生産手段を自由に使用できない

からである（注1）。なぜ生産手段を自由にできないのか？　過去の歴史時代に、武力で生産物を取り上げられ、あるいは自分の生産手段自体が取り上げられたからである。

支配のシステムまたは回路とは、したがって、人民による生産手段の占有が認められている間は支配者の武力のことであり、生産手段の取り上げが遂行された社会にあっては、つまり資本主義社会にあっては、企業資本家の私的所有権、に基づく経営権と、これを統括するための相対的に小さな国家武力のことである。この方式は目に見えないが、人民の誰もがその回路に入らなければ生活ができない、そんなシステムなのである。支配自体は、その構成素をその時々に事前に手を打って有効な契機と取り替えながら、このシステムにより、時代を超えて持続し続けるのである。

したがって、論理上、この支配には、第1に、武力を人民が取り返し、第2に生産手段を人民が取り返し、自分の自由な行為の手段となせるようにする、という二つの手段で取り消すことができる。

もちろんこれは歴史過程であるから、そう意思的に行動すればそれで済む、というわけではないのは当然過ぎる話である。自由を求める人民は、この2点につながる契機の獲得を、それぞれの時代に応じて、追求し続けることになる。

（注1）　正確に言えば、生産手段とは鎌や鍬のことではない。あるいは土地それ自体のことではない。生産手段とは、その状況に自分が位置づけられたときに、次の瞬間に自分の意思で意思どおりの物体が制作しうる、そんな諸過程のセットである。つまり、生きている人間は誰でも知っている、人間が生きる際に自分

が使おうと思って使える手段が実際に使えるという、当たり前と言えば当たり前の状況にある、自分の環境のことである。

ところがこれが当たり前ではない状況、それが奴隷の状況であり、あるいは資本主義社会で生きる皆が当たり前だと思っている、状況のことである。なぜ資本主義社会に生きているだけで、生産手段が持てないのだろうか？　それは何ら当たり前のことではない。「当たり前だ、工場設置代はわしら資本家が払ったんだから」「払った？　意味不明。工場を作ったのも機械を動かすのも、賃金労働者個人個人ではないか。何を偉そうにしているのだ？」「そう言うなら、資本家のわしは工場から手を引く」「手を引けばいいではないか。あとはわれわれがやる」「工場はわしに返せよ」「だから初めからお前んじゃないんだったら。ただ国家がお前のものだというだけだ。カネが欲しいんなら国家から貰えよ」。

資本家と労働者の矛盾とはこういうものである。

もちろんそうした生産諸過程のセットは誰のものでもないのだが、生産手段である限り、その要素には支配者層内部で確定された所有権が設定されるのである。空気であれ水であれ、木であれ草であれ、その所属は六法全書に記されている、一体誰が決めた？　資本家ではない。支配者である。

（注2）　なお、農業により、土地という本来は個人の生産手段が遠い過去、共同体権力に囲い込まれたわけだが、律令制という国家による土地の「所有」制度についても（筆者に言わせれば）事態は同様である趣旨が、古く石母田正によって彼の枠組み上で議論されている。同様に、古代の「山野河海」の所有についは、もっと普遍的な言葉で鬼頭清明が論じている。一言で言えば当たり前の論である。もっとも、この当たり前という展開は、自分がその目や耳や一次資料で見ていない時代については、常識によって構成して

いないかが注意されるべきではある。さらにもちろん、中世、近世の領主的土地所有が生産手段たる土地占有を否定していなかったのも当然である。

石母田正「古代法と中世法」『石母田正著作集第八巻』所収、岩波書店、１９８９。

鬼頭清明「古代における山野河海の所有と支配」『日本の社会史第二巻』所収、網野善彦他編、岩波書店、１９８７。

したがって、土地所有とは、空中に浮かんでいる規定因ではない。その「所有」を基礎付けている権力の問題なのであり、この権力あるいは武力さえ確保されれば、時代を可視的に規定する土地所有者の社会的行為は、遂行されるのである。あるいはそれが確保されるべく、支配者は武力のシステムを主体的に構築する、あるいはその一環となるのである。

そもそも「土地所有」なる観念自体がイデオロギーなのである。土地所有などというものはない。支配の歴史にあるものは、消費物資の生産手段への支配権力の制度化なのである。その対象が多くの場合、農作物を生産する「土地」なのであり、その処分への支配者の宣言が、後世にいう土地所有「法」なのである。

もちろんわざわざ筆者が言うまでもなく、わかっている者は支障のない限りでそれを表明している。大塚久雄のまとめは常ながらそれなりに見事なものである。なぜその結論をその後の理論に貫徹できなかったかまでは知るところではないが。

例えば左記書で、まず大塚は（封建）地代の語を注意深く限定的にのみ使っている。それは同書本編で吉岡昭彦が宣言する認識とはレベルを異にしている。彼の具体的史実の分析での端緒的基準は、「さまざまな生産手段がだれによって、またどのような仕方で占取（したがって所有）されているかという点に、われわれはまず分析の目を注がねばなるまい。」p.40。これを第一とする。ちなみに補助的に消費資料の行方を第二としている。これもこの場合正しい。支配の生産手段への介入は支配者の消費資料との関連でのみ意味があるのである。

大塚久雄「緒言」『西洋経済史講座Ⅰ』所収、岩波書店、1960。

2　階級

「階級」は、支配に抗すべき社会の契機である。社会事象は基本的に「見える」ものだが、見えはするが気をつけていないと見過ごすものもある、その中でも生理的諸条件の確保の努力を通して現実化する事象は、そもそも個人にとっても可視である。それは具体的な人間を直接に襲うからである。社会科学者が口にする「階級」概念の元々の姿である。

これは逆に言えば、その行為共同性の元を探した結果を「階級」と称している、とも言いたくなるが、そうではない。階級は、人々の生活の中で出ざるを得ない、自分と敵、味方と敵という行為上の2分法の認識の結果なのだ。

もちろん、日本語の「階級」と「身分」は、明治以降、御用学者や社会学者によって様々な意味が付け加えられているので、ここでそれは「本当は」こうだと言うわけにもいかない。そうした場合、問題を整理することだけが有効である。

つまり社会科学上は階級の問題とは、第1に、二つの階級の間で差別的な事態があるかどうか、であり、第2に、その差別があった場合に、具体的な構成員がどちらにつこうとするか、という問題である(注)。この2点に行き着かない「定義」は、いかに素人を「厳密だ！」と幻惑させようと、遊びなのだ。生活の中で、それだけの意味があるのが行為者にとっての「階級」であり、生活者はこれを言葉の意義から外すことはできないのである。

ついでに言えば「遊び」とは、同一行為共同性内の賞賛と優越の取り合いの相互行為である。エリートならぬわれわれ労働者は、ブルジョアジーの遊びに付き合う必要はない。

では、なぜ「階級」か？

もちろん、過去の変革に関連する思想家、革命家、社会科学者は全て階級に言及してきた。それはもちろん現実に出会ったときの、畏怖、恐怖、力への羨望である。しかし、そんな感覚でものを言って何がわかろう。いや何もわかりはしない。

階級が現実を席巻する理由はただ二つである。その構成員の身体的確保の条件がこの集合性内で同一であること。そして、支配社会ではそれゆえに、その規定性が活性化した場合は、同一の賞賛と優越を持ちうること、これである。規定性の活性化とは、身体的確保の条件の悪化による連帯と、何らかの契機による初めの一歩の彼ら特有の権力構成の発生である。

各種の階級概念は、生理性を通して現実化するように見えようがそうではない。行為共同性は行為の原理であるから、その発現は可視である。階級は、この行為共同性を通してその構成員をつかみ、そのつかまれた構成員の行為は、社会内の各行為共同性の特性の下で、現実化する。

マルキシズムに欠如している第1の点は、支配システムへの無理解であるが、彼らを含めほとんどの社会科学上の認識に欠けている次の2点目は、思想ではなく行為共同性が、人間の主体的行為の最終的な一歩の原動力を司る、という点である。

もちろん階級が2大階級に分かれたからといって、その分裂が何かの革命的な状況をひきおこすわけではない。そんなことであれば、100年も前にイギリスでもフランスでも社会が転覆されている。このとき倒す相手は、マルクス主義者にもわかるように、可視的に動く人間にとって、実は資本家ではない。政府支配権力者（複数）である。支配社会は、支配権力者が統括しているからである。そしてこれにより、不可視の資本主義体制を壊すことができるのである。

こうして不可視の階級性は、可視の階級を現象させる。この基盤は、階級の持つ2つの規定性によって作り上げられた、生理的状況と権力状況である。生理的な条件と、支配権力と対抗権力に基づく賞賛と優越により形成された行為共同性が、人間を二つの社会的集合体に合同させる。

もう少し内実を述べれば、不可視の階級とは規定性のことであり、ついで、そこに定義される人間が生きていくときに、彼が必然的に受ける権力とその権力への彼の人間としての対応原理、その時の複数の彼の間の普遍的な個人の対応原理、これが可視の階級の本体なのである。

逆に言えば、可視の階級を構成する人間から彼の「人間外の」束縛性を抽象したものが、不可視の階級性であるはずのものである。もっとも実際は、現実の集合性と古典派経済を思考する人間の頭脳との合作であるが。

端的に言えば、「実証的な」社会学者が専売特許のように言う「社会階層」とは、個人の行為共同性認識のことである。ある社会的な上下にかかわる基準の下で、その概念的な構成員の大部分に明確に意識され区分された行為共同性がある場合、それを「社会階級」と呼ぶ。この区分性は、それがあるからといって他の行為共同性に影響を及ぼすとは限らない。イギリスの労働者階級は、やはり、意識の中でグレイト・ブリテンの国民でもあろう。ただし、その上下の区分性のために、差別の意識が必ず生ずる事態がある。

社会学者がどの範囲の人民を採って、その行為共同性のどの点の共通性で括るのか（たとえば、多くの場合、華族は除外される。現行憲法以前であれば華族と呼ばれるはずの一連の人々は特徴的に自分たちの行為共同性を持つものであるはずが、彼らが標本内に交じっていてもそれを評価した研究はついぞ知らない）、それは個別の社会学者の趣味に従うものである。筆者の論は言葉の入れ替えではない。行き当たりばったりの基礎理論のない「社会階層」なる操作概念を、根拠の規定性が存在する行為共同性という言葉に置き換えることで、その時代的な変更理由も、これからの変更予想も、第三者に理解できるのである。

（注）これは可視的であるから階層と呼んでもよさそうであるが、そう呼ぶには二つの欠格条項がある。第1にそれは地層化しているわけではない。たしかに上下2層とも言えるが、しかし、上下2層でしかない。支配・被支配の2層を階層と呼ぶ習慣がある人間だけがそう呼べる。第2に、それは可視的であるが、すべての現実の集合性と同様に、境界を構成しない。しかして、「構成員を持たない」。ある者は昨日までは上層に属し、このデモの一瞬に下層に主体的に属することを決定する。あるいは、ある者は昨日までは下

層のイデオローグであったが、このデモの結集に際して、高見の見物を決め込む。この高見の見物人は、それでもなお下層の構成員である、と自己理論の中で取り扱い続けた人間にとってだけ、この上下2層は、階層である。

3 身分制度と階級性、あるいは階級構造

江戸時代、領主の官僚である侍同士には同じ将来がある。しかし、侍と百姓・小作人とは同じ将来はない。したがって侍は、米さえ自分の倉に湧いてくれれば百姓がどうなろうが知ったことではない。知ったことではないと言われても、百姓はこれに対抗することができない。なぜか。それは第1に、侍の持つ武力である。もっとも武力を過大に見積もってはいけない。たかだか民衆が自分と同じ境遇者と協力すればどちらが強いかわからないほどの武力である。第2に、それよりもその後に百姓に生ずるはずの生産手段の喪失が問題なのである。反逆した小作人であれ奴隷であれ、その先に生きる手立てが見つからなければ、武力の有無にかかわらず、死ぬわけである。これが江戸時代の身分制度である。この身分制度と別に、階級構造としての領主階級と農民階級が存在し、これがほとんど二重写しになっているので誤解も生ずるわけであるが。

といって、もちろん身分制度の基礎は、それぞれの気持ちの持ちようなどではない。現実に対する事実認知なのであって、その現実とは、階級が生産手段の私的占有に基づくのに対し、身分は生産手段の権力者の手による再配分の固定化が決定する。人は、生産手段の占有者に、彼らの収奪の

場としての生産手段を与えられ、そこにしがみつかざるを得ない（注1）。

さて次の時代。初期資本家と労働者とは同じ将来を共有していない。初期資本家にとって、労働者はどうせ来週は工場に来るか来ないかも知れやしない週決めの人間である。いや人間であるかどうかも怪しい。そんなやつが路上で飢え死にしようが、オレに何をしろというのだ。これが資本主義初期の身分制度である。自由主義期資本家にとって、労働者は「同じ人間」ではなかったのである。同じ人間ではない上に、第1に、資本家の武力はヤクザや右翼によって自前のものとして存在していた。第2に、もちろんこの時代も、労働者に自前の生産手段はない。

さらに、この場合にも、別に階級構造としての資本家階級と労働者階級が存在し、これがほとんど二重写しになっているので誤解も生ずるわけである。つまり人間の目に見えるもの、すなわち行為者が自分たちの行為の中で具体的に現実化していく事実認知は、（すべて）身分制なのである。そしてこれを決定づけるものは、それぞれの行為共同性である。階級構造など、そもそも目には見えないものなのである（注2）。

ではなぜ現代では身分制度さえ目に見えないか。理屈上、行為共同性が隔絶していないからである。ではなぜ隔絶していないか。権力者の手による生産手段の再配分は、資本主義社会にあっては固定化する必要もないからである。誰が資本家になろうが権力者の知ったことではない。その必要のなさを、過去の無産階級は着実に突いた、というわけである。すなわち、武力的闘争。

貧困大衆の団結は、階級闘争によって生まれた、と美文調でよく言われるが、その実態は、理論上、もっと散文的である。あるいは哲学的・形而上学的論議の問題ではない、と言うべきか。人は、同一と事実認知できる環境において行為共同性を認知する。自分と同じ境遇の人々が行う「闘争」事象も同じ。しかし、これに直接貢献するのは、闘争への参加ではなく、闘争の「存在」なのである。闘争になど参加しようがしまいが関係ない。たとえ貧困大衆の一部しか参加しない闘争であっても、その他の大多数大衆が彼らと同じ位置にあると認識すれば、闘争的団結はその役目を全うするのである。これは理屈を敷衍しただけで、評価の問題ではない。それが常に普遍的に運動がもたらす役割である。ここにおいて、労働者は階級となる。ここにおいて労働者階級は肉体的合同の力を得る。

こうした事態に際し、権力者はあわてて弾圧し、その弾圧に成功するが、その事実は弾圧を越えて残る。片や資本家という階級と、片や労働者という階級が存在する。権力者も資本家も、触りたくない階級の存在を確認する。こうして、階級的妥協が始まる。といって、階級構造は変わりはしないから、誰にとっても全ては身分制度のセットのし直しでよい（注3）。権力者は「あなたも国民である。ただ愛国心は持たなければ」と適当にまるめこめばいい。資本家は「お前は仮にも課長なんだから」「お前は正社員だろ」「お前は4月から正社員にするって社長に言ってあるから」。生産手段の強制的配分の面目躍如というわけである。生産手段のない労働者には2択しかない。押し付けだろうが何だろうが自分の生産手段を確保するか、革命で負けて死ぬか。民主主義？　議会主義？　名称など何でもよい。労働者が、そこにいる何百人かが自分たち資本家を「労働者階級」の味方だと思い込んでくれればそれでよい。これにより、権力者と資本家と労働者は、見かけ上の行為共同性を共有する、これが「市民社会の成立」なるものである。見かけ上というのは、基底に階級構造があるから、いつでも変化できる、という意味である。その後の武力上の安定も権力者の事実認知のさなか、武力の後退と引き換えに、自称労働者の代表が政策決定に関与する、かのごとき外見を呈する。権力者はそれで一向にかまわない。国家武力のうち警察機構は極小化される。いざとなれば名称は何であれ「軍隊」があるからそれでよい。これはわざわざ新理論などということもない、筆者の『行為の集成』に書いた立言どおり。どこにも謎のない平凡な社会過程である。

では、そんな現実を認知していれば何も起こらないか、といえばそうではない。現実の認知にもかかわらず動くのは資本家あるいは支配者ではあるが、この際に彼らは自己の利益に沿って動く。これが被支配者の想定と違った場合、過去の事実認知は「裏切りの証明的基礎」となる。当然である。これを弁証法的真理という。すなわち、背景的事実認知と現実的認知の変遷の差である。

とはいえ、それは人間が世間で平和に生きる基礎であり、平和に生きていればその限りでは、一国内の評価に限っては、悪いとは言えない。これも複雑で言えないから言わないでいいかといえば、そこからは倫理的価値判断である。

先進国の社会保障立法は、その基礎に、当然、植民地、新大陸からの収奪の蓄積があるわけではあるが、その実体化には、中間層以上の人々の国民的統一と、貧困大衆の団結があった。たとえば、大地主、産業資本家、役人たちは、自分の実際の「職務」にかかわらず、自分も同一の立場の人間であるという事実認知に立ち、たとえば議会の存在、たとえば国家的公務の存在、あるいは国家的危機への軍事力的貢献は、中間層以上の層に「国家の一員として」自分も動かなければならないという常識を与えた。人間は当該他者の生理性にさえ抵触しなければ、「いい人間」になれる可能性がある。こうした状況において労働者と行為共同性を持った支配階層の一部は、彼が持ちうる権力への寄与への認識とともに、「人の世での神の正義を行使すべく」労働者を「救済する」立場であれば、そこに立つことができた。

（注1）　社会科学上、マルクス主義通論以外で身分と階級について注目できる議論を提出したのは、原秀三郎であろう。原は、身分を階級の現象形態であるとする説に疑問を抱き、「階級は生産手段の所有状況に規定されるが、身分は分業という職業分化から発する」という論を張った。

原秀三郎『日本古代国家史研究（別編二の2）』東京大学出版会、1980。

これは議論の元の質が悪すぎた被害者である。もともと階級が生産手段の所有状況に発するわけではないことはすでに述べた。階級は支配の規定性により姿を変える、しかし、結局は支配被支配の集合性である。生産手段を所有しているかどうかはその時代の特殊性に過ぎない。一方、分業は、といえば、分業それ自体から身分が発生するはずもない。原の敗北はすでに決まっている。発生するはずもない「身分」が発生しているのは別の要因があるからである。と言えば誰にでもわかるだろう。分析理性は9割方尊重すべきなのだ。

もちろんこれは、階級を生産手段の所有非所有の問題と規定した人間が悪い。それでは誰でも「そんなはずはない」と思ってしまう。階級は支配の問題であり、その「階級の現象形態」こそ、分業に基づく「こともある」身分なのである。

さらにことは分業のみではない。歴史学上の身分は、歴史的経緯により分業によるものではあるが、たとえば海外からの移民「身分」は、分業に基づかない「身分」である。呼び名は違う（というよりもついていない）が、同じ心的構制つまり持ってしまった事実認知の問題である。

たとえば日本の近世近代の農村においては、領主による支配制度の設立と、領主支配下の地主―小作の所有関係が、村内の身分格差制度につながっている。こうした把握は戦後から70年代の農村社会学においては基本認識で、いくらでも適切な参考文献があるのであろうが、さしあたり、左記書の第4章を挙げておく。

長谷川昭彦『農村社会の構造と変動』ミネルヴァ書房、１９７４。

国家権力と領主権力による権力秩序については、歴史を考慮した上での一般論として左記にまとめられている。

世良晃志郎「国家権力と法」『西洋中世法の理念と現実』所収、創文社、１９９１。

あるいはその日本の論文の端緒としては、筆者は経済史にはうといが、吉岡昭彦「封建的土地所有・封建地代・経済外強制」『西洋経済史講座Ⅰ』所収、岩波書店、１９６０。になるのだろうか。もっとも世良における「人格」や「伝統」といったウェーバー的な用語の使用は、ミスリードとなろう。おそらく歴史学のようなストーリー学では、国王・領主の関係の叙述には、単なる無規定的な「伝統」ではなく、国王の権威という賞賛の源泉の存在が重要であろうからである。

なお、日本の武士による自己の武力確保のための主従関係の設定については、たとえば左記第Ⅲ章参照。

永原慶二『日本の中世社会』岩波書店、１９６８。

（注2）　論者によっては、マルクス主義者に近くとも、「現代は階級社会に見えない」という論者もいる。たとえば渡辺雅男によれば、世界は階級社会と市民社会との2側面があり、市民社会は平等なのだが、現代

ではこの市民社会が危機を迎えているという展開を示す。しかし、社会科学上の社会の把握の仕方として、二つも側面のある社会を想定してはならない。それは「相互行為論」的発想と同じで、二つ作った瞬間に融通無碍。因果連関は評論する人間次第となる。それでは法則性など捉えることはできない。規定性に2面はあっても現実に2面はない。規定性の2面はそれぞれに展開できるが、現実の2面なるものをそれぞれに展開すれば出来上がるのは二つの全く別々の社会である。

渡辺雅男『市民社会と福祉国家』昭和堂、２００７。

（注3）この身分の再構成の規定性は、権力による社会秩序の整序である。現実に支配を担う支配者が恐れるのは、政権の他者への交代ではなく、体制の安定の崩壊である。交代は単なる生活過程のストレスだが、体制の変更は全ての自己の否定である。身分の再構成によって社会秩序が不安定になるのであれば、武力は生産手段の行き先を、その本来的生産共同社会がなくなってからも、それまで培った自己の力によって、構築することが出来る。資本主義後発国の場合である。すなわち、それまでの階梯的「身分」は、それを生産手段に移行させることを自己の利益の下に行う。社会において掃除を職業とする人間は、掃除する人間としての優越を持ち、床を拭う職業の人間を馬鹿にしうる。インド・カースト制である。権力者はこれ幸いとこの身分制を社会の安定性に利用する。優越を夢に抱く人間にその不動性を確保された、悲しき、あるいは醜き相互関係であり、それを確保するのは支配宗教（この例ではヒンドゥー教）である。

補項　2つの類似概念

（1）社交上の平面性

支配層とは、被支配者の言うエスタブリッシュメントである。政治権力家、大資本家、政治文化人のトライアングルである。警察権力、日々の指令者、彼らに利することを言う政治人と被支配者大衆に教訓を授ける文化人。総じて人民の行為を規制する方途を手にしている者、これらがエスタブリッシュメントである。支配層の行為共同性の平面性、すなわち彼らの賞賛と優越の平面性は、エリートの安定と、支配武力の交通を確保している。が、それは彼らの内部の問題である。すなわち彼らの後進国的共同体性の名残である。

他方、この平面性の要素を行為規範とする者が平面の下に権力階梯を作る。支配管理層のことである。かくて、トータルとしてエスタブリッシュは安定する。

平面性は心理学上の問題であるから現象的である。すなわち、彼らの社交関係を見ればわかる。彼らはみんな「友達」である。ご学友、論壇、友達の友達。しかし、人民が生きる資本主義は、本来そうした平面性と権力階梯を許さない。それらは本来、資本家間競争と、一方での武力権力の突出によって壊される（傾向性を持つ）儚いものである。国家という支配権力者と、生産関係という人民の条件との矛盾である。

（2）仲間

同一行為共同性内にいる人間で、個人にとって同じ将来を抱いているにもかかわらず自分と違う将来を選択する集合性、以外の人間たちを、学術的に「仲間」と呼ぶ。仲間は自分と同じ行為を持っている限りにおいて、彼の将来である彼の望みは受け入れてしかるべきだと考える人間たちである。

同一の「仲間」内において、自分の代わりに死を選択する人間たちを「同志」と呼ぶ。すなわち、仲間のために自分の生理性を無視すべき者たちである。

第2節　支配システムとは何か

支配は、個人行為者の生理的存在の確保をめぐって行われる。それは、決して個人の「支配者」への思いや「支配システム」への認識に対する思いによってなされるわけではない。

支配の方式のパターンには、そもそもが武力に帰着し、さらにはその元の肉体力に帰着する、三つのものがある。第1に、武力そのものによる直接的支配。直接といっても、多くの場合、武力は階層的に上から下へ順次ふるわれる。第2に、共同の生産手段の成立を拒否する消極的武力支配。生産共同体内で行使されるが、これに対する反抗は、武力支配行使の対象となる。第3に、生産手段の供与権を行使する限定的支配。この場合供与権を保証するのは武力的支配であり、この関係を損なう行為は武力支配行使の対象となる。

歴史の順番はこうである。

支配しようとするものは、まず生産手段の所有者に対して武力でこれを圧制する。武力なしでは彼らは自由だからである。支配者はその上で、自己のために労働(注)を強制する。

次いで、強大となった支配者は、武力による被支配者の生産手段を取り上げる。そして、生産手段の貸与を、支配のシステムに繰り込む。つまり、支配武力を使ってその規制情報に則って生きることを強制し、被支配者はこの規制情報を他の構成員が当然に行為する将来として、日常の将来予測に取り入れる。

この日常化により、支配者は武力に頼ることなく被支配者を統制することができる。支配システムが壊れない限りは、被支配者は生産手段の欠如から、支配を離れては生きていけないからである。他の支配者との抗争のために用意された支配者の武力は、被支配者のときどきの取るに足らない反抗の抑圧に使われる。

人間は、歴史の進展が運ぶ生産力の増大による剰余労働の増加により、生産のシステムを資本主義へと変える。資本主義は一方で被支配者に「平等」の地位を与えざるをえない。これは被支配者の労働の直接の統御者である資本家にとっては、どうにもならない重荷であり、生産の結果を享受する支配者は、自己の武力の一部を資本家に付与せざるを得ない。「所有権」である。資本家はその与えられた所有権を使って、人民労働を統御する。といっても生産関係システムは、いわば「支配なき支配」たりうる。

支配者が支配の一部を資本主義的生産関係に移して以降、すなわち「所有」を権力的に確保させて以降、支配システムはその武力整備を弱化させ、他方、人民の武力機構への軽視も限度の一線に近づいてきた。人民はあたかも支配者が武力を使うなんてありえない、かのごとき事実認知を得て来てしまった。事実認知上ありえないことが自己の環境に生ずるのは、人間の行為にとって「許せない」ことなのである。

その事実認知が他方で語るのは、資本主義的「所有」権力の社会的絶対性でもある。資本主義内行為者にとって、大統領や首相ではなく資本主義が、個人では対抗し得ない「支配」なのである。

（注）拙論の始めに、「労働」概念について述べておく。

人間行為者が労働を実現するといっても、社会内でのその行為の実現は生産的行為ではなく関係的行為なのである。彼が農業者であれ、その労働行為の内実は消費物資の生産ではない。米は稲が産んでくれ大根はその葉と根が育ててくれるのである。農業者本人の行為は、他の生産共同体構成員との関係的行為である。事務作業で同じ係で仕事を分け、上司の指示を受け入れたり反発したりするのと同様である。漁業であれ、聞くところによると漁船内での共同行為が重要度の1番であるようだ。

もちろん、そうした行為を日本語では「米を作る」とか「漁をする」とか言うのであるが、だからといって、「彼の主体的な動作が生産という行為である」わけではないのだ。

人間行為・労働・生産行為を合同記号で結ぶような論外な思考をする論者が多数見受けられるが、根本的に間違っている。

1　支配における武力

武力が、実は行為者本人である自分には到達しないのに、しかし現実には到達するかのごとく見える、その事態。これが支配システムの根底である。しかして、その実体は、はっきり言ってしまえば、武力とは、鉄砲や槍の切っ先のことではなく、消費物資の要所を押さえている、という事態である。

その要所とは何か。これもシンプルに言わないとわからないと思われるので、莢雑物を取って言おう。すなわち、構成員全員への武力結果の眼前である。「見せしめ」のようなものだ。全ての武力は認識させねばならない。それは伝達でもよい。その際には、その現実的状況を言語化しなくてはならない。そうでなければ武力者はただの狂犬である。言語化された武力結果は、その言語意味に応じて行為を抑制する。これが「イデオロギー」である。イデオロギーは何ら思想の問題ではない。「逆に」それが武力の現実的意味、端的に言って武力そのものなのである。

この微妙さが少しの混乱を招く。「後付のイデオロギー」は武力ではないが、本来の「権力のイデオロギー」とは、武力なのである。すなわち、権力はその武力行使と、その武力行使の認知によって、権力となる。

その武力行使は、その行使が引き出す賞賛と優越によって、その他の人間の肉体力を統合する。賞賛と優越を組織できない武力行使は、そもそも武力行使者によって拒否される。ここで賞賛と優越は、当該権力構成員が範囲内にある行為共同性内の人間のそれでよい。その他の人間、たとえば最下層人民は、人間ではない。あるいはその他の人間にとっては権力者は決して仲間ではなく、そんな人間の賞賛も優越も、裏切り者以外には不要である。この両者の間にあっては、ポイントは、共同性ではなく、武力の大きさのみであり、「どちらが強いか」となる。

他方、これに対抗すべき対抗権力の潜在性は、いかに「国民」全体と行為共同性があろうとも、既に権力システムの中枢にいる構成員に集約される肉体力の生理性、賞賛、優越を食い破らなければ敗北する。すなわち政府内反対派にとってターゲットとなる生理性とは、支配階級は消費物資は十分確保しているので因果契機の要素外となっており、残っているのは肉体力の集積による脅威だけである。ここで肉体力の集積とは、反政府的人民の力を指す。さらに、賞賛と優越は、既に確定されているそれである。というわけは、既に武力のイニシアティブは支配階級に取られているので、新たな賞賛と優越は、その他の肉体力によってしか発生されないからであり、この発生部分は、当該運動の集合性固有の賞賛と優越を超え得ないからである。

2　生産手段の強奪あるいは強制的恣意のないシステム

ここで、視点を支配階級に移す。

（1）生産手段と武力

さて武力は、行為論上は究極的には肉体力である。しかし、肉体力が武力の規定性であるかといえばそうではない。つまり机上の空論では、肉体力を集めたほうが強い、何百の軍勢より何万の軍勢のほうが強い、というわけだが、これは全ての空論や子供の思い込みと同じで、誤りである。

武力自体は、共同体生産が主である時代においては、自力による人民の肉体的制圧と、遠くは共同体首長の武力を介した肉体的制圧が彼の支配権力の根源である。根源ではあるが、それを規定するものがある。それが資本主義の時代において明らかになる。すなわち現在で言えば人口の0・5%にも満たない警察軍事武力で人民を操れる理由は何なのか、ということである。先にも述べたが、それが生産手段の持ち方である。これを生産関係ということも間違いではないが、ミスリード、あるいは暗中に連れて行く根源でもある。権力者は生産関係というよりは生産手段を通じて、すなわち、生理的条件の確保に直接働きかけて、被支配者を拘束するのである。奴隷身分でさえも、武装力によって自分の生産共同体から引き剥がされて以降にその反乱を抑えるものは、「武力」というよりは肉体力による「生産手段からの隔離」、すなわち生産手段の喪失による服従であろう。

直接の肉体力か生産手段による規定かは、支配者の武力性が人間を統制する範囲の広さとのバランスによる。すべて「武力」の実効性を自己の力で保つか、あるいは被支配者の無力で保つか、ということである。

(2) 生産手段の階層性と武力

社会のどこかに武力が存在するということは、実は平凡な庶民は知ってはいない。知っているのは「犯罪者」ほどである。警官が携帯する拳銃を見ると社会には武力がありそうだ、と想像はできるが、われわれは警官の拳銃を思いながら暮らしているわけではない。にもかかわらず、社会は武力的に保全されている。

すなわち武力は、第一に、その肉体力的行使に関して階層性を持っていなければならない。ツリー状の階層性は、一人の献身的武力で100人の人民を抑えつけることができる。100人はすごいだろうか？　そうではない。現実の支配社会では一人で500人は押さえつけなければならない。

その階層形システムが人民の生産機構上の階層化である。人は、生産様式さえ支配階級的であれば支配できると思ってはならない。人民は絶望的に反乱するからである。その「無駄な」反乱を抑えるものが、「人民の生産機構上の階層性」である。武力は、自己一人の肉体力では手に余る対抗する権力に対し、自己の追随者を形成するしかないし、実際、形成する。もっともこれは現実には、相対的下層からの上級権力への同調集約という形となる。歴史上、常に存在した権力のピラミッド。人民、上層管理者、領主、王。ここで資本主義の時代において、「自由な労働者」にとっては、人民―上層管理者の持っていた共同体権力が喪失し、ついで、領主の武力も、国民国家において消えてしまった。

ちなみに、支配システムには3通りの階梯を持つ含みがある。第1に武力の指令階梯であり、これは必ずしも可視的ではない。われわれに見えるのは、第2に、この武力の指令階梯の存在により、その頂点に立つ支配者の指令統括者という役割から発し、もう一度下位へ階梯化された意思決定上の指令階梯である。この下位への指令階梯は、ほとんど組織という事象であるから可視的である。かつ、武力階梯が意義を持たなくなった時点以降も、それ以前に作り上げられた社会的諸必要によって生き残る。そして第3が、この指令階梯に基づく、行為者の賞賛と優越の階梯である。これは行為者が認知して自己の行為に取り入れるものであり、可視的である。もちろん、第2の指令階梯が見えなくなれば、その賞賛と優越も意義をなさず消えてしまう。

(3) 武力支配と支配システム

武力は武力だけで存するわけではない。武力にかまけていては消費物資のための、意志と時間がかかる生産が成り立たない。生産はその量が多くなるにつれ余計に、「平穏な」継続時間を要するのである。

見えるシステムの中では、支配者は経済的条件を整えようと右往左往しているように見える。それは、経済的条件が彼の生理的条件の前提だからではない。すでに生存している支配者は、自己の消費物資では生理的条件を束縛される必要もない。そうではなく、経済条件を整え、外交的条件を整えるのが支配者の賞賛だからである。

しかし、見えないシステムとは、武力支配の潜在性である。武力支配なしにはいかなる統治も成り立たない。評論家がそれを合理的支配と呼ぼうが民主的支配と呼ぼうが、国家的統一を「警察機能」によってなそうとする限り、歴史はこの支配のシステムを堅持して推移しなければならないのである。

支配の主体は、可視的には、人格としての支配者である。支配者は、人間としての行為の原理と原則に基づき、支配システムの中で行為をする。

それでは支配者は大統領Aか、あるいは首相Bか、といえばそうではない。すでにわれわれは、不可視の世界は存在することを知っている。可視的に実際に支配を行使するのは社長であり首相であることを知っている一方、しかし、その根源は社長や首相の肉体力であるはずがない、とも思っているだろう。そのとおりである、支配の根源は彼らの肉体力ではない。その根源を持つ人格はいない。だから不可視なのだ。彼らは支配システムの中で行為する限りにおいて、支配者なのである。他に支配人格はいないのだ。彼らは「支配システム」の中において行為しうる人格であり、その人格は支配システムから与えられたものなのだ。しかして不可視のシステムなのである。

支配―これを「政治的支配」と呼んではならない。支配に政治的も経済的もない。一にして支配にかかわる全てなのだ。支配は、システム化し、支配者にさえ（あるいは支配者だから）その機構をいじれないから存在し続けるのであり、経済上の諸契機ごときとはレベルが違うのである。

そもそも、生産手段を個人が持っているときには、彼の行動を規制するものは、つまり支配者に彼の労働を提供する根拠は、支配者の武力でしかなかった。その後、システムとして彼の生産手段が取られてしまったとき、彼は生産関係の言うがままに労働し、収奪されるしかなくなったのである。

ということは論理上、この生産関係的制約が取れると、残された弱体的武力が支配を引き受ける、ということになる。しかし、それでは、占有生産手段の不平等の中、生産手段を持たずに自由を求める人間の生活は、成り立たない。かくてこの場合、論理必然的に、武力は瞬間的に肥大する。これがシステム変更時に生ずる事態であり、だから「社会変更」は「社会革命」と呼ばれるのである。

被支配者が自己の現在の生活のほかに生活（消費物資の取得）の方途を知らない世界にあっては、彼らの反抗を「矯正」する武力は、ただの鞭の一振りでよい。この鞭の一振りを乗り越えて反逆する者の相手は、今度は人間支配者ではなく、支配システムである。このシステムにあっては、常に、そのシステムが壊れては自分の生活がまずくなる別の「被支配者」の肉体が、その相手をすることとなる。

システムとは、行為者にとっては何ら本の中の問題ではない。それは統治権力者のみならず、隣に住む農民であり、自分の会社の課長であり、転職希望先の中小企業の社長なのであり、彼らの自分への一瞬先の対応なのである。

3　言説としてのイデオロギー

イデオロギーは生理性の確保の下に位置する。が、事実認知の多くが言語情報によってなされる時代にあっては、それは各行為の原則の重要な要素であり、それゆえに行為共同性の重要な要素でもある。以下に列記してみれば、

1　賞賛（生理的安全・よりよい将来）の認知的伝達
2　将来の即自的安全あるいは危険
3　優越を様式化した反論形式の有効性（権威のひけらかし、差別のやり方、劣等を示唆するやり方により優位に立つ優越）

等々の伝達路を形成するのである。

行為者にとって、自己の現況を取り巻く地位的構成は賞賛と優越に直結し、これを活用したい人間は、これを活用することが可能なイデオロギーを欲する。欲せられたイデオロギーは作成される。それは権力から直接流れるわけではない、言語操作による後付けのイデオロギーである。

そもそも行為者が持つ彼の「必要」は、それを語ればそのまま行動の推奨あるいは強制の言説となる。社会で他者の或る行動が必要な場合には、これを他者に推奨したり、強制したりする言語活動が伴う。多くの場合、或る行動の推奨や強制には権力が伴い、権力が伴う場合には、この行為の遂行時に必然的に賞賛と優越がこもる。この権力が使う場合の「行為者の必要」とは、支配者の生理性の確保に資することといってよい。下層人民と接点がない支配階級であっても、この自己の生理性の確保だけは不可欠であり、そのイデオロギーも必ず成立している。生理性の確保のための物資の供給者は、下層人民であるから、下層人民にも支配者と同じ賞賛と優越が流れる。

権力者は、上位の権力者の武力上の影響下に入った場合、上位の権力者の賞賛と優越の影響下に入る。彼は今までの自由勝手な権力行使を続けられない。それが個人の生を支配する賞賛と優越というものだからである。このとき今までの被支配者は、上位権力を頼りに、その賞賛と優越、要するに価値観の流用をもって、下位となった権力者にたてつくことができる。

ただしここで、賞賛と優越は、行為者がその所有者（＝上位権力者）の行為をするときにのみ流用できるものである。権力者が持つ賞賛と優越は、被支配者も使用ができる。江戸期被支配者が地域領主に対し徳川様の主義をタテに抵抗してきたとき、領主はそのテーマでは反論できない。使用できる場合には、自己が権力者ないし対抗権力者に成り代われる状況次第である。井戸端で隣人に権力を振るいたいとき、被支配者が使えるのは、権力者の賞賛と優越である。

また「メディア」といえば資本主義的には中立に近そうだが、そうではない。全ての体制上の規制は、メディアを通して伝えられるのであるから、体制が存続する限り、メディアは主要に向体制として機能する(注1)。

例を挙げれば、

第1に、社会制度は、教育を除けば、メディアを通して人民に伝えられる。この社会制度自体、国家の当然さを体現しているものである。逆に言えば、メディアがなければ、社会保障の国家の飴(生活保護・年金、健康保険等)も知られることなく、国家はただの鞭しかない徴収機関となり、それでは体制の維持さえ危ぶまれる。

第2に、商業がかかわる圧倒的大多数の情報売買においては、人民の賞賛と優越をつかむことが人民の購買を促す第一要件である。この賞賛と優越は、もちろん、彼らが育ってきた家庭内外の教育、社会的当然さ、によってストーリー付けられる。

第3に、各種の言語情報は、支配権力に差し障らない限りで、許可される。これにより、権力を伴った、すなわち賞賛と優越を供給する対抗的な情報は、圧倒的に制圧される。この圧倒的な制圧自体が、体制への賞賛と優越の源泉となる。

イデオロギーが虚偽意識ではあることは、筆者の過去の著作で飽きるほど確認した。しかしそれは一つの態である。イデオロギーは言語的にはただの事実認知と賞賛・優越(に直結する「事実」)

でできているものであり、これは、主張者と、主張者の言を利害のない宙（真空）で聞く神である第三者、にとっては虚偽意識なのである。それは本人の意識・無意識を問わず、他者を自分の意思に従わせるべく存在しており、それゆえに他人が乗れば気持ちがよくなるように作られており、事実の構成後の結果の正否を問わない言であり、それゆえに多くは事実で構成された虚偽であり、それが虚偽であることを主張者も知りたがらない、いわゆる二重の虚偽である。

他方、それはただの事実認知と賞賛・優越なのであり、これを受信する者にとっては、その正否を問わず、遠くの将来の目標と、近くに迫った行動の優越と賞賛をもたらすものである。この点だけから言えば、虚偽などではない貴重な行為の将来の管理情報である。

イデオロギーの使用は、その受信者にとっては、

1　事実認知において、体制イデオロギーは体制の秩序を強制し

2　対抗イデオロギーは人々に選択肢を提出し

3　その選択肢の選択において一致した人々について、イデオロギーが提出した集合性への結集度を高め

4　その対人間的コミュニケーションにおいて、殴り合いと同じ効果を出し、（ただし、ケンカと同様、負けても悔しいだけで実は負けない）

5　その賞賛・優越において、イデオロギーが提出した集合性への凝集力を高める。

筆者の基礎理論においては、運動アピールとして述べたとおりである。

なお、法は、ほとんどイコールで支配者の意思である。すなわち、武力である。それは誰が立法しようとそうなのだ。

もちろんとりわけ資本主義社会においては、いったん成立した経済法は、武力なしでも人民を拘束する。私的所有をめぐる法規は、これに沿って人民の生活が営まれるのであり、気に入らないからといってこれに違反すれば将棋倒しに飢えで死ぬものが出るからである。しかし、それもこれも、私的所有が武力によって保全されていることが結局の基盤なのである。

法が支配者の意思でなくなるときは、武力が姿を現わし、どちらが戦闘に勝利するかという問題となる。その一瞬までは、法はイデオロギーではなく、潜在的武力である（戦闘になれば、その支配者側の正当性を主張するイデオロギーである）。

人は見えるものを見、操作可能なものを操作する。これこそが彼の「現実」である。では資本主義社会における法とは何か。国家権力であり、これを守れば国家権力が自分を守ってくれるものである。

かくて、マルクス主義者でさえこう語る。「資本主義社会は、法というカテゴリーが最も純粋な形で、すなわち、他の社会関係から分化した形で全面的に展開する社会である(注2)」。確かにそうである。ある程度までは。それは「相対的に最も」純粋に、「全面的に近く」展開する。しかし、残念ながら彼の現実だけが現実なのではない。マルクス主義者の知らない現実もある。

確かに支配者は自己の保全のため経済関係を法によって守るし、基本的に人民が法さえ守っていれば安泰であり、このために法秩序の確保には全力を傾注する。それにしてもそうは言っていられないときが来た場合、支配者は自己の権力を法の理論下に置かずに振るうことができる。警察権力(軍備権力)による脅しであり、これを効果的にするための「価値意識」の動員である。わざわざマルクス主義者に説くまでもあるまい。権力者はゲバルトにおいても(?)権力者なのである。

(注1) この趣旨自体は別に目新しいものではない。古くから言われているが左記が出版上新しい例。
L・アルチュセール、柳内隆訳「イデオロギーと国家のイデオロギー装置」『アルチュセールの〈イデオロギー〉論』所収、三交社、1993。

(注2) 藤田勇『法と経済の一般理論』日本評論社、1974、p.301。

第3節 社会における支配の成立あるいは国家

1 国家

国家は幻想である、とはよく聞く物謂いであるが、そう言ったところで何の意味もない。言いたければ言えばいいが、それでは何も言ったことにならないのだ。人間に意味のある言葉とは操作可能な言葉である。「国家幻想論」者には「では目を覚ませばよいのか」と言っておくしかない。

何度も述べたように、国家とは支配者の謂いであるが、それがなぜ観念の中で国家という仮象となるかの理由は、社会科学上は無意味である。それは社会心理学者がいくらでも「ご推察」に及べばよい。

しかしある場合において、それだけで済む問題でもない。すなわち、地域上の闘争である。地域上の闘争は、闘争主体において国家なる仮象が最大限に利用される。帝国主義A国家は、配下の被支配者の使役のためには、「われらが国家A」を主張する。われらが国家という符丁はもちろん支配者の譲歩ではあるが、被支配者にとっては自分と支配者が同一平面上となる偉大な譲歩であり、これをありがたく事実認知する。それはそれとして、ついでA国家の植民地のターゲットであるアフリカ南部B村である。帝国主義A国家により国家という称号を与えられたB村国家は、帝国主義A国家による「国民国家」の認識の下に、B村国家への弾圧を受ける。実はA国家支配者が弾圧したいのは刃向かうB村中のC部落一つだけなのだが、それは関知の埒外の事実である。

そうした経験の中で支配者の事実認知における賞賛と優越は、「国家の主人である自分」という立場にある我そのものである。彼は自己の武力の全てを投じて、彼の事実認知の中での国家を形成する、かのごとき努力をする。その結果現れた彼の宣言区域範囲は、自称ではあれ「国家」である。もちろんそれらは他国家の承認を得ずにいれば雲散霧消してしまうが、彼の事実認知は他国家の承認を含んでいる。彼は彼の将来の区域から上がる利益をいくらでも「他国」に売る。かくて、国家は支配者に「作られる」。それはいつの時代でも同じである。どれだけの地域を売るか、どれだけの人民を売るか。それしかバーターすべきものがないのだから「しょうがない」。そして観念の中では仮象であっても、これが生きる事実（認知）なのである。

2 国家の成立

支配者が「われわれ」という存在になったときが国家の始まりである。それ自体は心理学上の問題であり、それこそ「幻想の共同性」といってほおっておけばよく、社会科学上の問題は生じない。国家が問題となるのは、それが「国民」を持ってからである。この究極の事態が「国民国家」であるが、問題はそれ以前から始まっている。

国家は、その当初には武力集団であるに過ぎず、武力の度合いによって以後の歴史過程が決まる、非歴史的主体である。ただの武力集団については人民はとりあえず迷惑なだけで、「俺らの生産物を掻っさらう誰か」以上には無意味な無意味な存在である。

その武力行使先が帝国主義国であったとき、人はこの武力争闘を革命と呼ぶかもしれないが、それは何と呼ぶのも無意味な事象である。この争闘の発生源は、外国勢力に対する、植民地人民の行為共同性であることもある。しかし、それは一部の行為共同性に過ぎず、その勢力の勝利も一部の勝利にすぎない。日本で言えば卑弥呼の国家に生じた出来事について、現行の日本国家にとってどんな意味があるだろうか、という問題である。

歴史はここから始まる、ことはある。誰が建てた国家であろうと、国家的統一が取れるならそれは歴史の始まりではある。この歴史開始の必要条件は、当該国家様《よう》経済の成立、あるいはそれへの進行過程の確保である。このため、計画経済国家が成立する場合は、その足場となる可能性は高い。

しかし、これは支配権力者の恣意ではない。革命であれ争闘であれ、それが成立した勝利の状況において、歴史的必然において決まる。その内実は「支配者がどう自分の消費物資を確保しうるか」である。単に、税の収奪で自己及び軍隊の消費物資が確保されるのであれば、それでイベントは終了である。

ここでの問題は「『自己及び軍隊』の中に人民がどれだけ含まれているか」という状況による。多数の人民が含まれている場合、もともと食べていけない人民は、やはり食べていけず、であれば税収だけでは食っていけず、「国家的経済統一」による当時の国家にとっては他者である人間たちからの生産物収奪が志向される。

これは理屈である。そして実際、理屈のとおりに現実となる。

国家が国家たるべきには、すなわち恒常的な国民を持った国家となるには、財政的根拠を国家構成に置かなければならない。つまり、税を取らなければならない。これは第1に、国家財政の源の創出としてであり、第2に国民の行為の主体性の源としてである。

税、あるいは支配者行為への財政負担がなければ、支配システムの存立は、国家支配者個人の寄与となってしまい、それでは国家は存立しない。支配者の文字通りの玩具に過ぎない。税はたとえば貴族からのみ取ってもよい。それによって国家は貴族の国家としては存立する、というだけであるが。

ついで第2に、人的国家システムの根拠を国家財政に置かなければならない。すなわち公務員の給料を国家が負担しなければならない。支配者の手兵でできた国家は支配者と共に瓦解する他はない。

ついで第3に、国民の生活は国家に左右されなければならない。これはさしあたり、正負の如何を問わない。つまり正として公共的事業を国家が行為することであってもよいが、国家が武力を持って国民の税を取り立てることでもよい。いずれの場合であっても、国民の行為論的将来が国家によって左右されないのならば、国家は支配者の玩具であり、常に瓦解の危機にさらされるだろう。

統一国家が存在しない間は、歴史は統一への条件を蓄積していくしかない。修辞的表現をやめれば、支配者の自己保全的努力の自然経過は、統一的条件の蓄積へ進む。すなわち、国家武力の浸透回路であり、のちの消費物資の運輸回路である、国内「ローマ街道」の構築である。食糧増産よりも何よりも、このインフラの構築が、必要不可欠にして十分な文字通りの土台である。十分というわけは、「後は自前でやれる」という意味である。

補項1　支配の成立

「原始人はひとりでは自然力や猛獣とたたかうことができなかった。そこで土地その他の生産手段や、さらに労働生産物の共同体的所有と集団労働が必要となった」。

「原始人には、生産手段の私的所有という考えがなかった、いくつかの生産用具だけはかれらの個人的所有となっていて、共同体の個々の成員によってつかわれていたが、それは猛獣をふせぐ道具もかねていた。原始人の労働は、生きていくのに本当に必要な以上に余分なものを、すなわち剰余生産物をすこしもつくりださなかった」(注)。

引用が長くなったが、マルクス主義者の代表的なまとめであろう。共同体所有から私的所有へ、それから共同所有へ、という所有変遷第一主義である。

ここで所有主義者の根拠のない明るさに、シンプルな事実の指摘をしておこう。そもそも人は無文字時代について、あるいは自分が育ってもいない「未開」生活について、知っているかのように振舞ってはならないのだが、これはお互い様なので、筆者も古代生活研究者のように振舞ってみようというわけである。

まず、安定した採取経済地域を除外する。たとえば、熱帯のタロイモ系、キャッサバ系の生活文化地域である。おそらく気候条件の変化による生理的危機のない地域では、生産物のそのときの剰余の保全保管は不要、あるいは最小限で済むだろうからである。

しかし、それ以外の地域、そんな地域から離れていった人々の生活地域はそうではない。そこでは季節の変化に伴う食料の不足から食料の保全保管が必須である場合がほとんどであろうからである。これは農作物地域に限らず、木の実や貝の採取・採集においても同じである。人間は果実等の実る時期を基準に栄養を取れるわけではない。

さて、そんな地域について、つまり、大多数の古代生活研究者の母地域である温帯地域について思考実験をしよう。

採取生活上の親子について、彼らへの規定性は、第1に、消費物資への自然の影響、第2に、自然物資採取のための知識の伝達、である。前者は生理上の危機への直面可能性を意味し、後者は必然的に年長の存在を意味する。

年長の存在は、彼らをめぐる社会生活の存在を意味し、ついで消費物資の減衰は、環境の拡大とそこでの対立の発生を意味するところから、採取・採集に地域的制限を取り払えばそこに希望が生まれる自然的条件の下にあっては、つねに、他村への支配、あるいは自村の被支配の可能性を意味する。この規定性がいつか実現した場合、この解消も、まったく自然的条件に任される。

さらに一時的な剰余なしには生活が成立しない農作物における剰余が存在する地域、あるいは時代。その時代の地域においては、その剰余をめぐり、農村、あるいは農村を隣地とする漁村における生産共同体の存在自体が、対立抗争を内に秘めているものであり、ここでも被支配の発生、さらにはその拡大が見込まれる。

牧畜経済については、そこでの消費物資の入手の不確かさがネットワークの存在を必要とさせ、このネットワークでの消費物資の入手の強制度を高め、その地域一帯に支配被支配の現実を発生させる。

このように原始経済とは、「明るい」共同体所有の生活過程ではなくて、常に支配をはらんだ生活過程を経過するのである。もちろん正しくは、「経過したであろう」であるが。

このとき、祭礼と先祖崇拝は、この支配者の虚構を受け入れ、偽りの行為共同性を持つための努力である。すなわち、一方で、支配者の神話を同時に褒め称え、支配の磐石を築く努力であり、これにより他方で、自己の「家長」たる権力基盤を「祖先」という概念で補強する、支配者と同一の構造が確保される。祖先崇拝は同時に家長崇拝であらねばならず、この瞬間に支配システムの全てが固まる。

もちろんどの場合でも支配根拠は消費物入手であり、共同体にいる以外に消費物資が入手できない被支配者の生産関係が根本なのである。

（注）ソ連邦科学院経済学研究所著『経済学教科書刊行会訳経済学教科書（第1分冊）』、合同出版、1963、p. 28。

あるいはエンゲルスが褒めそやすモーガンが説く古代社会は、蓄積も最小限で済み、武力も偏在しない（誰もが同等に武器を使う）社会であることを忘れてはならない。そうした社会では統一的支配者は顕在しない。だからといって生産共同体としての支配がないわけではないが。

L. H. モルガン、青山道夫訳『古代社会（上・下）』岩波書店、1961。

ここではエンゲルスを例に挙げたが、今でも同様の主張をする論者をよくみかける。しかし思考実験の示す結論は、相手が誰であれ同じことである。生産共同体には固有の権力があり、その自然条件に剰余物資の人間にとっての意義があれば武力支配者が顕在化し、生産共同体を統括するクニが生まれるのである。

3　可視としての国家

全ての支配をめぐる構想は、国家に到達して完成する、という過程を経なければならない。歴史的には資本主義的国民国家であり、その可視性は、国家による日常生活への介入と、そのための財源徴収である。国民は、その時点で国家を我が物とする前提を得、支配システムは支配者の変更を承認する（注）。

しかし、幸か不幸か、人民が持ちうる幸せは、それが資本主義的統一国家の成立以前であれば、それ以前の共同体に求めるしかない。この場合、この国家の存立条件は、不可視的には、世界資本主義内におけるこうした交易する国家「群」の総体における剰余農作物の存在の有無である。ある国家内の農村は、国家から庇護を受けながら、当該国家の一要素たることができないわけではない。しかしその存立要因は、可視的には、庇護の「費用」の出所があるかないかである。この「費用」とは究極的には交通可能な（他国家を含む）国家からの剰余農業生産物の供給である。食料なしに平穏な生活を営むことは不可能である。

ここで国家の意思決定とは、正しく言うと、支配権力者の意思決定である。述べているように支配権力者は自由であるが、それゆえに守らなければならないことがある。自己の自由の確保である。このため、第1に、現下の経済状況を保全し発展させる使命がある。通常、資本主義の保全と発展である。第2に、とはいえ、彼の現下の権力の大きさはその時々で決まっている。彼は彼の権力の大きさの範囲内のことしかできない。たとえば資本主義当初の貧困な財政力で、彼の思うところの全てを実現することはできない。第3に、支配権力者は自己の自由を実現しなければならない。賞賛と優越である。

この第2に関し、現実の支配の意思決定過程は、その複数の構成者について社会心理学的適応の様相を呈する。基本的に支配権力当事者は、彼の行為共同性的認識にしたがって、彼の事実認知の下に政策を組み立てる。たとえば、出身地域農村からの助力で帝国大学を卒業した国家官僚は、地主と共に、その地主が庇護している貧農にも目配りをする。他方もちろん、政商とつるんだ官僚は、より強く資本家的政策を推進する。あるいは、支配権力にはその内部からコンスタントに女性解放の圧力がかけられるであろう。彼らの母も地主の妻も政商の妻も女性であり、女性解放は、それだけに限ってみれば体制を揺るがさないからである。

こうした背景から受けられるべき賞賛と優越は、社会科学原論ではなく、社会心理学的説明によって納得が得られる。社会科学にとっては、この内部過程はブラックボックスであってよい。その社会過程の結果の現実が示すところこそ、「当然」なのである。

（注）ある個人行為者は行為共同性を離れて行為論的満足を得ることはできない。賞賛も優越も行為共同性に存するからである。ところで統一国家においては行為共同性が貫徹する。国家の構成員とみなされる人々は、権力の支配下にあって同じ将来を持つ。同一国家内においては、権力の強制＝法により、少なくとも最低限の将来を同じくするしかないからである。こうした行為共同性の存在がマルクス主義者にしてさえ、国家の「公共的側面」なる側面を「見出」させるわけである。

といっても、国家的規模の行為共同性には必ず権力が貫徹するか、といえばそうではない。「協議による協約」は協約者の社会で同じ将来をもたらし、非協約者については、「協約に乗りうる自分」の認知から、同一の行為共同性も持ちうる。この協約の内に「権力」を求めるかどうかは、定義の問題である。

ただし、こうした非権力的合意は、生産共同体の歴史から湧いて出はしない。支配武力（＝肉体力）は、既に述べたように歴史を連綿と引き継ぐからである。この合意をしたい者たちは、歴史を自由な歴史に変えてから、つまり資本主義を廃してから、おもむろに自由な教義に入らなければならない。さらには仮に歴史を取っ払えたとしても、親と男の権力（＝肉体的武力に基づく抑圧）は、行為者がそこから自主的に退出しうる状況＝退出しうる生産関係がなければ、常に存在するのである。

補項2　差別として現象する支配システム

本章で述べた支配システムは、これを筆者の本書での視角、いわば「自由を求める＝一種被害者的な」視角から構成したものである。筆者は、この視角によって、日常日本語の「支配」が意味するほとんどの領域をカバーしていると考える。

しかし、それでも抜け落ちている領域がある。それは下位体系内部の「支配」の社会過程であり、現実の事象としては、被害者としての差別の領域である。差別は日常用語の支配の視角からは、支配権力者による支配の一要素に過ぎない。本書では以後もそうして扱わざるを得ない。しかし、実は、被差別者にとっては、差別はそれ自体が支配なのである。端的に言えば、差別は誰が何と言おうが支配権力者が行うものではない。差別者が行う行為そのものが差別なのであり、被差別者にとっては、それこそが支配そのものなのである。

実は、この差別も目に見えない。「いや、差別は目に見えるのだ。だから問題なのだ」と誰もが言うだろう。しかし、そうではない。見えるのは「被差別」である。差別する側ではなく差別されている痛みだけが見える。ここには不可視の潜在的支配構造が存するのである。それは、先進資本主義においては制度化されていない状況の中で、しかし、当事者を捉えて逃がさないという意味での「システム」である。そこから生じ続けるのが、それ以前の生産関係においてシステム上支配されたカテゴリーへの差別、たとえば、女性差別であり、黒人差別である。

もちろん、差別は常に当該時代にある支配体系を通って現実化する。現実化しない差別は差別ではない。資本主義においては、賃金競争の只中において現実化する。

これに対して、それは資本の本性ではない、というのは正論である。さらに、資本主義が性別差別を利用して存立している、これをなくすには階級闘争と福祉施策が必要である、というのも正論である。しかし、そうした正論を述べることには、実は意味はない。

仮に被差別者が進歩派であれば、「あたしだってマルクス主義者よ、そんな話は聞かせてもらわなくとも知ってるわ」と思うのがふつうなのではないか？ ちなみに私にはフェミニスト女性の友人はいない。すべて想像である、が、ふつう、そんな想像はしてみるものではないか？ 問題の所在はそこではない。もともとそういう正論で説得する問題ではないことに（男や白人や理論家が）気づかないことが問題なのだ（注）。

ただ、本件は本書の範囲は大幅に超えるので、ここまでで留めておく。筆者としても本件は、仮に、筆者の身体的・物質的要因がクリアされれば次の機会に展開もしようが、この要因は個人的努力が左右する問題ではない。このためあえて、これからも被差別者によって無限に引き継がれていくであろう論争への楔として、後の世代に注意喚起をしておく次第である。

（注）特に家族内の性別構造の労働市場への影響の強調者として、たとえば竹中恵美子『戦後女子労働史論』有斐閣、1989。経済構造の一般的影響をそれ自体正論として述べる論者として、たとえば二宮厚美「ジェンダー視点の社会政策と資本主義の解剖」『ジェンダーで社会政策をひらく』所収、ミネルヴァ書房、1999。

第2章

経済学の諸範疇と社会過程

第1部第2章以下は、支配システムが歴史の中で資本主義という経済システムを選択したことで、支配システム自身にどのような性格付けの変化をもたらしたか、を述べる。ただし本件は、その作業を淡々と続けるには社会科学の歴史にかかわるある障害がある。マルクスの「資本論」である。

資本主義経済とは根底的に支配武力に裏打ちされた、強制的経済体制なのである。しかし、こういうだけでは読者諸賢も納得されがたいであろう。資本主義は「自由な売買」に基づくはずだ、と。このためここに1、2の節を費やして、売買がいかに交換ではないか、そのために結果された諸概念がいかに誤っているかを記しておかなければならないのである。

第1節 「経済学批判」の批判

われわれは前章において、有史以来の社会に存する支配システムについて述べてきた。これは現行の資本主義社会においても同様にあてはまる。支配権力は資本主義経済の中においても貫徹している。しかし、本当は同様なのだが、とりわけ社会科学においては同様とみなされてはいない。ここで問題なのがほかならぬマルクス主義経済学である。

資本主義とそれ以前とで現実に歴史に起こった変化は、支配者が商業従事者に私的所有という権力を加えたという事象のみである。これだけが、唯一つ、制度上起こった変化である。にもかかわらず、いつの間にか支配者は「資本家」に代わり、人間の労働を収奪し続けてきた支配者の歴史は、これまた「搾取」と称される「労働力」の「等価交換」なるものに変容され、支配の歴史が継続しつつあることは抽象の闇に隠されてしまった。この事情をもたらしたのが「経済学批判」＝資本論である。以下、本書では、資本論の内的構成を「経済学批判」と呼ぶ。

1 「経済学批判」と国家

資本論は、当然に資本主義社会の成立根拠を概念的に把握するために書かれているという。確かにその趣旨であれば成功しているであろう(注)。しかし、本来人民に必要なことは、資本主義社会の成立根拠ではなしに、成立そのものの由来である。資本主義社会は資本家が作ったものではない。それはそれまでの支配者が、あるいは国家が、作ったものである。資本主義社会は国家（支配者）に裏打ちされて現実となり、その運動を始める。当然、その運動が行き詰れば、常に国家（支配者）が歴史に登場するのである。しかして被支配者人民に必要なものは、この行き詰まりに乗じて抑圧の体制をひっくり返す、そんな理論であるのはさらに当然であろう。

もちろん、労働者の味方を自認するマルクスの構想の最終地点は、このひっくり返すべき国家、資本主義国家でなければならなかった。しかしそれは、始元商品からでは到達しない地点であり、それは資本論の課題にはならない。マルクスは第三巻を完成させなかったから残念なのではなく、単に力及ばずして斃れた、というに過ぎない。元々その先は、別途論を立て直さねばならなかったのである。

といっても、われわれが本書で意図するのは、経済学と国家を一つの論にして提出することではない。資本論の論理が社会科学者に曲がりなりにも膾炙した今日、それは筆者と読者の時間と労力の無駄である。ここでは経済学と国家（支配者）をつなげる接地面を展開することで、あとは読者諸賢の知的努力に期待させていただくこととする。ただ、それには読者の常識であるはずのマルクスが展開した経済学を、もう一度疑ってもらわなければならない。

（注）資本論の労働者階級へのプラスの寄与はこれだけである。ではマイナスの寄与は何か。せっかくフランス社会主義が明らかにした政治経済の支配の構造を、資本家の合理的搾取の名の下に、再び分厚いベールで包み隠したことである。資本論はレーニンによって一時期、社会主義の象徴とされはしたが、その後世界の生産力の向上と共に、ただの「資本主義社会の仕組みの学問」として、牙も毒もない元々の姿に還っていったわけである。

2 「経済学批判」と交換価値

経済学からの国家の排除の手品の種が、第1に、商品の「交換」価値概念である。ついで、支配権力なしに収奪を資本にまで持っていくため、第2に、この交換価値が労働「力」で構成される、とする。この2点については、資本論論理の観念からもう一度現実に戻す作業が必要であり、迂遠のようではあるが、これを避けることはできない。このため、本章をこれらの検討に当てて、本旨の展開は第1部第3章以降とする。なお、ここまで、経済学の常道に従い、「国家」と書いてきたが、これ以降は、あるべき社会科学概念である「支配権力者」に変える。

さて、マルクスの誤りは、平等的交換でありえないものについて平等的交換概念を与えたところによる。これ以降、人民は、経済学者と名乗る資本主義的評論家と同じく、何事でも自分で決められるスーパーマンである「人間一般」の役柄においてしか、自己の奴隷的立場を語れなくなってしまったのだ。それが「交換価値」論である。およそ、下層人民が商品の「価値」なるものを身分のほども知らずに語るなど、本来片腹痛いことなのだ。価値を決めるのは人間一般ではない。これを売る資本家その人である。「ほら見て、この商品Bの綺麗さ。こちらの商品のほうが商品Aよりも価値が高いよ。僕ならこっちの値段を高くするよ」。「馬鹿を言ってもらっては困る。商品Aの価値もBの価値も、決めるのはそれを作った工場の持ち主である資本家、この俺だ。イヤなら買うな」。これが現実なのである。ただし、それには続きがある。この「俺が決める」という資本家にその価値を動かしがたく押し付けるのが資本主義的法則なのである。それは交換するから価値があるのではない。それ以外の値段では「売ることができない」から「その価値」と呼ばれるのだ。

もちろん、あるべき現実はこうである。「商品A？　それは俺の生産物だ、返せ！」「工場の持ち主だ？　それは俺たちが昔作った生産手段だ、返せ！」。もしも経済学者が労働者の場の人間だったら、そう構成するだろう。われわれは、突然どこからか降ってきて労働者を飼い慣らしてきた「公正な取引」論から、厳然と存在し続ける支配のシステムを明らかにし、150年前の真実の途をもう一度取り戻す必要がある（注）。

（注）マルクス以前には、当然にも、労働と賃金の関係は不等価だ、と考えられてきた。例を挙げれば、１８３６年のＪ．オブライエン、見市雅俊訳『平等のためのバブーフの陰謀史』注解」。労働者は「返報なし等価物を受け取ることもない」。この責任は資本家にではなく「このような富の獲得方法を確立した国の法律と制度にある」。また、１８３９年のＪ．ブレイ、見市雅俊訳「労働に対する不正と労働の救済策」。「この最も不正な交換制度」「（すなわち）労働者は資本家に対し、わずか半年分の価値と交換に、まる１年の労働を与えてきた」。

『資料イギリス初期社会主義』所収、都筑忠七編、平凡社、１９７５。

３「経済学批判」と支配関係の消去

では、マルクスは経済学批判においてどうやって支配関係を消し去ったか。まとめて言えば、その第１は、「始元としての商品」の設定である。「交換価値は、さしあたり、ある種類の使用価値が他の種類の使用価値と交換されるところの、量的関係すなわち比率―時および所とともに絶えず変動する関係―として現象する」「ある特定の商品、たとえば一クォーターの小麦は、（中略）種々さまざまな比率で他の商品と交換される」。そして交換される相手の商品は「互いに同等な大いさの・交換価値でなければならない」（注）。この著者にとっては「商品形態が労働生産物の一般的形態」であるような社会における物品は、公平に交換される以外の規定性を持っていないのである。（資本論第一編第一章商品）

第2は、その中に潜む、無邪気なまでの「所有」信頼志向である。いわく「諸商品は自身で市場に出かけることができず、また自身で自分たちを交換することができない。だから吾々は、その保護者たち、すなわち商品所有者たちをさがし求めなければならない」（資本論第一編第二章交換過程）。ここには「所有」者がどんな規定性を負っているかなど、はなから気にかけていない著者がいる。この交換的「公平さ」への根拠のない信頼と、所有への無警戒こそが、マルクスの理論の根底なのである。

第3に、経済学信仰である。始元の地点での人間は「諸人格は、ここではただ、商品の代表者として、したがってまた商品所有者として、相互的にのみ実存」し、それらは経済的諸関係の人格化であり「彼らはかかる諸関係の担い手として対応しあうのだということ」になる。経済的諸関係さえ明らかになればよい、というのである。筆者はこれを誤りというのではない。経済学体系上そうしたいというのであればそうしたらよい。しかし、その後に眼前するものは当然に「経済学」体系であり、「政治経済学」体系ではない。ましてや著者の著述プランにおける「国家」がその先に眼前するはずもない。それで著者の狙いとしてはよいのであろうが、世の中あらぬ期待を持たされた後続者ばかりなので、記しておかなければならないわけである。

（注）本節の資本論の引用は、いずれも長谷部文雄訳、角川書店、1961。

第2節　生産共同体での物資の移動

支配社会における人間間の物資のやり取りは、常に、力関係の下にあることを前提とし、その状況下における各行為者の将来の想定にある。ここでは人民に対する権力は、生産共同体にかかわるもののみとする。さて、そのやりとりの名称である「売買」と「交換」と「贈与」は、それぞれどこが違うか。

売買は交換行為だ、というのが日本での通説であろう。では私たちは商店で交換をしているだろうか？　していない。商店で買い手がしているのはソフトクリームを買っている行為だけである。購入とは、その本質は消費物資の入手である。その入手に（店員に言われたお金を置いていくという）社会で決められた方法を使うだけであって、人は誰も交換などしていない。

商店の立場ではどうだろう。販売とは何とかしてカネを入手することである。できればやって来た客から強奪するが一番良いのであるが、世間では、モノを並べておけばカネが入手されるという仕組みがあるのでそれにしたがっているだけである。

売買を構成する「買い」も「売り」も、両者はそれぞれ全然別のことである。ただ、評論家がこれを「交換」と呼んだ、というだけのことである。

1　交換行為の実態

「交換」を確認しよう。「俺、ポケモンのフシギダネ持ってるんだけどフシギソウと交換しない？」「ああいいよ」。これが交換である。あるものの占有権を合意の上取り替える、人間的な関係行為である。

売買は違う。カネを渡すことにより所有権が移転される、一方的な行為である。したがって、売買には人間がかかわらない。人間がかかわるのは「こいつを殺してそのまま逃げようか」、という行為の障害としてだけでの非人間的な行為である。

もっとも、共同体内で行われる交換が尾を引く共同体「間」の売買においては、売買は交換の形式を取ることもある。外形的「値切り交渉」である。人は相手との「ふれあい」を楽しむために交渉する。しかし、それは本質ではない。販売の当事物は商品だからである。売れ残り、カネに化けなかった「商品」は無価値である。他方、お目当ての消費物資のない市場は、購入者にとって無価値である。居並ぶ販売人は、ただの「赤の他人」、または通行の障害物にすぎない。というわけで、消費物の入手は、場合次第になる。

ある共同体において、ある消費物資の入用は、その占有者が使うか使わないかに存するのみである。この場合、交換における、「その代わりに」の、「その」は論理上存在しない。要らないものなのだから。「これが今ウチにないので（タダで）ください」「わかった、あげる」。それだけのことで交換などは存在しない。

ついで、ある共同体においてある消費物資の作成に専念する者の消費物資の入手は、交換になる。その作成者は共同体で生きていかなくてはならない。したがってその交換対象は、その作成者の生活が成立するため（に不足する）消費物資そのものとなる。死なないための交換だからである。他方、その他の共同体成員にとっては、作成者が死んでは、その専念する消費物資は入手できないので、それも当然のこととなる。

さて、では、他の共同体員との取引の場合にはどうだろう。ここでは本来不要な消費物資の「そのための保管」として、「交換」の物質が成立している。その目的は交換先物資の入手である。この交換手段が一般化すると、カネとなる。「ではカネで買うソフトクリームは交換ではないか」という発想は、関係とコトバの逆転である。とりあえず先に進み第３節で述べる。

この例で、ある共同体で他の構成員に渡すものがない人間はどうするか。人は共同体社会において、必要な消費物資が自分だけでは入手できない場合、他者にその消費物資を要求する。他者は、共同体社会内において、窮乏した他者を助けることが要請され続けているのである。かくて、この際に贈与を行う。必要な消費物資が常に存在するものでなければ、当人が窮乏していなくともこれは誰かに託さねばならない。あとで同価値品を「返しても」いいのであるが、そもそも共同体社会での購入は評論家の言う「贈与」でなされるしかないのである。

この贈与は共同体にとって、共同体が存続する限りにおいて必須である。しかして、共同体成員にとって「当然」である。当然ではあるが、この消費物資を渡すかどうかは占有者次第であることも当然である。嫌がらせでもったいぶり少ししか渡さないことも可能である。かくて、支配階層は共同体にとって固定化される。名主はどこまでいってもイヤな名主である。

2　贈与行為の実態

さてところで、以上述べた文化社会学上「贈与」と呼ばれる行為は、本当に「贈与」だろうか？「贈与」という言葉が存在する理由は、現代の権力から離れた生活ができる人（＝今となっては一般の人。昔の農村社会では不可能である）にはわかるだろう。哺乳類は困っていそうな自分より弱いものには食物を与える。これが贈与である。お子さんや姪御さんへの贈り物は、疑いもなく贈与である。哺乳類であれば誰でもわかる行為だろう。もっとも生まれつきの狐やハイエナのことは知らないが。しかしこれ以外の「贈与」類似の行為は、全て占有物の強制的移転である。名主も嫌々自分の食い扶持を飢えた小作人に分けるのは「分けざるを得ない」からである。これを実行しているのは人間一個人ではあるが、しかし、その実態は、「社会」であり、その実質は自分がそれに包含される生産共同体である。そう把握して初めて、やっと社会科学の入り口に入れる（注1）。

筆者は、そうした社会、つまり蓄積を最小限しか要せず武力の偏在も存在し得ない採取・採集社会について、その生活習慣に興味を持つものではないが、現象の普遍と偏在の違いをわきまえなかったり、「集団と集団」の関係と正しくも言いながら、その事実もその根拠もいつの間にか個人間の関係や心情に移っていくような叙述の正当性には、一考も三考もする必要があるだろう（注2）。

（注1）　現実の過去の日本の交換・物売り（の想定）については、民俗学の文献に多々見られるところである。

たとえば、左記に包括的にまとめられている。
宮本常一『生業の推移』河出書房、1965。
（注2） M．モース、森山工訳『贈与論』岩波書店、2014。
なお、贈与論を引き継いだ論者の中には、社会と贈与の関係を普遍的に捉えようとする論者が多い。「すべての相互行為は贈与に通ずる」といった説、あるいは「贈与こそ社会の本質だ」という説である。こうした説は、「すべての相互行為」の本質を語らずに一現象をその本質定義の代わりにすえる文学的修辞であり、また、社会で作られたものをもってその社会の本質だ、という見事な逆立ちの論議である。あるいは、コトバをもって「贈与」財とする現代版観念論もあるが、そういって満足できる論者には、人間は贈与からできているという立言さえ、誤りではないのだろう。

3 贈与及び交換

およそ生産の特化した村落同士、たとえば米村落と魚村落は、交換をするしかない、というよりも交換を前提として歴史を歩んできたであろう。もちろん、多くの場合、米村落のほうが優位であるが、人は、失っても死ぬわけでないものを欠乏により死ぬ人々と「交換」するには優位な感情を覚えるものである。もちろん、この観念上の現実には「優位」の生存的意義の経験とその自己にとって必要が前提であろうが。

この交換が継続しつつ、相手の状況がわかった場合、優位な人間の中には、自己の赤ん坊への存在認識と同様に、これを助ける気持ちが生ずる人間が出る。このとき、他者贈与もするものである。これにより自分の関係者の誰も死ぬわけでなければ。

このように交換も贈与も、どこにでも偶然にある普通のたびたびに生ずる人間の生存における行為形態であり、それをもって社会を規定できるような行為を制約する規定性となるものではない。あるいはありうる別種の認識では、共同体支配しかない、すなわち、外在的には生産方法にかかわる束縛しかない、最低の生産共同的規制の想定においてのみ、観察者の中で「継続的に存在し続ける」過去的状況である。何を言っているかといえば、「その観察は本当か」という意味である。およそ、過去や他文化の説明への想像や伝聞は、眉に唾をつけなければ認識しうるものではない。

第3節　支配範疇下の物資の移動

1　カネと価格の成立

宇野弘蔵が指摘したように、労働者は自己の生活資料を買い戻し、それが剰余価値の基準となる。それは間違ってはいない。しかしそんな言い方で何がわかるのだろうか。

そもそも表現の前提そのものが間違っている。支配の綿々たる歴史は人民に必要以上の生活資料は与えない。それは支配者が取る必然的な方策である。その資本主義時代的表現が、労働者の賃金は自己の再生産資料を買い戻す基準なのだ、ということである。

もちろん、規定性が違うのだからこれまでの時代との違いはある。それまでの時代は、むしり取る基準は中層被支配者に任せてあるが、この基準は歴史性に負っている。庄屋・名主の取り分は貧農より断然多いが、中農は、祖父が生産共同体で貢献していれば、その孫がどうでもその一家はそれなりの収奪しか受けない。これも所有権の事情と同様ではあるが、しかし歴史的には生産共同体上の支配力と地域権力との統合的な事情に由来する差異である。とはいえ、それだけの差異である。

歴史上常に、被支配者平民は、その生産物をかつかつまでに収奪され、しかし、これに反論する手段を与えるかのように、中層以上の被支配者は、それよりも多くの収入を得る。正しく言うと、収奪を手加減されるのである。その歴史段階的表現が、資本主義の労働者・農民である。これを明らかにするため、まずわれわれは、「カネ」について考察を改めよう。


カネは、商品社会という支配社会にあっては、一般的交換手段とされながらも、実は交換手段などではない。カネこそ、社会の権力を実現させるものである。あるいは権力を集約して表現させるものである。それは行為者にとっては、消費物資に、支配権力の意思を混合させたものであるからだ。そして不可視の世界から見れば、所有権の発現＝可視化＝物質化なのであり、しかして所有権の取得者である自己を権力者の次位となすものである。

少し話が込み入るので、箇条書きとしよう。
1　当初の「価格」は、タダである。

共同体において、ある消費物資の入用は、その占有者が使うか使わないかに存するのみである。この場合、「その代わりに」の、「その」は論理上存在しない。

2　ついで、ある消費物資の作成に専念する者との交換における「価格」は、その作成者の生活が成立するための消費物資の価値に値する。死なないための交換だからである。作成者が死んでは、その専念する消費物資は入手できない。

3　さらに、他の共同体員との取引の場合、本来不要な消費物資の「そのための保管」として、交換の物質が成立する。その目的は交換先物資の入手である。

4　さて、一般的交換手段の成立は、「価格」の成立でもある。

ある消費物資は、その占有者が誰であろうと、同じ交換比率を持つ。これを確保するものは「法」である。しかして、消費物資の占有は法によって守られている。この事態を「所有」されている、と呼ぶのである。これにより共同体は、その影響を受ける。ある消費物資の入用は、交換手段の便利さを反映する。他者への提供は、端的には、「帳面につけられる」。「借用者」の成立である。借用者はこれにより、一段下の地位に甘んじなければならない。

「交換」は、あるものの占有権を合意の上取り替えるという、人間的な関係行為であり、「売買」は、カネを渡したことにより所有権が移転される、人間がかかわらない一方的な行為であると言った。ついで、「贈与」とは、日常語で使う「贈与」以外の意味はありえないのであり、これ以外の「贈与」類似の行為は、全て占有物の強制的移転であることを述べた。これら全ては全然別の社会的行為だ、と認識しなければ、社会に対する生活者の認識にはなりえない、ということである。商業上の物資、つまり一般的商品は、武力の支配範囲外に存在する消費物資への欲求に基づく。これの入手方法は、カネ、という「交換」方法である。この場合のカネは、純粋に交換方法なのである。

商人はそのカネの累積において、各支配権力者団体をまたにかけ、交換物品とその手間賃を入手する。自己の食い扶持は、というと、その交換物品を農業従事者（の重鎮）に対して交換を請求する、というわけである。当初のこの農業的交換の場合、それは純交換の場合もあろう。ただし、カネはいつまでもその地位に止まっている訳ではない。

商人が持つカネは、その後に農村に行き、農村従事者の欲求の一部をクリアする。いずれ、環境的認識による消費物資請求である。農村内的行為者Aは、必ずしも「欲求」があるわけではない。「俺が持っていないのは変だ」と言うこと、それは確かにwantしているとは言えようが、本来の意味での生理的欲求ではない。社会的な、「社会」への「請求」である。

こうして、歴史の当初の平等的交換は、それぞれの社会において、権力性を帯びる。商人は、武器の代わりに、強迫的欲求願望を基礎に、カネを要求し、カネが強迫的欲求願望の必須的解消薬となる。この権力的「交換請求書」こそが、その後の歴史において社会を動かす、「貨幣」なのである。

その結果、貨幣は行為者にとっては、交換可能性となる。権力者が保障してくれる交換可能性である。現代の仮想通貨は民衆の取り決めで動いてはいるが、それは権力者の介入までは自由にできる鬼ごっこのような遊びに過ぎない。権力者の保障によることは、「外貨獲得」なる現実が示すとおりである。この一事において戦争にも至ることは日本の歴史が示すとおりである（注1）。弱小国の通貨は、国際的交換可能性を持ち得ない。

ではいかにして「交換手段としての」カネが、「権力に基づく交換のための請求書」である貨幣となるか。貨幣はただの紙切れ（の場合もある）なのに、なぜ店先に置くだけで売買として認められるか、ということである。誰も交換するものを持っていないのに、「これで交換しろよ」と押し付けて商品を持って帰れる。「代わりのものを持って来いよ」と店員に言われることもない。

さて、資本主義社会では貨幣でモノを買うことができる。一般的交換手段としてカネが成立しているわけである。これは「コメ」でもいいのだが、このカネの成立は、「価格」の成立でもある。ではその基準は何だろうか？　違うコメとアジの干物が、さらに、別の需要を持つ人間に対しても、同様に量られる根拠は？

このとき、価格の基準は、本人（の一家）の生計費と専用物品の作成者の生活費との交差点である。鎌《かま》の値段は、それを作った鍛冶屋が生きていける米あるいは稗の値段であり、米あるいは稗の値段とは、それによって塩を買い塩魚を買える値段である。「生活費」とは、彼とその家族が生きていくのに要する消費物資の量が、彼が持つ他の物資と交換されるべきお互いの単位量である。これは当初、「交換」なので、同時に二つの量である。この社会関係からは、コメ以外でもいつの間にか一般的等価物が出てくるかもしれない。それはもちろん、その共同体成員の相互作用の賜物である。

そこで言い換えよう。「価格」とは、その当初においては、同一共同体内部での生計費のことである。それがために定まったある「基準」を保つのである。隣の共同体員が死のうが生きようがそれは知らない。しかし、同一共同体においては、全ての成員が生きていくことが必要なのであり、そのための交換を確保できるものが「財産」の「高《たか》」なのである。もちろん、その共同体には多量の米を持っている農業リーダーもいるだろう。彼は「金持ち」である。あるいはまた、不作時には農業リーダーの庇護を受けなければ塩が手に入らないメンバーもいるだろう。彼は貧乏である、が、毎日を生きていけるのである。

さて、この当初の価格は、いつまでも同じではない。これを揺るがすものは、商品経済の発展である。共同体がそれだけでは存続できなくなる事態である。

都市における商品生産物は、権力者とその配下によって買われる。商品生産者はそのカネで米を買う。問題は労働者であり、労働賃金で米が買えるところまで賃金を払わなければならないのであるが（でないと死んでしまう）、他方、米には限界があり、買えない（もっとも「米」は必須消費物資の比喩であるが）。この場合「米が高い」と評価される。米の値段は低くならなければならない。ここで、米によってその他の地域価格の低下が現実化した段階で、労働（力）の交換価値は、国家において制度化される。ある消費物資は、その占有者が誰であろうと、同じ交換比率を持たせられる。これを確保するものは「法」権力である。コメ1俵は金1両として、誰が小判を置いていっても米1俵が買える。このとき、消費物資の占有は法によって守られている、つまり「所有」されていることになる（なお、細かい時代考証はしない）(注2)。

（注1）たとえば中村隆英『日本の経済統制』筑摩書房、2017。

（注2）労働売買不当論の数少ない論者だが、森建資は、国家支配が労働者の服従を最終的に保障する、という観点から、マルクス的な労働力売買把握に異議を唱えている。もっとも森の場合、国家支配は法としての「雇用関係法」によらなければ貫徹できない、という現象的な発想を持ってしまってはいるのだが。森建資『雇用関係の生成』木鐸社、1988。

2　労働時間と生活費

こうして、宇野弘蔵に代表されるように、労働者賃金は、自らが買い戻すための賃金となってしまった(注1)。もちろんこれは現実には「自ら（の一家）の生活費」分の賃金というが正しいのであるが、生活費と言ってしまうと大根やニンジン、その他の農作物の代金等も入ってしまう。資本主義の経済分析上、資本に関係のない農民の事情まで論理に加えることは不可能なので、経済学での理念上の処理なのである。

すなわち、商品の持つ交換価値は確かに労働の価値なのであるが、その価値の大きさと労働の価格とをつなぐものは、労働者の労働単位時間に集約される生活費なのである。労働者が支出する労働の全価値は労働強化によって上がる。それはもちろん経営者でなくとも知っている。労働を強化すれば商品をたくさん作れるのだから一目瞭然である。しかし、生活費は変わらないので賃金を変える必要はない。「労働単位時間に集約される」とは、問題は1時間単位の労働「ではない」ということである。100の商品に100の労働時間単位が必要であれば、それはA商品であろうとB商品であろうとC商品であろうと同じ交換価値である。たとえば100個の商品を10日かけて作るときである。それらへの賃金も、あるいは労働単位時間に集約される生活費も同一である（のはずである）。しかし100の商品を午前中10回の労働で作れるならば、その価値も労働単位時間に集約される生活費も半分に過ぎない。なぜなら資本家は残りの午後に別の100の商品にその労働者を当てて、もう半分の賃金を払えばよいからである。労働者も不満ではあるが待遇が変わったとは主張する正当性は探しにくい。たしかに商品の価値は、労働時間による価値でできていると主張してもよいのである。

他方、労働は複雑であろうが単純であろうが、その作る価値は一緒である。労働単位時間に集約される生活費は、変わらないからである。

もう一度言っておこう。商品の価値は労働が作るのであるが、労働時間が価値の大きさを決めるのではない。労働単位時間に集約される生活費が価値の大きさを決めるのである。

もちろん、生活費が生産価格を決めるのではないし、ましてや市場価格を決めるわけでもないが、生産価格の可変資本部分を決めるものは、生活費なのである。生活費は当初において賃金労働者の生誕前から変化しつつも歴史的に決まり終わっているが、この歴史的事実をどう純粋理論とするかが、理論家のお手並み次第、というわけである（注2）。

（注1）　宇野弘蔵の労働力商品の価値設定を価格と賃金の「堂々巡り」と評するマルクス経済学者もいるが、どうもアキレスと亀を思い出す論議である。当初は価格には単位はないが、現実には一歩踏み出して、資本家が心の中である商品の価格をつけた瞬間に、労働時間に応じた賃金が決定され、全ての商品の価格に単位が生ずるのである。なおかつ、資本主義成立以前に商品の単位がゼロの地域は存在しないのである。もっとも弁証法は「内部の論理」であり、内部の相互連関は明らかにするが歴史の順序などは視野外のことであるから、経済原論として批判したくなるのは仕方がないと言えないことはない。その事情は資本論で原始的蓄積を扱えないようなものである。木下富市『経済原論』pp.75－76、時潮社、２０１０。

（注2）　もちろんこうした労働価値論議は、大方の素人のような経済学者（？）の思いとは異なり、資本論の正しさとは何の関係もない。現実は労働者が搾取されていることに何の変わりもなく、資本論とはその現実の搾取のされ方を順を追って説明していこうとする叙述、というだけのものだからである。その叙述に多少の引っ掛かりがあろうとも、それは資本論の叙述の部分的な失敗に過ぎず、資本論の価値を低めるものではない。もちろん高めはしないが。ましてや労働価値説は揺るぎもしない。それが現実なのだから。現実は、体制が変わらない限り揺るぐはずもない。念のため注記しておく。

3　消費物取得の本来的事情

行為の根幹は、生産ではなく消費である。人は消費さえできればそれが生産されたものであろうと、拾得されたものであろうと、強奪されたものであろうと、かまわない。もちろん拾得や強奪を生産と呼びたい人間はいるであろうが、そういう人間は日本語を放棄していることに気づくべきである、それらは生産ではなく、ただの「行為」である。どう呼ぼうと俺の勝手だと言うのはかまわないが、文学者ならいざ知らず社会科学の従事者は、行為と呼ばなければならない。

さて、生産から排除された人間は、それでも消費を続けなければならない。そうしなければ自分が死んでしまうからである。ここで、彼の行為の選択は、まずは拾得であり、懇願であり、強奪である。もちろん、それらの行為が結果に結びつく可能性は、大きくはない。しかしそこでとどまっていては死んでしまう、かくて、人類普遍の行為の企図は、互いの消費の必要度の追求、交換の試みである。

消費したいものを持った人間に懇願と同時かもしれないが、交換を呼びかける。これは等価交換であっても無くてもよい。理由の如何を問わず、消費物品が自分の手に入ればよいのである。実際多くの場合、人は消費物を入手しに遠い道のりを歩くことは避けたい。一つの消費物資の入手、たとえばパンの入手に1日をかけていたら、水を手に入れる暇も無く、死んだりするからである。このため、「持てる者」としてみれば、この入手時間を短くしてくれる状況には、自らの不要な消費物資を与える用意があるのである。この行為を資本主義社会内の人間は、流通と呼ぶ。自己の労働を金に換えるか、どこからか調達した物資を売るか、どちらかの2択である。生産手段を取られた人間というのはそういうものである。

この自己の労働をカネに変える行為は、とくに社会全体が商品化されていなくとも生ずる事象である。カネではなく、米やヒエでも種籾でも、必要なものを持てる者から譲っていただくための方途であるから。もちろん労働の代わりにカネをもらう場合もあろうが、それは売ると言うとも限らない。「カネのカタに1ケ月働く」とか言うのである。抵当・質入である。というよりも、「売る」とは根本的に所有権の移転を指すであろう。人間を所有できれば社長も楽なことだ。ただ、資本主義社会では、これを「売る」と呼ぶ。商業に漬かった人間はそれ以外の言葉を知らない。社長は「人間を奴隷にしている？　とんでもない。私の方こそ会社の使用人のようなものだ」と言うだろう。おっしゃるとおり。資本主義者も同じく、必然世界のただの将棋の駒にすぎない。

4　労働対価の条件

同じカテゴリーの人間は、その労働後、みなが同じだけの生産物を受け取れる。労働後の生産物には、同じ人間たちの過去の労働が平等に含まれているからである。これは既に述べた。ただし、突然知らぬ地方からやってきて「俺も同じ人間だ、その生産物をよこせ」といっても、それはただの略奪者（集団）である。同じ人間同士は同じ将来を持たなければならない。しかし、「彼ら」には「われわれ」と同じ将来はない。われわれは明日も生産に従事するが、彼らといえば、ただに、われわれの生産物を得て、また異国へ去るだけの人間である。

賃金論上の労働者は、明日も働き、何日か後にその対価として給料をもらい、その給料で自分（たち）の消費物資を買い取る労働者である。現行の労働価値論で証明する労働時間上の価値は、その買取の事実によって根拠付けられる。すなわち、「同じ労働者」の根拠は、「自分の生産物を買い戻す」関係であり、何ら感情や感傷の問題ではないのである。しかして、同一の「賃金」を語るのであれば、その（二つの）国家は同一の生産と消費の関係地平に立たねばならない。

逆に言えば、同一の関係地平に立てばそれでよいのである。人々は、過去の経緯はどうであれ、今これからの関係を同一にしていくことができる。相手が後進国内労働者であるとき、その後進国家内労働者の賃金は上がり、自国の先進労働者賃金は相対的に下がるかもしれないが、それが「同じ労働者だ」ということであり、それ以外の「同じ労働者」は、観念の、あるいは亡霊の労働者である。

もっとも、それは「国家の解消」、ないし「国家の併合」ではある。それで不満があればこの話は存在しない、ということである。インターナショナルを説くのはよいが、そう簡単に現実とはならない。

ここで、商品の交換希望者にとっての交換基準は、労働時間などではない。労働の単位は何でもよく、たとえば1日でよい。ある消費物資を作るのに3時間かかろうと8時間かかろうと、人は自己の1日の労働生産物として自信を持って交換に望みうる。

労働の秘密はそうではない。資本家が臨時に支配する、その支配の臨時さが時間で計られるだけなのだ。だから、単位一品当たりで出来高払いの労働であろうとも、「自由な」労働者に賃金で支払いが行われる限り、彼は賃労働者なのである。資本家はさらに儲けようと思えばいくらでも単位賃金を切り下げることができるのだ。

ただし、この「自由さ」は、事実上は、時間ではなく1日当たりの自由である。資本家はあくまで1日を単位として、この労働者の支配権を買う。ただそれが、たまたま「1日3時間の労働」である場合があるのである。

第4節　支配範疇下の労働

1　貨幣またはカネ

貨幣の実質は支配者の権力的武力である。これを保持している限りにおいて、保持者は支配者に代わって他人の労働（力）を自由に出来る。もちろん貨幣に反映しているのは労働（力）であるが、これを動かしているのは支配武力なのである。賃金労働者も、労働と引き換えに支配者の代理人である資本家から貨幣を入手する。日本語ではこれは、取り返す、と言うべきであるが。資本主義的「民主」社会においては、武力も支配者の占有ではあるが支配者に専属するものではない、とも言える。

他方資本家は、労働者が生産した商品を売却したときにこの貨幣を手に入れる。貨幣を労働者の労働の転化したもの、とみなしうるのは、この大きさの限りにおいてである。資本家は、支配武力をこの貨幣の大きさの限りにおいて労働（力）の所有に使用することができるのである。

しかし支配武力が消えた瞬間にこの魔法も消し飛んでしまう。貨幣は、その効力を失い、単なる金ゴールド、あるいは紙切れに戻る。この金ゴールドないし紙切れと何かが交換しうるかどうかは、改めてこの交渉に乗る人間を発見できるかどうかにかかる。もちろん紙切れに乗る人間はいないが、金ゴールドであれ理論上は同じ定めなのである。

さて、人はこの貨幣を買うことができる。そもそも支配武力は国内権力であるから、対外的には支配者間の取り決めによる。変動相場制とは、この取り決めを自由にする、ということであり、支配武力の空白が生じている。これにより国家がつぶれそこなうのも当然の事態である。

武器とは何か。実力的現実を基礎とした脅迫物である。ではカネとは何か、実力的現実を基礎とした脅迫物である。同じである。カネは決して、おどけたアニミズムの化けた評論家のオモチャではない。行為者の社会内存在を揺るがす「社会的武器」なのである。

「カネがなければモノは渡さぬ。モノが欲しいか、なら働け、そしたらカネをくれてやろう」。かくて、モノは労働であり、労働はカネであり、カネはモノなのである。モノとカネの交換比率は労働とカネの交換比率なのである。ここで、生産資本は表面には現れない。生産資本は労働者が生産した、資本家の取り分である。

一方、こうした状況を「不等価交換だ」などと言って済ましていてはいけない。それではなぜ社会が安定的に推移しているかはわかりはしない。交換は、価値システムを基盤にした各システムによって動いている。価値システムとは賃金システムである。労働者が自己の賃金によって自己の生産した消費物を買い取るシステムを基盤として動いているのである。

しかし、消費物とはその生産機械代を含まない。資本は貨幣価値が消えない限り永遠に先送りされ、いつでも労働者の労働を買うことができる、が、労働者が作った売れない消費物と消費物を作った機械は、誰に買われることもなく捨てられる。

2 「労働力」概念の誤り

ここで、マルクスの労働力概念について、批判しておく。この項は立言を含むものではなく「説明」のためのものなので、少しまだるっこしいであろうが我慢していただきたい。

(1) 労働と労働力

さて、筆者の論述では労働者が売るものは「労働」であって「労働力」ではない。

もちろん労働が労働力だろうが、われわれ被支配者人民には何の関係もない。マルクス自身、「賃労働と資本」段階では「労働」はまぎれもなく「労働」だったのである。当然である。「労働」を「労働力」に変えたことを強調すればうまく使えると思うのは、プラグマチスト、エンゲルスくらいのものである。思えば彼の実用主義は本当に後世に多大な悪影響を及ぼしたものだ。ともかく、この論題は、誤りとはいえ、それだけのものである。

さてところで、しかしそれでは社会科学では使えない。現実の社会過程はそうは動かないからである。マルクスは支配なき世界を観念上で作り上げる哲学的な辻褄合わせのために、間違った道に踏み出してしまったのである。

現実にはわれわれ労働者の1日が終わる頃には、われわれ個人の剰余労働は既に消費され尽くしている。われわれは身も心も疲れ果てた。これ以上、何を収奪されようというのか。

にもかかわらず、資本論においては「労働力」なるものは「資本」となる。なるはずがあろうか？　人は既にこの時点で「おかしい」と思わなければならない。しかし、おかしくともその定義によって論理は続けられる。

それはもちろん、もうけたものが「貨幣」であるに過ぎないのに、この貨幣が労働力だ、と言い張ることによる。こうした、現実ではない定義からの論理を裏弁証法、疎外された弁証法と呼ぶ（注1）。

もちろん、それは正しいとか間違っているということではない。現実ではない、ということである。現実ではないのになぜ間違っていないのか。それはそもそも資本論の趣旨が労働からの派生部分に色を塗って、その動きを見ようとするところにあるからである。人は自己の問題意識に沿って論理を形作る権利がある。

しかし、だからといって生活する労働者に向かって労働を労働力だと強弁されてはたまらない。「ここで私マルクスは、このような労働部分を労働力と名づける」というべきなのである。

なぜ？　注釈がなければ、資本家に渡った「ただの貨幣」が、あたかも「製品を生む労働」であるかのごとく捉えられるからである。現実はそうではない。貨幣は貨幣である。つまり、それは、マルクスの定義上、他の商品と交換はできることにはなっているが、現実は「そのままでは現実には実現しない労働」なのだ。

もちろん、「商業は交換」論法ならとりあえずクリアできる。商品さえあれば、別の商品が自分の手に入るという、現代日本の私が古今の世界を論じるどんな本を読んだところでそんなことは書かれていない、虚構の歴史的世界なのだ。

再度言えば「疎外された弁証法」である。それであれば端《はな》から一貫して「剰余価値」と呼んでゆけばいいのである。

しかし、それではマルクスは困る。何せ「商品は、使用価値と価値でできている」のであるから。「価値」が途中で賃金部分と剰余価値部分に分裂してしまっては、始元の商品に戻れない！　剰余価値は資本に入る。では賃金はどこへいってしまうのか？「商品の使用価値にしか変態できない！」

これはもちろん、商品を二つに分けたほうが悪いのである。マルクスも自分で分けてみたら始元に戻れなくてさぞ困ったことだろう。そこでその苦し紛れに昔アリストテレスに習った術を思い出し、いわく、実現する手前のものはその能力である、と。かくて可能性たる労働力である（注2）。可能性であるから貨幣に転化してもよいのである。労働者たる私がいくら疲労困憊《ひろうこんぱい》していても、私が産んだ「労働力」は、私のお腹を離れて自由に羽ばたいている！

「そうは言うが、実際、資本は商品を作るために、賃金を払い、その剰余労働分を、つまり利潤を獲得できるんだから、そのストーリーでいいではないか」という疑問が出るだろう。しかしそうではない。現実ではない口先のごまかしはいつかばれる。当初の使い終わった労働は、出来上がった商品として、社会の富である。しかし、資本家が儲けたはずの剰余労働分は、次に商品となって初めて社会の富となり、さらに、これを売り終わって初めて、資本家の富となるのである。

そして極端な現実が、金本位制を解消した現在である。貨幣はカネ、紙切れである。頃は人材不足、そんなものを1、2枚ピラピラさせたところで労働者はやってこない。ではこれは他の商品に変えよう、などと思ったところで、頃はインフレ、「そんな鼻紙の1、2枚を見せて何を考えているのか」と言われる。なぜか。ここで論理に隔たりがあるからである。剰余労働を、現物の商品を作り出した労働（に内在する労働力）一般に解消した、その矛盾の発現である。

要は、歴史的にある時点で整序されたかのごとくみえる弁証法論理は、しかし、通歴史的に適切なわけではない、という、弁証法論者であれば全て知っているはずの常識である（注3）。

（注1）本思考法は武市健人の書から教えてもらった。「ヘーゲル哲学の体系と性格」『弁証法の問題』所収、福村出版、1971。なお、弁証法については、G．ヘーゲル、松村一人訳『小論理学（上・下）』岩波書店、1952。

（注2）そもそも可能因などというものは神の視点である。ご都合主義もいいところである。当然労働力などというものも人間は持っていない。人間は「単に労働をする」にすぎない。サルトルが言ったように、行為者たる人間には、実存しかないのだ。

当然労働者が売るのは労働である。資本家とマルクスは労働力を売ったのだと強弁するかもしれないが、われわれは機械ではないしオモチャでもない。「労働力がなくなったから捨てる」、それは資本家の言い分である。

それでは経済学はできない？　それはその経済学が裏の学問だからである。人間にとって社会科学は変革の学である。変革の学たる社会科学の表（オモテ）は、行為論的経済学であり、これによってこそ資本主義の破滅が明らかにされるのである。

（注３）　こうした理由で「労働力の搾取」は「労働の収奪」等でなければならないが、「労働力」は既に人口に膾炙した言葉であり、特にマルクス（主義）経済学用語上変えようもない。本書では煩瑣ではあるが二つの用語が混在せざるをえないうえに、筆者さえもマルクス主義用語に長年親しんできたため微妙なところで正しく区別がされているか心許ない。ご容赦いただければ幸いである。

（２）「労働力」概念の虚構性

今までの議論で明らかになったと思うが、剰余価値として資本家の取り分となるのは、労働力ではなく、当該商品の購買力である。

実は、カネがあれば何でも買えるわけではないのだ。仮に資本家がその儲けのカネで買えるとしたら、それは自分の労働者が作った製品だけなのである。したがって、そのカネをたとえば生産財用に投資したとしても、生産財資本家は、生産財の原料を買えるとは限らず、あるいは生産財はカネを出そうが、売ってくれない、作ってくれないかもしれないのだ。

もしも仮に資本家が持っている剰余分が労働力であれば、確かにその労働力を支出すればいい話である。しかしそうではない。爆発寸前の車のエンジン燃料は点火すれば爆発し、車は前に進む。しかし、資本家の剰余分とはもう既に製品化されて終了した力なのである。排気ガスに点火しても火は消えるだけだ。これは議論ではなく、ただの事実である。

しつこく述べてみよう。

いわゆる「剰余価値」分は、全商品を売ることによって資本家のものとなる。たとえば、労働者の労働で１００個の商品が作れ、１００ドルで売れたとしよう。そのとき、労働者の賃金が60ドルであれば、労働者の賃金で買い戻せる商品は60個だけである。40個はうまくいけば別個世界の資本家等が購入する。うまくいって売れた後、残った40ドルは資本家のものであるが。これは別の商品の購入資金として資本となる。資本金とは、この貨幣を渡すことによって、(商品たる)新しい労働と労働が転化した商品に交換しうる他者労働との入手可能性である。

しかし、この可能性は可能性のままで終わってはならない。可能性のままで終わるときは当該資本家の最後であり、それが貨幣所有者の移転後も実現しない場合は、資本家社会の最後である。そしてもちろん、生理性を資本家に頼った支配権力者の最後でもある。この処理は支配者の武力ではできないのだ。

ちょっと考えればわかることで、現実の現象を考えている間はその可視的な要素で見なければならない。

ところで、擬制の論理であればどうだろうか。弁証法は時間的前後のない論理である。ある一瞬の同時進行の相互過程を、順序立てて叙しているだけのものであるから、生産財用の労働力も、それに限って言えば、何にでも使える労働力には違いがない。だから、ほんとうはいけないのであるが、概念が擬制の中をバッコしてもだれも気づけない。あるいは気づく必要がない。そこで述べているのは全体の仕組みを述べているようでも、実は全体の概念の中での部分的概念の位置づけだけだからである。それが弁証法の長所であり、欠陥でもあるのである。早い話が、現実もある程度まではでは、フィクションで動いているのだから、それ以上の論理の整合性を期待するわけにはいかないのである。

仮に「労働力」を売った、という擬制を設定したとしよう。お望みならそういう「真理を定式化した」でもよい。どちらでもただのコトバだけのことであり同じことだ。この擬制なり真理なりは、現実の事象の裏を通過していく過程として、現実を読者の眼前に映し出しながら、設定者の頭脳の出来次第で、その完結が見込まれれば、一つの世界を読者の前に定立させる。それは読者にそれらの要素の相互関連を現出させる。一つの相互関連世界の見方である。

問題は、その内部には因果連関はない、ということである。因果連関がなければ、その内部の叙述を人間が自己の行為に結びつけることはできない。そしてそれでは社会科学とはならない。要するに因果連関自体に使用する概念には、弁証法上の概念を使用することはできないのだ。弁証法で明らかにできるのは、全体の連関であり、因果連関への使用は、この結果把握された、全体の連関それ自体が自分自身で持つ意味しかないのである。この連関内の因果連関の立言は、現実の事象を現実として理解把握して、適用するしかないのである。

出来合いの議論を評論するだけの学者には理解できないことだと思うが、社会科学の本来は、そういうものなのである。

論議をすりかえられたくないので一言しておくが、これは資本論に弁証法がどのように使われているか、という問題ではない。そこで弁証法を使用したことで、結局、何が明らかになるはずなのか、という問題である。

3　現実の賃金決定の事情

労働賃金が生活給であることは、前提ではなく結果である。社会事象であるから当然ではある。思考実験で、労働者が自分の賃金に生活給（食料費と製品購入費）を要求しない世界を設定しよう。ここでは資本家同士の競争で、より安い原価を求めて、賃金は食料費と同一まで下がる。この時点で資本家の会社はつぶれる。誰も買うものがいないからだ。労働者であった人間は、その農業生産力をたよりに農奴あるいは自家内潜在過剰労働力として消える。

ここで資本主義世界であれば外国資本が黙っていない。外国資本はわずかの給料を与えて、自己の国家の生産を再開する。日本国家は、植民地同然となるわけだ。

もちろん現実はそうではない。現実がそうではないのは、それではははなから資本主義は存在しない、という資本主義の前提条件にかかわる事象であるからである。

まず、労働者総体の中で最低賃金を受け持つものが存在するのだが、労働者全てが最低賃金である必要はない。その最下層の部分だけ最低であれば良い。

現実は、平労働者は常に生計費以上を要求し続けるし、資本家は一人で経営はしない。彼の経営管理者を下に置く。経営管理者にはカネで日ごろの貢献への見返りを与える。ここで賃金は最低と中間の2通りに分かれる。この2通りが実は100通りであってもかまわない。要するに最低ではない賃金を得る労働者がいる、ということだ。これにより、労働者は、ある程度の歴史さえ踏んで、属国の地位から自国内用の生産さえ可能となれば、これを購買する賃金を得られるのである。

この時期の継続は、それ以外の商品を駆逐する。ボロの着古しが流通しなくなれば、平の労働者も新品の自工業製品を買わざるを得ない。かくて、賃金はその製品を買えることを基準に実質的に上がる。あるいはそこまで商品価格は下がる、と言ってもいい。

さて、このとりあえず2通りのセットは、各会社によってそれぞれに実現される。それぞれの実現は、それぞれ賃金の額に違いは出るだろう。しかし資本家はバカではない。隣を見て、もっと減らせる、あるいはもっと増やして労働者の歓心を買うか、と選択を行う。もちろんそうしなければ、そもそも新入社員さえ来ないかもしれない。幸か不幸か、労働力には質というものもある。かくて、出せる場合は多く、出せない場合も最低限は出さざるを得ない。この最低限が最低生活費となるのである。

ついで、中間給である。これは生活費ではない。「最低生活よりも高い、いくらかの給与額」であるだけである。この額にあわせて「生活」が組み上げられるのである。大企業の位の上の人間は、広い家に住む。それも生活である。「部長」とはいえ下請けの零細企業では3DKのアパートに住むのがやっとである。それも生活である。生活は給与で支えられているからその賃金はそれぞれの生活給である。それだけのことだ。

ポイントは、第1に、それぞれの賃金は、潜在的なあるいは顕在的な「要求」なしには存在し得ない、ということである。第2に、平均賃金は、常に、最低以上である、ということである。小学生でもわかる。

このとき、実質賃金は2通りに上昇する。まず、最低賃金はそのままに、中間給の間での上昇がある場合。戦後混乱期を経た後の日本企業群に生じた事態である。ついで、中間給に購入された商品群が、交換価値を下げずにその他の低価格商品を駆逐した場合。この場合、最低給の「最低」の質が上がる。

もともと最低給の最低度は後付けであって、要求に応じて上げた名目賃金が高すぎれば、全工業製品は「高く」売られ、実質賃金は変わらなくなる。しかし、それは事後調整であり、この時間のギャップは賃金が上がった場合は労働者にプラスに働く。逆に名目賃金が低すぎれば、商品は買われないので、こちらは即時対応で安くなるのである。

これらは全て現実に生ずる。理論ではない、ただの現実の説明である。

以上の説明で欠けている部分は、なぜ戦後日本で中間給が分化し続けたか、であり、ついで、この中間給はそのまま残ったか、という点である。

この前段は歴史心理学者にでもまかせよう。後段は、現に起こっている非正規社員化によってようやく崩されたというわけである。この非正規社員が低賃金正社員化するかどうかは、これも歴史心理学に任せたいものである。

4　後進国賃金

さて、では、一見、製品を国家間で、だから遠隔地間で、動かして儲けているだけに見える、つまり流通資本家のように見える、先進国資本家の位置とは何か。

もちろん後進国の労働者は当該先進国資本家の奴隷のようなものである。当該資本家は搾取資本家である。その賃金も理論どおり、当該現地最低限である。しかしその先進国資本家の儲けは現地経済力水準以上のどこかである。何といってもそこから先は流通資本家の類いであるから。先進国内で高く吹っかければ価格は現地から見れば高く決まり、販売場所の先進国から見れば、それでも安いので先進国労働者は購入する。さて、この資本家の儲けである剰余価値は誰の剰余価値だろうか？

もちろん、働いた労働者の価値である。購入者は働いていない。

では後進国労働者の価値は、場所を変えただけで上昇するのか？

そのとおり、上昇する。

価値とは、販売の場合、価格設定基準である。この設定幅が市場価格として資本家によって広いだけであって、幅の狭さ広さは本質には何もかかわらない。同一国の中小企業の製品が大企業製品より安くても、同じ生産価格を持つのはご存知であろう。では後進国の生産価格は先進国の生産価格と同一なのか、と言われれば、世界資本主義の下では同一なのである。この空間的時差の差額を儲ける資本家のうまみといったらない。そういう問題なのである。

といっても価値は売れた瞬間に実現する(注)。この時後進国労働者の価値は跳ね上がり、後進国労働者は、自分が受け取っていないこの差に不平を思うだろう。当然でありそれで正しい。なぜなら行為者が直面している現実がそうなのだから。行為主体の現実を反映しない理論など、人類の世界上でも人類の歴史上でも、無意味である。

さてここで、先進国において中小企業の市場価格の安さを享受するのは、先進国労働者一般である。生産価格と市場価格の差の儲けは、当該生産労働者外の人間が享受する。後進国事情においても同様である。

(注) 世界資本主義は単純に各国民国家間の価値を同一にしはしない。にもかかわらず、世界商品は、その使命を果たす瞬間に、価値を同一とするのである。価値とはただの関係の擬制なのである。
この点を、マルクス系では異端な「国際間の不等労働量交換ではあるが、国際価値における等価交換」を主張する木下悦二は、「財が生産された国の価値体系上の位置づけから、持ち込まれた国での価値体系に位置づけられるという「座標の転換」が起こる」と表現した。これは宇野経済学からは必然の論理であるが、宇野弘蔵本人はこうした論議に「科学的」意義はないと考えていたようである。おそらくそこには法則がないからだと推測される。国家という支配者の恣意の問題であるから時代によって法則がないのは当然である。これは宇野にとっては段階論水準のテーマである。しかし、科学に必要なものは法則ではなく因果連関の立言なのであり、これがなされれば科学である。木下の用語のように「座標軸」として、商品に固定した内実があり同じ価値物について評価基準が違うだけのように聞こえる表現には疑問もあるが、

しかし、それは十分に前進した議論といえよう。

木下悦二『我が航跡』、東北大学出版会、2003。同『資本主義と外国貿易』、有斐閣、1963。

5 世界資本主義における賃金

労働者賃金は、爛熟期資本主義の「買戻し」の特性により、最低限購買力を持たされているが、それ以上の額は、国家間において決まる。

(1) 労働者賃金の変遷

第1段階として、賃金は国内の必須物資産業とその労働者の最低の額で決まる。それ以上の地位にいる労働者の賃金差額は奢侈物資の購入を許されている。

ある時間幅の大衆物資生産は、まず、必須物資の質を上げ、ついで、ある場合には必須物資の範囲を拡大する。ある場合とは、当該社会において生存を脅かされてはいけないと認定されている人間について、生存が脅かされる、と認定される場合である。旧来はなかった、電気釜、電気冷蔵庫、洗濯機、その他電化製品は、現行日本大衆においては、必須物資である。とはいえ種々の代替手段や低額商品、あるいは償却期間の考慮等により、それらを購入しない人間においては、他の必須物資にこれを回すことができ、彼は「豊か」である。この事情により、労働者は、最低層も含め、「豊か」になる。

第2段階として、その賃金内に、後進諸国の食料品が入る。食料品は必須物資であるが工場生産物ではないので、農業者の生産物売り渡し額が低下し、農業者が兼業化する。とはいえ、この時点で最低労働者の賃金は、低下の可能性を帯びる。この低下の現実化は、賃金支払い資本家による生産競争の必要性にかかる。

ここまでの段階では企業利潤は減らないのであり、賃金低下の可能性があろうとも、利潤の範囲内で、最低の次の階層以上の賃金を上げることは自由である。実際、後進国を巻き込んだ生産上昇は一般に当該先進国の利潤総額を上げる。低賃金者においても、とりわけ食料費の相対的低下は、その他の選択的な（？）必須物資の按配により、この段階においても余裕を持った暮らしを実現させている。

第3段階として、いよいよ後進諸国の工業製品が輸入される。工業製品が部分品である間は生産物価格の低下しか生じない。生産物価格の低下は必ずしも賃金低下圧力ではない。同様の価格で他国へ売却できるからである。この間、最低層労働者は、それなりの「豊かな」賃金を入手していることとなる。また部分品の場合は、やはり、利潤は減少しない。少なくとも最低層を超える賃金者は、安い消費物の購入により、さらに「豊かに」なる。

さて、第4段階は最終生産物の輸入である。自国の生産にかかわらない生産物の市場介入は、当然にトータルとしての生産物の縮小を引き起こす。個別企業はその事情に応じて人件費を減らす。この過程で、最低層の賃金額は減る。これを阻害するものは競争を制限する政策しかない。最低賃金額の確保、あるいは最低賃金のより多くの産業への導入、すなわち正社員賃金の削減による賃金引下げである。

(2) 賃金と農民

ところで農民である。実際は誰もが貧困なわけではない。多くの場合、時間的距離的に農業から離されれば離されるほど、資本家は企業組織をシステム化する。企業組織のシステム化の中では賃金は差別的に決まる。すなわち、相対的に余裕のある中間層が出現する。他方、農業生産は固定化され、必需品の商品化のため、それまでの手工業消費物はなくなり、カネによって全てを入手しなければならなくなる。かくて農民が最低貧窮層を構成する。

被支配農民は、そのままでは最低収入しか得られない。最低以上のものは、いくら作ろうとも、地主に取られるか、税で取られるか、あるいは資本家に買い叩かれるかである。それゆえ「被支配」というのであるが。地主支配を脱した資本主義社会にあっても、他国との農産物競争下の農民は、賃金労働者と同様、買い叩かれるしかないのである。これを阻害するものは競争を制限する政策しかない。

ただし、これは農家一単位のことである。同一の生産物を収穫しさえすれば、7人家族から2人外に出れば、一人当たり収入は4割増しになる。農業生産力の上昇は、家族構成員の減少とともに、豊かさを運ぶ。

(3) 豊かさ

さて、しかし、「豊かさ」は、物質的文化資源を持たない大衆にとってもさすがに金銭だけの問題ではない。そもそも「豊かさ」とは、行為主体にとっては行為論的自由の確保の容易さを指す言葉である。良心的な経済学者が「豊かさとは所得の多寡ではない」等といろいろ言っても、現象には理由があるのだ。当然、資本主義社会での財産の多さはこれを、想像の中では、クリアするものである。

農奴的人民と比べた爛熟資本主義社会の労働者たる私は、やはりその存在形態によって「豊か」と感ずるであろう。それは第1に、職業選択の可能性による自由、に基づく労働時間の減少であり、第2に、権力に刃向かった場合の武力の減少である。

資本家は賃金の低下は最低にまで推し進める必要はあるが、労働時間を最低に押し下げる必要はないからである。賃金さえ最低であれば、労働時間は他で二重に働けない一日時間、たとえば1日6時間までは、時間を少なくすることができる。もちろん、それ以前と同じ量以上の生産物と引き換えではあるが。他方、戦後的社員身分の一律化は、同一の会社においては経営幹部もその候補生も、同じ労働時間の意識内におかれるため、半封建的農奴的賃金労働者よりも拘束的労働時間は減少する(注)。

(注) 本件については、敗戦後の会社の職工職一体化が挙げられる。
氏原正治郎『日本の労使関係』東京大学出版会、1968。
なお、二村一夫は、イギリスとは異なる、日本労働者の国家的一体化要求を、労働者階級の一体的共同性のなかったさまにおいて述べている。

二村一夫「工員・職員の身分差別撤廃」『事典・労働の世界』、日本労働研究機構、２０００。ただし、二村はそもそもの工職差別をイギリスからの制度移植と想定しているが、これは素直に、「半封建的」差別意識と受け止めたい。

補節　経済学批判と弁証法

1「経済学批判」における始元

まず、仮に階級や国家を論じようとするならば、弁証法的始元を商品に設定してはならないのである。そこには支配という素因が内蔵されていないからである。もっとも商品に設定したからマルクス経済学の美しい体系ができたのではあるが、それは近代経済学と同じ、真空内の社会交渉の表現である。近代経済学が空虚であるのと同様に空虚で始まる理屈は、決して社会の真実を表現はできない。したがって、ここから始まる弁証法結果は社会科学にはならない。あくまで「経済学」である。この経済学が社会科学に寄与するかどうかは、弁証法をうまく運転できるかどうかで決まる。

始元で支配ないし権力が見込まれない限り、決して現実は姿を現さない。しかし、支配も権力も資本主義経済から発するものではない。資本主義分析の正反合は、かくて、必ず経済分析でしか終わるしかない。「経済学批判」は、そもそも原理論なのである。というのは原理論でしかないと言っているのだが（注）。

もちろんそれ自体は何ら悪いことではない。ただ、それ以上の内実を期待するのが贔屓の引き倒しだと言っているだけである。

（注）余談のようでもあるが、宇野弘蔵の言う「経済原則」にはそれ以前の問題がある。労働の可否である。労働がなされない場合は当然消費にはつながらないわけであるが、生産手段がなければ労働はできない。資本主義は経済原則を資本主義的にクリアしているわけではないのだ。経済原則自体を人間から取り上げているのである。これを理論から外せば、貧民の悲惨など見えてはこない。「ルンペン・プロレタリアート」呼ばわりはいいほうであり（K．マルクス、向坂逸郎訳『資本論』（三）p．229、岩波書店、1969）、「犯罪者」はもとより、浮浪者や売春婦は思想家貴族には決して見えてこない。そもそも上層であれ下層であれ、生産階級から外れたものは、「くず、ごみ、残り物」なのである（『ルイ・ボナパルトのブリュメール18日』p．105、植村邦彦訳、平凡社、2008）。

なお、さすがのエンゲルスの名著も本来の意図が労働者状態の紹介なので、1930年代売春婦については、フロラ・トリスタン、小杉他訳『ロンドン散策』法政大学出版局、1987。

ついでさらに、話が面倒なことに、生産手段を所有しているはずの資本家が実は生産手段を自前で扱えないのである。すなわち、生産物は「商業」を通してしか実現しないのだ。ここでわざわざ「商品」ではなく「商業」と言ったのは、商品を生産する労働者の問題ではなく、商品を売りさばく過程の成就がなければならない、という意味である。売れなければ生産手段自体が宝の持ち腐れなのだ。資本家という支配代理人に調達された労働は、自称「交換」という制度を通らないで実現されてはならない。他人労働を自由に使われては、代理人ではなく支配者そのものである。この資本主義的所有の中途半端な性格こそ、資本家もまた被支配の内にある証左である。そしてそのあおりを下層労働者が食らうのである。

筆者は宇野経済学に多大な恩恵をこうむっているのだが、だからといってそう全部を承認しているわけではないので注記させていただく。

2　資本主義分析における始元

では、ありうる資本主義分析における始元は何か。

支配は人間から生産手段を取り上げ、これを資本家に引き渡した。かくて、生産手段を取り上げられた人間は労働を他の人間に売り「労働者」と呼ばれる。売られた他の人間は「資本家」と呼ばれ、自分で労働せずに、労働者を働かすことのみに自己の労働を束縛する。これが世間で言う「労働力の商品化」である。売った労働は剰余価値を作り剰余価値が変態する。これがいわゆる原理論を構成する。

ここで、労働力の商品化は収奪の一形態であり、それにすぎない。原始的な状態のいくつかの条件の下でありうるかもしれない個人の協働がなされる生産関係は、これを分析する理由はない。ここには論理的な矛盾がないのである。人はそれが希望ならば、その社会での生産をめぐる事態を順次追って見ていけばよい。

原始的な状態から共同体による個人の収奪が始まったとき、生産関係の自由に関する弁証法の始元が生ずる。すなわち矛盾は支配・被支配の2通りの観点の存在から必ず生ずる。2通りの観点がもたらす2通りの「概念」が存在してしまうからである。弁証法とは2分法ではない。見方によって全然別の二つに見えてしまう2側面の統一的把握の方法である。

すなわち第1に、本来的「正」としての、共同体的収奪における協働と肉体武力。第2に、本来的「反」としての肉体武力の発展としての武力的支配者に特化した収奪。この一形態としての生産手段の無と引き換えの労働力の商品化。そこから、第3に、「合」としての生産手段の再占有が結果するのである。

すなわち、資本主義が関知するのは、この第3の特殊的歴史形態のみなのである。

ここで、「反」の一形態であるにすぎない資本主義は、そこから新しい弁証法を構成する。正たる労働力の商品化の現実について、これの二つの契機である支配と支配が根拠付ける所有とが始元となる。ここで支配は過去の綿々たる歴史であるが、資本主義分析で明らかにすべきなのはその支配の歴史ではなく、所有、つまり資本家と労働者が欲する私的所有だ、ということである。この支配下の私的所有を正とし、私的所有の反は、所有が被支配者について構成化した労働者の2分割、すなわち階級であり、この正たる現実にしかけた労働者・資本家の2分割が止揚されるところ、それが合たる生産手段の再占有である。

かくのごとく、弁証法は、3点セットでどんどん変えていくことができる解明の手段なのであり、何ら書棚という祭壇に祀った古来から伝わる経文ではないのである(注)。

さて、これが資本主義分析のありうる弁証法構成であるが、筆者は既に支配と所有については過去の著作において展開してきたところであり、いまさらそれを一編にまとめる要を感じない。以下の展開は、階級と生産手段の再占有について、その経済学上の意味を明らかにしていくに留める。

（注）マルクス主義者においては、資本主義の論理を全て一冊の本に納めなければならない、という強迫観念を持つ人々がいる、というよりもほとんど全部であろうか。しかし、われわれ社会科学に従事する人間や、日々新たに明日の日々を模索する人間にとってはそうではない。自己が模索する、あるいは日々生ずる、ある課題について、われわれは、そこまでの状況把握を前提に次の一歩を探す、それが人間である。誰も「スーパー資本論」の本をめくってなど考えはしないのである。ある知識を前提としてそこから次の一歩を探す、自分の生活を生きたことのある人間なら当然のスタンスである。その上「スーパー資本論」など誰一人作れていないというのが結果なのだから、これ以上何も言うことはない。

もともとそうではないのだ。確定されない地点からは人は一歩も進めない。進めないほうが都合がよい人間以外は、原理を提出し、そこで地点を確定しなければならないし、それでよいのである。人は、40年前の資本主義にかかる議論について、その本質が（完璧ではなくとも）よく捉えられていれば、引き続き本日も議論を続けることができる。本質とはそういうものである。

さて、ここまでのカテゴリーは、行為の結果の現象的カテゴリーである。これらは行為の結果としての社会現象である。経済の「説明」であって、それ以上のものではない。経済は、行為上一言で括られてしまう社会事象である、つまり、生理性の確保の条件である。この一側面ばかり見ても、現実の社会はその大枠しかわからない。後から説明付けはできようとも、それによって、因果連関の立言をすることはできないのである。それはもちろん、何よりも武力による支配のシステムは温存されているからであり、さらにまた、人間の行為には他の側面の原理・原則があるからである。

このため、続けて、次章に移る。

第3章

経済法則による支配システムの変成

さて、前章で資本論の交換価値概念の問題点を指摘したが、だからといって資本論が叙述した経済学体系の全てを否定したわけではない。資本論はその剰余価値の源泉を労働力ではなく労働と呼んだとしても、剰余価値の循環を人間が把握するに際して、必要な程度に正しい。ただ、資本が法則的には商品に転換されることはない、それは擬制である、と言っただけである。だけとはいっても、それは現実に直せば資本主義にとって致命的なのだが。それはそれとして、齟齬があるのに必要なだけ正しいというわけは、そもそも原理論によって世界の把握がなされるわけではないからである。宇野経済学の批判者が言うように、それでは資本主義が壊れることは永遠にない。ところが資本主義は壊れるのである。なぜか？　それが本章である。

本章では、資本主義的支配システムの成立から崩壊への変遷を述べる。述べたように、歴史の主動因は経済ではなく支配である。この支配システムが資本主義を取り込んだがために起きた状況及び起きる状況を、説明的叙述により明らかにする。

しかし、今の言葉は言い換えよう。歴史の主動因は人間の自由である。たしかに今までは支配者の自由であった。それがための世界資本主義ではある。しかしこれからは人間全てがその自由意志の下に、おのおのの自由を完遂していく時代となる。今この現在、世界資本主義とはそれがための世界資本主義でもあるのだ。この過程を貫く論理が本章以降始まる。

説明叙述とはいえ、その中には後進国理解への因果連関となる立言を含んでいる。といっても、別にただの学的知と呼ばれても筆者としては不満はないのだが。

なお、本書が取り扱うのは、この変遷の要因とその現象だけである。支配者が資本主義を取り込んだ社会そのものの社会学的分析については、すでに筆者の過去作で視点を変えつつ何度も展開したので、本書では省略している(注)。このテーマについては、過去作、とりわけ『行為の集成』『歴史としての支配』『「上部構造」の社会学』を参照されたい。

(注)たとえば、社会の土台=下部構造については、議論の効率化のため、その内実は論議しない。といっても一通り注記しておけば、下部構造とは、既に拙著で展開したように、消費物の入手過程体系のことである(『歴史としての支配』合同フォレスト、2016)。あるいは、もう一つ深めれば、

「1　消費物資をめぐる生理的条件の確保という前提

2　消費物資をめぐる生理的条件の確保への危惧の排除

この2点について、支配武力の直接の影響がない場面が経済構造である。」(『「上部構造」の社会学』p.20)。「支配武力の直接の影響がない」とは、本来下部構造に対立するときもある支配権力者の存在を、考慮の前提から排除する、という意味である。いずれにしても、これらの言い方は抽象的ではあるが、通歴史的な規定である。

問題は、それでは資本主義社会において具体的には、「消費物の入手過程体系」とは何をさすのか、何が「入手過程の体系」なのか、ということである。それは、1として労働の生産過程への投入システムのことであり、2として、これに対応する人間の具体的な行為過程のことである。この後者を説明すれば、それは労働者においては、自己の生産手段の喪失の結果、資本家に雇われて労働して賃金を貰わなければ消費物が入手できなく、その結果死ぬという状況であり、資本家にとっては、労働者を他の資本家より安

く雇って労働させて商品を作り、その商品を他の資本家より安く売らなければ消費物が入手できなく、その結果死ぬという自己の生産手段の使用の制約がある状況である。この2通りの状況を宇野弘蔵が1用語で表現したのが、「労働力の商品化」である。

第1節　支配者による資本主義経済の取入れと育成の提携

1　経済生活の本質

それはいつから生じた伝説であろうか、「経済生活」とは宇野弘蔵によれば「人間が物質的生活資料を生産し、分配し、消費してその生命を維持する」ことだという(注)。しかし、そうではない。人間の経済生活とは、どこからとは問わず消費財を入手して消費する生命維持活動である。

もちろん、かの言が誤っているのは宇野のせいではない。そもそも資本論が「資本制的生産様式、および、これに照応する生産＝ならびに交易諸関係」を扱った(序言)のが悪いのだ。

人間は物質的生活資料を入手すればよいのであり、その一方法が「生産」であるにすぎない。したがって、計画経済国家は、生まれたままでは、自国民の生産によって「社会主義社会」を構成する必要もなく、単に強権的強国となり人民の生活資料を他国から強奪して入手しようと努力するのである。人間は、ギリギリで生きているときはその他の必要のないことは「できない」からだ。経済生活それ自体は、そういうものなのである。

すなわち、それは原初的には、侵略者の未占有地においては交換か採取、潜在的な占有地においては、強奪。この潜在性は、負荷を担った人間が、その負荷に耐えるかどうかによって決まる。耐えられるかどうか。つまりそれは、「やってみる」で決まる。やってみてダメなら追加努力をしてみる。相手のことはその成功の条件にすぎない。具体的に言えば、武器を持って他国へ現れ消費物資を所望し、そこで相手がどう出るか。それだけのことではある。

交通が歴史の道を掃き清めている時代、およそ人間の消費物資は、元をただせば誰かの占有品である。それを商人は「穏やかに」取得し、取得の穏やかさの代わりを別の地域の住民に、暴利をふっかけて元を取ってきた。この過程をルーチンにしたのが資本主義である。

すなわち、資本主義とは、文学的に言えば、消費物を自由奴隷（！）に作らせる生産様式であり、その生産・消費財を支配代理者の間の取引によってやり取りする生産様式なのである。「取引」、いい言葉である。労働を安く買って高く売る。その差額で新しい労働を買う。自由奴隷の支配人は、お互い同士winwinの関係、これが「取引」である。誰一人「交換」だなどと思っている資本家はいやしない。資本家はそこまで破廉恥ではない。というよりも、実はお互いの命のかかったやりとり、それが「取引」なのである。交換であろうはずがない。ではいったい誰が「取引」を交換だなどと言ったのであろうか。

あるいは、計画経済とは、消費物を奴隷に作らせるが、その結果は、支配者がそのまま召し上げる、そこで支配者が我慢できる範囲で要らないものを支配者が被支配者に配分する、内実はそういう経済様式である。

両者について、自国内では強奪は行わないが、他国は強奪の対象である。第三者である他国から見れば、ある場合は一国内の出来事のように見える場合もあるが、「自分の仲間」でない人々から強奪する形式である。

全ての歴史は階級闘争の歴史ではある。しかしそれは、階級闘争の存在理由と同様に、一国内の歴史である。世界史とは階級闘争の歴史ではない。国家による「国家外人民からの」強奪の歴史である。資源の存在に限りがある限り、自分の優位を確信している社会主義志向者の支配者が牛耳る国家にとっても、彼が狙う資源は他国家の占有品である。

資本主義経済と計画経済の違いはいくらもない。資本主義は、所有権の自由を、被支配者議会において確保する制度である。ここにおいては、支配者の恣意で、資本家を含む被支配者の所有権を剥奪されることはない。他方計画経済は、人民の名において、国家が所有権を自己のものにしている制度である。それによって、経営者を含む被支配者に、所有権はなくなる。

（注）宇野弘蔵『経済原論』p. 1、岩波書店、1964。なお、「マルクス主義的経済学」の入門書である『入門経済学』p. 2においても同様に、鶴田満彦によって（物的財貨を代表する）「パンを作り、それを人々のあいだに分配し、消費するいとなみが、人間の経済生活です」とされている。鶴田満彦編、有斐閣、1979。

2　商品経済の席巻

世界では、なぜ商品経済が有無を言わさず進展していくのか、それは制度当初の封建経済からの商品経済の保護あるいは貨幣経済の助長のような、支配者の意図ではない。

本来自己の労働は自己の身体の保全としてあるわけだが、そうもいえない場合として、他者との共同がある。他者との共同は、それぞれ分担して仕事を達成するものであり、そこに行為の完結がある。行為者が得るものは労働の成就と、他者との交流である。

これに対し支配下の労働は、その意図においても、その交流においても、自己を満足させることはない。自己の行為である労働においてさえ、その意図が自己のものではないという偏頗さに加え、その成就さえ、前提上、自己のものではない。

とはいえ、資本主義においては労働者は「自由」であり、この地位から脱することができる。さて、この自由な一個の肉体は、自己のために、あるいは他者のために労働せんと欲するが、残念ながらその労働は支配の外には存在しない。あるのは「遊び」という時間つぶしのみ。資本主義はすべての生産的労働を自己の下におくのである。

文学的に言えば、資本主義は、国家支配者に頼み労働者をその生産的労働から切り離し、遊び以外には仕事をさせなくした。すでに食料その他の必需品を押さえていた資本主義は、その後に生ずるすべての生産過程を自己のうちから作り出すことにより、一社会の生産過程の全てを我が物とし、労働者の非商業社会への回帰を阻害せんとしたのである。いや、物資の生産過程のみならず、人間の全ての行為を「売り物」としたのである。

生存必需品を押さえられた労働者は、仮に自分自身の資本によって自己の労働を社会化しようとしても、「金を儲けずには自己の生存の前提であるその必需品が手に入らない」。かくて全社会は商品経済化されるのである。

3 市場の創出

市場の創出は、支配者が自分の消費物資を欲し、その欲する物資が入手できる、という状況から発する。もちろん、その条件が整った歴史的時点が出発点である。いわく、交通インフラの必要な整備、農村生産の余剰、余剰労働力使用のための効果的技術、国民国家の胚芽、である。

この市場の創出が機能しだせば、次に起こるのが労働の蓄積であり、この労働の蓄積物の支配者による確保である。支配者によるこの確保は、辞書的には私的所有であるが、実はいまだ私的所有ではない。それは当然の支配者の処分可能物である。これを私的所有と言うなら彼の支配する社会全体そのものが私的所有であり、「私」の文字は意味をなさない。私的所有とはそうではなく、相対的に大きな支配に対峙するときの概念であり、端的には被支配者が、にもかかわらず「所有できる」社会制度のことである（注）。

（注）私的所有が存在するのは、支配権力の分割のためである。古えに、権力を分割して持ち回らせることが、生産を自己のものとするのに好都合だった支配権力者がこれを実施したまでである。しかして、私的所有

などというものは、支配の歴史から見れば派生事象なのである。これを麗々しく、疎外の原因だとか言うのならその「疎外」なるものは人民の疎外ではない。派生事象で生ずるそれは、ただの疎外の中層階級までの分散化であり、「今まではよかったのに何で」と小市民が驚いたままでである。

「所有」とは、「自分のものであること」ではなく、人民の占有の排除なのだ。自分が作ったものはどんな世界であっても自分のものである、はずだ。自分が作ったものがカネと交換されればその見返りは自分にくる、はずだ。「だって俺が作ったのだから」。自分が働いている場所は明日も自分の場所であるはずだ。それを「違う」と言うための擬制が「私的所有」なのである。したがって、人間行為者にとっての問題は「私的」か「共同」かなどということではないのだ。自分に対する支配が存在するか、しないか、なのだ。個的資本家が共同名義になろうと、あるいは国家名義になろうと、労働者には何の利益もないことなのだ。

4　労働の蓄積

労働の蓄積こそ、有史以後の人間の社会システムの根源である。田を作り、品種改良し、肥料を試し、魚網を工夫し、船を改良し、etc. 農業作物の蓄積、道具・機械への労働の蓄積、原料という名の労働の結果の塊、これら、人間の労働を決定的な瞬間まで保管し、その瞬間に支出する蓄積という方式こそ、人間の「豊かさ」なるものの正体である。

労働の蓄積が必要ではない時代または地域、あるいは可能ではない時代または地域、人間は共同体的に集団の権力以外の権力にはさらされず、相対的に自由に生きてきた。しかし、農作物という労働の蓄積を前提とする必要があり、かつそれが可能である消費物資への傾斜は、共同体に武力上の支配をもたらした。ある箇所にもたらされた武力支配は、その他の箇所へも伝播する。こうして支配社会が成立する。

さらに時を経て工場生産は、第1に、生産機械の生産により、本体・技術とも経年の蓄積を可能とする。労働は累積されるのである。そして第2に、農業生産が消費者を限定させ、それゆえに労働力を停滞させることがあるのに対して、工場生産は消費者を選ばない。すなわち、彼の食料は、どこの農業地域からも確保しうる。

その支配社会の種類の中で、この意味での「豊かさ」を、すなわち労働の蓄積を、商品への集約という形で、サディスティックに追求するシステムこそが資本主義である。そしてこの蓄積の仮象が、カネである。

5 上層における優越と下層における競争

支配者にとっては、まずは、そのほかの社会構成員の生活がどうであろうが何の問題でもない。問題は支配者への消費物資があるかないか、支配者への貢物のルートの確保だけである。国家権力者に居座った支配者の場合、国家に吸い上げる税とその社会的合理性のみが存在していればよい。

さて、そのためには、実は優越の体系があればよいのである。誰かが優越を追求する国家システムである。もちろんその頂点にあるのは支配者なのだが、そのシステムさえ確保できればよいのである。すなわち、現象においては生産手段の取り上げであり、その取り上げの権力による保障である。

他方、下層においては、中間層被支配者があの手この手で消費物資を集約し続けて資本家となり、そして資本主義の時代が来る。そこでの営みは、競争して経費を安くすることに集約される。人件費を死なない程度に設定し、他の資本家よりも安くし、自己の支配する労働を実現させる、あるいはカネに変える、あるいは最小限の労働の累積で実現させる。働け働けと言わなければ被支配中間層のために働かない領主制の農奴を、自分の生活のために自主的に働かせる。これが資本主義の競争体系である（注1）。

初期資本主義からの時代、資本主義は人間のアトム化を策定してきた。共同体からの解放である。アトム化の中で統制された消費物を得るにはドングリの競争が必要であり、そしてそれだけで十分なのである。それこそが資本主義の秘密である。

シンプルに、生産物が豊富で生産手段を容易に手に入れられる世界を思考実験的に想定しよう。そこでは諸費物資の確保競争が起きるか？　いいや起こらない。そこでは儲かれば他人がどうなってもよい主義が起こるか？　いいや起こらない。そこで起こるのは自己の体力に応じた労働と、身体的自然的事情で困窮したものへの助力である。

資本主義は、原始的蓄積前に存在させた土地の私的所有化においては、領主の武力を減退させた段階で、上昇意欲に燃えた個別地主らから賃金労働者を確保した。

初期資本主義においては、確保した生産手段のない労働者の中から、賃労働者にふさわしい人間たちを確保し、さらに次の世代の賃労働者を陶冶した。

他方、資本家の競争により、人間的な資本家は賃労働者の海に沈め、人非人の競争の世へと変えた。それは単純に一つの要因だけなのである。すなわち、限りある資源の中の私的所有である。資源に限りがあればこれを担うものは選ばれた者だけでよい、それに満たないものは飢えて死ねばよい。シンプルである。もっとも、資本主義の場合、飢えて死ぬものを助けなければならない、という制約があったのだが。

なお、もちろん、資本家にとっては、自分たちは競争はしないのがよい。自分が貧乏になるだけだからである。とりわけむやみやたらな増産が儲けに直結するわけではない、単純商品の生産過剰期にはそうである。したがって、これを制御してくれるなら、嫌々であるそぶりをよそに心の中は喜んでこれに乗ろう(注2)。これが工場法であり、土地所有者の存在意義である。土地所有者は単純な資本家への恨みのタネ以上に(注3)、封建制的温情主義の社会的賞賛と優越が湧き出る泉であったろう(注4)。

(注1) 実はルイ・ブランあるいは若きエンゲルスが指摘したように、資本主義下の国家支配の基本規定は競争形態なのである。ルイ・ブランについては、たとえば下記。河野健二編著『資料フランス初期社会主義』平凡社、1979。

F. エンゲルス、マルクス＝レーニン主義研究所訳「国民経済学批判大綱」『マルクス＝エンゲルス選集・補巻5』所収、大月書店、1952。
(注2) 競争因子の役割について、競争と恐慌の関係についての資本論論理上の展開については、左記。もっとも、ただの論理化であって、その人民的意義は筆者などには不明である。恐慌が生まれることは人民に脅威だが、その現象的過程がどうであれ、資本主義人民は、同じだけ不幸である、というべきであろう。もちろん実際には墜落し損なった飛行機の人間は、墜落した飛行機の搭乗者より幸福だが。
種瀬茂『競争と恐慌』有斐閣、1986。
(注3) たとえば、チェンバースの著には、1833年工場法には「この方策の背後に土地階級の支持があり」これを「心から歓迎した」とある。J.D.チェンバース、宮崎・米川訳『世界の工場』、岩波書店、1966。
(注4) 企業家を好意的に取り扱う書物には、19世紀イギリス企業家の「地主的家父長主義」を強調する記述も多い。
天川潤次郎「発明家と企業家」『産業革命を生きた人びと』所収、荒井他編、有斐閣、1981。

なお、イギリス土地所有者の当該国家内での「社会的・文化的な優位」については、これも異論はないだろうが、村岡健次「イギリス自由主義の発達」『岩波講座世界歴史19』所収、岩波書店、1971。

6 土地所有権

土地に対して人々が行う日々の行為に伴う占有は、もちろんその引渡しを拒む。これの例外が占有の土地の交換である。このときの共同体的容認が生産共同体の持つ「権力」である。共同体構成員は自己と同じ行為共同性の下に、この過程を容認する。この過程の存在を外から所有権と呼ぶのは、後日の日常語においてのみ可能である。

ついで、土地の他者による利用は、自己の労働力の不足について存在する。この場合、他者労働力を「お願い」し土地を使用してもらい、その成果に対して、「お礼」を出す。あるいは、労働した者は、その成果の幾分なりの分け前を受けることができる。

ここまでが所有権に限らず、占有権に生ずる事態である。

ここで、国家権力者が資本家に渡した権力は私的所有権だけであることを想起しよう。私的所有権では労働者は収奪できるが、土地所有者は収奪できない。もちろんそれだからこそ資本家に渡せた力なのだが。

さて、では、地代はどう存在しうるか。

地代は土地の、その土地が存在していた生産共同体からの分離を前提とする。この分離は、領主からの支配権の分離によって確保される。領主が及ぼしていた土地占有者への武力支配は、これを超える武力支配、たとえば「国家」により打破され、国家支配の下に移行される。ここにおいて、土地占有者は、外見上、その身体的被支配から逃れる。自由な身分の入手である。逃れつつ、税というその生産物の提供と引き換えに、飢えて死ぬ自由も入手する。これが土地の処分権である土地所有権である。

そもそも有文献史以来の人民の上位・下位の支配者からの二重の支配の下では、上位支配者は常に下層構成員の行く末に興味はなかった。しかし、下位の直接支配者はそうではない。直接支配者の権力根拠は肉体的武力であり、直接支配者はその人民を肉体力として支配するしかなかった。

国家は、あるいは国家支配者は、彼の消費物資の生産人の行く末に興味を持たない。彼らは自由に他の者と変更されてよい。国家支配者が欲しいのは、税という生産物のみである。ここに自己の支配権である土地所有権が存在するのである。

この歴史的事情を経過したとき、資本家は、土地所有者に対し、土地の提供依頼を申出る。この結果が地代である。

なお、そもそも、所得に応じた税をかける制度がない間は(注)、支配階級は先細るしかない。なぜならそれは、支配システムには商工関係的交換価値を吸収する制度がないということだからである。

確かに食い扶持分は土地税として収奪できる。とりあえずそのカネで商工業者の食い扶持分として商工業者に支払いができる。しかし商工業者がそれ以上の生産をして、農村豪農層へ自己の生産物を譲り渡す時代になったとき、支配階級からの「米＝食料」など、商工業者には不要なのである。そんなものは既に豪農からもらい終わっている。別の交換価値をよこせ。

もちろん、その商工業者への支払いの元手の入手手段の成立は、現実には「軍事費」その他という今から見れば国家の必要財源として見られる資格を得た費用なのだが、本質は、支配権力者の使う金は「何であれ」被支配者（中層）のものなのである。これを「国家」のものと見て貰えるためには、中層被支配者を支配者の仲間に入れるという支配者の譲歩が必要なのである。

（注）所得税の変遷についての文献はあまりない。概括的には、左記参照。
中岡俊介「納税をめぐる公と私」『近代日本の公と私、官と民』所収、猪木武徳他編、ＮＴＴ出版、２０１４。

第２節　新たな強制機構、あるいは「労働（力）の商品化」

１　労働者と「労働（力）の販売」

「労働力を売る」などという言説は、労働を商品として理論の中に収めたいという願望を持つ人間以外には意味はない。労働者の実態のどこが商品であろうか。

労働者人間が売るものは、労働力ではなく労働であることは既に述べた。契約書にもそう書いてある。１時間労働したら９００円払う。ネジ1個作ったら10円払う。契約書には「キミの１時間働く力を売ってくれ」などとは書いていないし、「ネジ1個作れる君の能力が1個分10円なのだ」とも書いていない。当然である。契約対象が労働力である、などと発言するのは自分を売ったことも ない者だけである。人間は労働しか売れない。

もちろん、これは等価交換ではない。われわれは労働を巻き上げられているのである。われわれは致し方なく、しかしほかに金を得る方法がないから、企業主に頭を下げているのだ。「え？　俺の労働はもっと高いはず……」などという心の声があっても、そんなことは言えない。われわれは生きるカタに労働を巻き上げられて、そのかつかつの賃金で生き抜くのである。それは交換か？　交換ではない。

この事態では、価値が先にあるのではなく、遠い昔からの賃金システムが先にあるのである。この賃金システムの要請により、価値基準が確定されるのである。つまり、個人が主張する労働時間ではない、その先のシステムに基準がある。つまりその代償のカネで生活をしていかなければならないという、社会システムの必須条件である。初めに、交換基準ではなく、人間の生活があるのである。

もちろんそう考えるのが、「唯物論」なのであり、突然「基準は労働時間だ」などと大声を上げるのは観念論なのである。

さて、ここで、では労働者の敵は誰であろうか。自分の労働を経営支配権によって収奪するブルジョアジーであろうか？　資本家を首にすれば自分の労働は収奪されないだろうか？　いやそうではない。ブルジョアジーがいなくなれば次の強者が襲ってくる。次の国家支配権により、同じく労働者の労働は収奪される。いつまでたっても労働者は働かされて使い捨てられるばかりだ。では何が悪いのだろうか？

悪いのは経営支配権を裏で支える支配武力なのだ。資本家を会社から追い出したとき、次に襲いかかってくるのは官憲の銃なのだ。ここを間違えるから全ての労働者が流した血は無駄に地に吸い込まれるだけに終わる。プロレタリアートの敵はブルジョアジーではない。ブルジョアジーを裏から操る国家支配者であり国家システムなのだ（注）。

（注）こうした視点は近々でも国家の位置づけで採るべきだとする論者は何人もいるであろうところだが、そもそもこれを理論の適合性のぎりぎりまで展開したのは大河内一男である。もちろんその理論構成は不備ではあるが、不備のギリギリのところまで展開したことは評価さるべきである。これを継いだ中西洋は、残念ながら、国家の私的所有への国家権力の保証の大きさを理解することができなかった。社会政策学徒らしく、別途、国家が労働者への強制と陶冶を意思しており、その意思の理念を明らかにしなければならない、と考えたのである。そうではない。労働者に必要なものは生きる方法である。生きるためにその方法しかなければ、他人からの強制も陶冶も必要はない。ただ働くしかないのである。

大河内一男『社会政策（総論）』有斐閣、1963。

中西洋「社会政策論の解体のために。社会科学の確立のために」『社会政策学会年報第16集』所収、御茶の水書房、1971。

2　労働力の商品化の行為論的翻訳

「労働力の商品化」とは、筆者の筋道で正確に言えば、「マルクスが主張するところの『労働力商品』への商品化」であり、これでは長くて仕方ないのでかいつまんで言えば、「労働の労働力擬制の商品化」である。

さらに多くの諸賢はお気づきなように、この言葉は資本主義の最大矛盾のように扱われながらも矛盾の内容を表現していない。矛盾が労働者にばかり現象するかのごときニュアンスがある、というよりも、字義のまんまであるが。本来矛盾は人間をして賃金労働者に貶めざるを得ない構制のことを指すべきであり、それは同時に人間に人間を収奪する資本家という役割を果たすことを強制するものである。資本家的人間もこの運命から免れることはできず、資本主義システムに動かされるまま没落の道をたどらざるを得ない。その根本が、いわく「労働力の商品化」である(注)。というわけで、どうせ言い換えるならば、「労働の労働力擬制の商品化という強制機構」となろう。

とはいえ、これではさらに長い。そもそも、言葉自体が既に人口に膾炙してしまっているので、無理ではあるが本書では「労働（力）の商品化」くらいで止めておく。

さて、資本主義社会の人間にとっての問題点というのは、企業では経営幹部が金をもうけるために必死で働かざるを得ず、企業労働者は一人前の賃金を得るために必死で働かざるを得ないということであり、労働（力）の商品化とはこのことである。それは公務労働でも同一である。役人は「予算」を削減し、人件費と契約料金を節減しなければならない。役人が偉い社会はいざ知らず、市民社会とは、労働力商品と化した人々が、公務を差配する社会だからである。

労働（力）の商品化の行為論的翻訳は、

1　賃金をこれだけしかもらえない労働者ばかりでなく、賃金を「残念ながらこれだけしか」払えない資本家や、あるいは「嫌々これだけは」払わなければならない資本家をも含むのである。

2　同様に、勤勉であっても首になる労働者と、「残念ながら首にするしかない」資本家や、あるいは「首にしてせいせいする」資本家をも含むのである。

あたり前である。資本主義は、これにかかわる行為者から行為を取り上げ、彼らをただのカテゴリーとなすのである。いくら嫌いだからといって、カテゴリーとしての資本家や役人を被害者の項目から排除しうる論理はない。

（注）この「労働力の商品化」が持つ含みは、黒田寛一学派から教えてもらった。

山口勇「宇野社会主義論の問題点」『宇野弘蔵をどうとらえるか』所収、芳賀書店、１９７２。その他。

3　国家と労働力

さて、このように「労働（力）の商品化」は資本主義が成立し続けるための被支配者への強制機構であるが、それではこれは主観的には「何の強制機構」なのであろうか？

「労働（力）の商品化」の支配者の意思にとっての意義とは何か。その本体は、国家支配者の消費物資の増大化要求、つまり生産力の向上方策なのである。この生産力の向上が自分の被支配者である資本家による労働の効率的集約を通じて行われる。その手段が「労働（力）の商品化」なのである。

歴史上、別のやり方で国家支配者の生産力の向上方策が現実化することもある。支配者自らが行う労働の強制的集約である。強制とは当然に武力的を背景とした国家による強制的集約である。それは強制労働ではないが、国家に集約されてきた剰余労働の国家による生産配置化である。その手段が「労働（力）の商品化」を見据えてなされ、国家強制から民間移譲されたのが後進資本主義国家である。さらにその手段が国家強制のまま終始したのが計画経済国家である。

いずれをとっても、支配者の方策であることには変わりがない。ただ、この方策の差が、当該時代の「国家諸民の意思」なのである。ふくよかな諸民の意思は、支配者を先頭に、作り出されつつある奢侈物資の奇妙さ便利さに目がくらみ、この国家が設定した賞賛と優越に向かう意思としてひたすら統合される。もちろんこの当該時代、それは現代の後進地域を含むが、そこでは農奴・労働者は国家諸民ではないことを注記しておかなければならない。農奴・労働者はただの生産資本であり、奢侈物資への拝跪を条件として国家構成員として認められてゆくのである。

第3節　資本主義の取込みによる支配システムの変成

資本主義の進展とは、労働者人民の生産共同体からの離脱を意味する。まずこれが人民の自由の前提である。

次に、資本主義の進展は、その進展という事実によって、もう一つ別次元の要素を歴史に与える。武力と行為共同性である。

この進展という事実は、制度ないし規範は時間の経過によらずしては変更されないこと、すなわち、制度ないし規範は人々の「運動」によって、その運動が排出する権力と事実によってのみ、変化する、ということに根拠を持つ。資本主義を経過する中で人民に降りかかる日々の矛盾は、その経過中での運動を引き起こし、武力と行為共同性の現象表現の変更を成立させるのである。

支配権力者の武力の強弱は、ただの現象である。支配権力者は必要に応じてその武力を強くもできるし弱くもできる。ただ問題は、その「必要」は支配権力者の恣意ではなく、権力者が行う状況への必然的対応だ、ということである。

ついで、統一的な武力システムが確定した先進国においては、支配権力自体と経済法則は、変わらない、あるいは変われない。が、その中で人民の自由は成長する。その秘密が行為共同性である。もう少し具体的に言えば、不可視のシステムとしての「階級」であり、可視である身分と意識の諸形態である。経済上の関係は、つまりいわゆる生産関係は、武力的支配に対して、人間生活にとってはこの支配の質を変成するといってよい影響を与える。

1　生産共同体からの行為者の自由

資本主義的生産物の以前の生産様式と比しての特色は、「蓄積可能」という点である。これにより、以前のように剰余物品の山が宗教を帯びて祭りとして消え去るということがない。生産の神も、剰余物品の束を見せての被支配者への脅かしも、剰余物品の後始末のための祭りも、不要である。

祭りは表舞台から消え、権力のない農民の祭り、すなわち祭祀ではなく単なる人間的楽しみ、と化する、あるいは、自然的人間の発想が現象させた歴史の始原へと戻る。

他方、共同体権力者から構成員が当然のように受けた制裁も、共同体構成員による共同体権力からの逃避先の設定により、共同体支配をも崩壊させる。被支配者は、生産共同体がいやなら資本主義的商工業へ逃げて、生きてゆける。これにより、首長や族内年寄りの権力は半減する。これにより資本主義下の「ふるさと」は、幻想化、憧憬化しうる。

この生産共同体が侵食され瓦解し、工業労働者が輩出する。工業労働者は生産共同体の生産物資を食いつぶす。そのことによって彼らの食生活は謳歌しうる。もともと食料生産物を確保してあった支配者は、すでに生産共同体には一瞥しかくれず、共同体権力は圧倒的に弱化する。

この社会では、人民は共同体権力から自由である。これは人民である彼が地上の王でありうるための第一条件である。

2 武力の減衰

資本主義の人民の自由への意義の第2は、「支配権力者の相対的劣位」である。現実の武力の必要の減少により武力の現実の行使が減少するため、被支配者等の事実認知としても減少する。他方、支配者にとって資本家は飯の種であることから、支配者は資本家を「立てざるを得ず」、資本家等の人民は、これを見て事実認知として誤解もする。

資本主義進展に伴う武力の衰退は、こうして先進国において自由の拡大可能性を生む。第1に、被支配者の抽象的な解放であり、武力の代わりに被支配者内部で相互牽制させるシステムである。そして第2に、支配者が受けるべき賞賛の被支配者化、被支配者もそれを自己の賞賛とする事態である。この2者の同時進行が、資本主義期の歴史的自由である。

実は武力を使った大規模な支配とは、非常に脆弱なものなのである。有史以来の大規模支配者とは、その地域地域での小規模な武力支配を基礎に、やっと成立していたものなのだ。だからこそ右に左に揺れる支配権の歴史が歴史の教科書のテーマの主軸となる。安定した支配では歴史の教科書に書くことなどなくなってしまう。

しかし、近世に近づくにつれ、大規模支配は、領主支配の統合として安定を見せてくることができるようになった。農業生産力の高度化に伴う、富の源泉としての農業支配である。高まる農業生産物は、支配者の自己の地位を確保することで、被支配者の現在の地位の安定を確保させ、種々の「商品」を生み出すようになった。剰余労働力による商工業の繁栄の開始である。ここで、支配の安定は小さな武力権力による小さな領主権力の統括と、小さな領主権力による生産共同体権力の掌握である。

資本主義は、武力行使による属人的支配を崩壊させる。支配者は消費物資欲しさに、生産共同体の領主の代わりに商人に権力を与える。「所有権」のことである。商人をして被支配者を収奪せしめるのである。

被支配者たる商人は被支配者人民を裏切らざるを得ず、商人の管理人たる人民上層は、労働貴族として被支配者下層を牛耳る。

被支配者が武力支配者によって当然のように受ける制裁も、そこでは被支配者が支配者や支配イデオローグの悪口を言おうが、体制を壊そうとしない限り、刑罰を受けることはない。そこでは武力行使は、資本主義的生産物の入手とそのための秩序維持に使われる（のみである）。

支配権力は、資本家に私的所有権を与えた。これで支配は十分である。支配権力者はこの私的所有権の侵害という禁忌を犯す人民に、個別に対応する（警察）武力さえ握っていればよい。

3　行為共同性の進展

（1）平等の創出

誰でも領主になるのは困難だが、奴隷主と資本家にはなれる。しかして、誰にでもなれる点において、同一国民においては、雇用に奴隷的性格が生じないのである。

ところで、富農層は、場合によっては支配権力によって平百姓（以下）に落とされる層である。富農層の不確かな武力を支えるものは、共同体での儀式での貧農との「擬似共同的」的行為の束による行為の将来の共有と、層としての富農の団結である。

この共同体的武力の減衰は、さらに国家内の平等性を高める。支配とは、決して武力でどうなるものではない。行為共同性によって彩られるのである。

（2）資本主義国家における国家の自己拘束

国家は私的所有権を資本主義に譲り渡した。おかげで資本主義経済は、他の反抗を押さえ込んで、自立的に発展を遂げるわけだが、同時に国家にとっては資本主義の擁護が必須事項となったのである。これが資本主義国家の自己拘束である。

もちろん、私的所有権は国家に属する。これを資本家から引き剥がすこともできるのであるが、それは資本主義の否定であるので、この手段は最後の最後以外にとることはできないのである。

（3）戦争への動員

ところで、行為共同性を変えるものに、生産様式以外に武力がある。これは権力というより武力、つまり戦争のことである。国民戦争の必要は、それまで彼らがいくら死のうが気にも留まらなかった最下層労働者について、上層から下層までの全ての階層者に「彼らも自分と同じ（側面もある）人間」という位置づけを与える、余りにも大きな契機である。

ここに、名実ともに行為共同性がおおまかなところで一体化した、「国民国家」が誕生する。

（4）人民の事実認知上の平等化

国民国家では「平等の」人民が支配者待遇を受ける。人民は被支配者でありながら支配者としての幻想を教育制度で学ぶが、それは得がたい平等化への財産である。この観念上の事実認知は、観念ではあるが、現実のために破られるまでは「事実」である。これにより、それは被支配者でしかない資本家に権力的自由をもたらし、資本家的国民主権のイデオロギーを醸成する。

さらに、労働の質的高度化の必要は、被支配者一般が国民になるためには、労働力の保全をしなければ自己の生理性が保たれないという支配者の認識の変更と、それが現実だというその事実によって、被支配者の多数の平等化をもたらす。

資本主義では、サラリーマンである被支配者は、資本家というカテゴリーを通して、国家の主人公であるという自分を観念的に構成できる。「経営者はただの先輩である。しかしてその部下の私も経営者であり、国家体制は守らなければならない」。これは賞賛や優越を越えて、事実認知の問題なのである。

(5) 人民の上昇の制度化

行為上の安楽への憧れを別として、優越的欲望によって支配者を夢見る人々は、哀れな下人役の人々へのプチ・パワーの行使とともに、彼らの支配者の暮らしを自分でも体現すべく試みる。そこには彼らが彼らの仲間から受ける賞賛と優越があるからである。これこそが資本主義的商品生産の原動力である。

人は寒ければ温かいものが欲しい。しかし、毛皮で温かさを得ている行為者は、それ以上の要求は持たない、はずである。にもかかわらず、毛製品の重ね着や、狐の顔のついた襟巻きを欲しがる行為は、支配者の真似でありあるいは、真似をしたくなくても演じなければならない支配権力の擬制的分与の遂行に伴う演技である。

賞賛と優越とは、個人行為者としての行為志向の中で、官僚・資本家という被支配者身分においては、支配へのルートの道筋の認知とその遂行の努力をもたらす。他方、支配への憧れを持つその他人民においても、なしえぬ現実の努力をもたらす。こうして、支配・被支配挙げての国家が成立する。

この社会的地位＝権力的地位を通じた系列化こそ、資本主義進展の根拠である。すなわち、支配権力の国家内の制度化である。この制度化により、支配者は個人の人格を喪失する。ただの血気盛んなパーソナリティを持っただけの人間が、他共同体への侵攻により社会的実力をつけて以来、武力権力となり続けた支配権力者が「先祖がえり」して人間になる、長い「瞬間」である。すなわち、安楽のために消費物資の蓄積を得た支配者が、ようやく安楽を得て、元の「人間世界」に戻らんとする瞬間である。

ここで支配者とは「一連の支配者」であることに、驚くべきであろうか。形式論理主義者はさぞ驚くことだろうが、支配者は通時的に歴史的な一連であり、共時的にはすべての瞬間において系列的に一連なのである。

(6) 人民の「価値観」上の平等化

人間の社会内での上昇化は、文化の中でいくつもの平等を生み続ける。この過程は、自由が花咲くエポックには常に生ずる事象である。本件に関して言えば、支配者の賞賛と優越の一般的国民化がそのテーマとして花咲く。

第1に、カネの価値の上昇、つまり、金銀財宝の価値の低下。第2に、芸術文化の芸術労働者の確立。芸術労働者向けの賞賛の発生。第3に、武力の一般化。武力道の時代遅れ化。第4に、支配者にあった「王」たる賞賛の喪失。名目的賞賛さえも危うい、王権の抽象化。実質のない、システムだけの支配者へ。等々。

これらは列挙に過ぎない。これらはすべて「平等化」として現象する。およそ人間の被支配者の歴史では、個人の人間の自由が社会で実現するときは、常に「平等化」として現象する。

まとめである。文化的次元で押しなべて言えば、階級分化の没落・賞賛と優越の平民化が生ずるのである。

イデオロギー的に「資本家主権」を超えるものが、プロレタリアが資本家と同様の行為共同性を得ていく過程に存し、それが同一の「国民」たるプロレタリアートの「主権」なのである。ここでは国民以下からの自由の獲得が契機となっている。それがある意味プロレタリア運動の歴史だったのだ。プロレタリアートは自前では政権が取れない。まずは国民的地位への上昇が必要だったのである。

第4節　生産関係の腐朽

述べてきた世界市場を作る資本主義の進展への行為者への動因は、この結果、資本の過剰を生み、商品の過剰を生む。これはすでに現在の現実であり、改めて論議を必要とするものではない。本書では、経過だけ説明叙述しておこう(注)。

（注）本書で過剰資本の論理を展開することに読者諸賢には利益がない。筆者は社会学研究者である。といって、こういう時勢であるから最近のマルクス経済学にも多くあるわけではない。ここでは、少し論者の趣旨は異なるが左記の書を参考に挙げておく。
基礎経済科学研究所編『世界経済危機とマルクス経済学』大月書店、2011。とりわけ第12章（北野正一）。

1　資本の過剰

(1)　労働の姿としてのカネ

カネは労働者にとって自分の労働の取り返しの手段であり、資本家にとって彼の全ての儲けである。この2つの働きは、支配権力により保証された労働の成果の入手手段である。

しかし、食料以外の生産物に対しては、労働者はこの手段は使わず、労働の行使結果の取得を保留することができる。明日をも知れない身にとっては当然である。これにより、労働の成果は社会的に実現されない。賃金は、資本家にとってはいわば先払いであり、この実現がされなければ資本家は潰れる。

もっとも労働者が節約した賃金は、銀行預金なりで、別の資本家による購買に使用されれば、社会全体としては困らない。労働者はもう賃金はもらっているのだから、後は、別の資本家に「雇われさえすれば」問題はない。問題は別の資本家にも使われず、退蔵された場合である。すなわち、資本の過剰である（注1）。

基本的に奢侈品あるいは便利物は、恐慌を引き起こす生産過剰を励起しない。奢侈品の資本家は、常に売れ行きを見ながら、目先の商品を変えることで生産過剰を最小限に抑えることができる（注2）。

ではこのときに必需品はどうなっているか、といえば後発資本主義国からの安価な輸入品である。先進資本主義国は、後発国に自国の労働が詰まった商品を売りつけつつその代金で安価な消費物を得、それを根拠に奢侈品で遊び続けることができる。

他方、後発国ではどうか。

後発国労働者は自己の賃金を先進国に要求することができない。これが国境である。後発国労働者は彼らの必需品を得るギリギリの賃金を得ることしかできない。このとき必需品は、彼らの国の穀物であり、あるいは彼らや彼らの仲間が作った、彼らの生活に合わせた工業生産物である。

（注1） 労働力不足とは、要するに資本家の過剰である。多すぎる資本でも剰余価値を上げるため、何とか安価な労働力が欲しい。なぜ都会にそんなにコンビニが必要なのだろうか？　居酒屋が必要なのだろうか？

それは要するに蓄積された労働が「自分を使ってくれ」と言っているのである。さらにこれからの労働力も「自分を使ってくれ」と言う。アルバイト要員のことである。

実は労働力は何も不足などしてはいないのだ。余り過ぎているのだ。資本が過剰なときは、賃金など上がりはしない。仮に資本が現実化したとしても利潤など取れないから。もちろんマルクス等とは逆に、資本の過剰時には賃金低下圧力が高まる。そもそも「可変資本」が使えるなら過剰にはなりはしない。労働者を、その労働を、使えないから過剰なのだ。

マルクスだろうが宇野弘蔵だろうが、需給法則を原理論に使うことはできない。需給法則は、自由な人間によってのみ行為される架空の法則でしかないからである。しかし、行動の自由な経済理論登場者などいないのだ。もっとも競争する資本家というのは主観的に自由かもしれない。彼らだけは楽しんでやってるのであろう。といって、もちろん競争以外の手段を取ろうとしても取れはしないが。

それがわかっていたのがレーニンであり、レーニンと同じく、現実の労働者である。現代日本労働者は日々刻々「何でこんなくだらないことをして商品を飾りたてなきゃならないんだ」と思い知らされている。もちろん、中には「平凡な商品だけどおいらがこんなに外形を飾ったから売れたんだぜ。すごいだろ」と思う労働者がいるのも現実である。理論というものはそれが現実を説明するのであれば、実感とともにある。

（注2）信用部門の入らない経済恐慌については、松石勝彦「資本蓄積と恐慌」『一橋論叢、61巻4号』所収、1969年。が原則的でよい。原則以外には触れていないが、具体分析レベルにいかない議論では十分であろう。

（2）商品の過剰

理屈の上では、ある一つの資本主義社会における支配者は、それ以前の支配者の文化を引き継がない。成熟した資本主義社会の支配者の賞賛と優越は、カネのことしか頭にないブルジョアジーから供給される。

文化とは賞賛と優越のことであるが、せっかくの大量の商品も権力者あるいは金持ちの賞賛と優越に結び付けられない限り、文化にはならない。

支配者がそうであれば、支配階梯上資本家の次に位置する中層被支配者が真似できることも、金もうけの仕方だけである。幸か不幸か、金もうけも難しいから、そこそこの人生時間がかけられる。このためその虚しさが他人に気づかれないだけなのだ。

さて、というわけで、中層被支配者の買うものはない。中層が買わなければ下層も買わない。仲間内でインスタ話でもしていれば1日は終わる。かくて資本の過剰である。

しかし、この前提である資本主義的商品経済の過剰処理は、その処理場の後進諸国での資本主義化による当該諸国での矛盾の拡大により、転嫁がしきれなくなりつつある。もちろんそればかりか副産物たる他文化国民の流入さえある。商品を買う人間のいない先進国は、それを買い取りうる資本の持ち主が居るのをいいことに、すでに子供や孫まで購買者にさせてしまった。国債大幅依存である。

（3） 生産の過剰

生産の、あるいは資本の、あるいは蓄積労働の一般的過剰に対しては、生産の国家的一律縮小か、労働力の廃棄か、が問われる、あるいは既に問われている（注1）。すなわち労働時間の一律削減、あるいは馘首、あるいは各種サービス労働・公共土木作業への振り替えである（注2）。

現象としての福祉とは、余剰労働の行き末である。たとえば、介護保険導入あるいは介護保険労働者育成である。労働は、非商品生産業態へ転化させなければならない。もちろん、土木系作業を別枠とするのは、これが商品ではないからである（注3）。これらは、いわば資本の自家内消費である。個人間のカネのやりとりで、生産がなくても剰余価値をキャッチボールすることにより、個人の購買力を維持することが必須なのだ。ただし、このやりとりには条件がある。片方で、やりとりができる多大な剰余価値を供給できる部分（＝儲けが続いている資本家）と、他方で、そのサービスに価値を、つまり賞賛と優越を見出す個人がいることである。

これが昂じて全世界レベルではどうなるか。

全世界的な生産過剰は、経済要因自身の支配への反転志向を促す。すなわち、アメリカ・ファースト。自国の過剰商品は海外へ押しやるが、競合する海外商品は自国へ入れない。このとき加工材料が自国内にある商品はよいが、国家内になければ商品は高額となるか、低賃金となるか、の2択である。

上層階級者を除く賃金は奢侈品の商品価格に見合わず、中層者の非購入はそれ以下の賞賛と優越を崩し、上層以外の全国民の非購入となる。ここで、ほとんどのサービス経済は成り立たず、といって、先進資本主義国では必需品産業は吸収できないであろう。

この行き着く先は、階級差の圧倒的増大か、国家的な資本の利潤統制による国民の平準化か、の2択であるが、資本主義体制とは前者のことである。したがって、国民の不満の捌け口は自己と行為共同性を同じくしないもの、政府・資本家、外国人である。かくて、前2者のイデオロギーは、自己を保全するナショナリズムなのである。

いったん生じた権力行使を伴うナショナリズムによって、資本主義的生産の享受者は、自らの消費物獲得手段の温存と権力による賞賛と優越の確保のため、権力への反感の最終的結末として、すべてがナショナリズムに走る。しかし、戦争を許可されないナショナリズム自体は、国内の一致を結果するわけではない。ここに国家内矛盾解消に集約されていく国家内革命が発生するのである。このナショナリズムは、国家内へ向かうのである。もちろんリベラリストはこれに観念的に抗しようとするであろうが、怒涛のような大衆の波に勝てはしない。

（注1）「資本は……一般的に過剰生産をなすものではない」（宇野）と言ってもそうはならない。現実と机上の論理の乖離は、致命的にはなはだしい。
宇野弘蔵、前掲書、p.207。

（注2）ここで少し長くなるが、マルクス主義者の間に混乱があるので、事象が持つ「価値」について説明しておく。
資本論における「価値」とは、あるモノが売却されることによって決定される。したがって、事象の価

値の有無は、その物品が売却の過程に行くのかどうか、で決まるのである。売却されるから価値も決まり、また最終的に資本の過剰も決まり、そして最終的に資本主義が崩壊するスケジュールが組めるのであって、売却なしに資本論の議論は成立しない。この点、マルクス主義内部の誤解にすさまじいものがあるが、それは単純に誤解、ないし理解不足である。それは、労働とは物を作る行為だから、物が形を成す局面にしか当てはまらない、というレベルの論議ではない。価値論の存在理由の問題である。

そもそも価値論とは、価格の中を労働者の労働（力）がどのような仕方で貫徹しているかを明らかにするものである。

ここで、売却の対象は労働（力）ではない。たとえば運輸労働は価値を形成しない。運輸労働には過剰生産がないのである。この場合過剰な労働（力）とは、多数の運転手の存在である。ところが資本主義社会では労働（力）の過剰は存在しない。労働者は自由だからである。要するに資本家は労働者が死ぬまで自由にさせて放っておけばそんな悩みは消えるのである。ところができた物品はそうではない。できた物品は売れなければ資本家の生き死ににかかわる。正確には資本主義の存立にかかわるのである。「だから」焦点は物品なのである。

さてところで公共事業である。公共事業はもちろん、資本主義事業の国家版であるが、このとき価値がどうなるか、という点である。社会の事象は魔法ではない。常にシンプルである、あるいは常にその事象の規定性に帰る。

資本主義において、入札等によって「売られた」公共土木事業は、もちろん資本主義の産物であり、価値の要素をクリアする。にもかかわらず、その価値は資本の生産に「当たるわけではない」。

「価値」とは「関係」である。ここで公共事業は、その売却先だけがブラックボックスの、しかし、確定された資本である。資本が姿を変えた「国家資本」、すなわち「媒介的資本」である。そういうカテゴリーはマルクス主義には存在しないが、この資本は、資本の拡大を志向しないのだ。なぜか。国家の行為は恣意だからである。国家は恣意である。国家は労働（力）に対しても生産物品に対してもどんな調整行為を行ってもよい。この恣意を媒介的に通ることで、資本はその過剰を逃れることができるのである。

それが国家資本主義である。国家独占資本主義ではない。独占資本など問題にはならない。国家資本主義なのである。

（注3）要するにサービス労働化である。これは過剰生産のあるところ、常に生ずる（たとえば19世紀末イギリス。イギリスについては、長島伸一『世紀末までの大英帝国』、法政大学出版局、１９８７）。マルクスに近い論者においても、この歴史性を見ない論議があることを姉歯暁が肯定的に紹介している。それによると「「サービス」と呼ばれているものの大部分は、財を生産する古典的な生産活動であって、資本主義的生産の拡大・複雑化の下での、剰余価値の生産と蓄積を支え推進するための諸活動である」（R．A．ウォーカー）とのことだが、これは経済の規定性を見ていない根本的な誤りである。

姉歯暁「R．A．ウォーカーの『サービス経済論』批判」『豊かさという幻想』所収、p.２３０、桜井書店、２０１３。

2　支配者の資本家への巻き返し

この国民国家の下で、国家支配者は、「国民」の賞賛と優越を相手にする。あるいは被選挙人として、あるいは日常の社交として。そして、この環境の中で、戦争とともに、恐慌が生ずる。

資本家階級にとって何が怖いか。資本家は儲けのことしか考えないから本当はわからないので怖くはないが、修辞的に言えば、恐慌の反資本主義的意義は、資本家を助けるには国家権力がしゃり出なければならない、というところにある。資本家は破産しないために国家の言うことを聞かなければならない。このときに国家権力は資本主義体制を揺るがすどんな種でも、制度の確立をすることで、社会に埋め込むことができる。

ここに、資本家の国家への拝跪である国家独占資本主義（注）が成立する。

ここに至って、支配者は生産関係を変えるべき方向を志向する。既に拙著で述べたように（『行為の集成』）、支配者は生産力に応じて、生産関係を誰かが変えるべく動く。

この瞬間、武力はプラスに転ずる。もともと「国家」は資本主義よりも強いのだが、この瞬間、国家は国民にとっても偉くなる。支配者が受ける賞賛と優越は分裂し、その担い手も資本家と右翼「国家主義者」とを分ける。

かくて、人民による新たなる国家武力への期待が生ずる。人民の直感は正しく、国家経済を「何とかできる」のは国家だけである。

それはファシズムではないが、新たなる武力表現形態であり、名づければ、ファシズムが興隆期的排外主義であったのに対し、こちらは先に述べたナショナリズム環境に際し、腐朽期的排外主義である。言葉にすれば、「この世界資本主義も嫌だ。国家権力で何とかしろ」。残念ながらこの人民の直感は誤りであり、何とかすれば国家権力自身が壊れてしまうのだが、国家権力者はそこを何とかしているように見せなければならない。

もちろん、資本主義が世界体制であり続ける限り、ファシズムが資本主義的世界体制であったように、これも世界体制である。

（注）すでに日常語扱いで「国家独占資本主義」と言ったが、資本主義の諸段階は、経済の進展状況を狭義の経済学の範囲内で規定するのは自由だが、社会科学における体制の指標としては、それが支配システムの規定者である支配者にとっての規定性として時期を画する要因を含まなければならない。すなわち独占資本主義なり金融資本主義という段階はないので、この場合、本来の用語は「国家資本主義」である。

3　人民の事実認知上の平等化の崩壊

資本主義の世界化により、いったんは先進国内の貧富の格差は薄くなり、後進国での貧富の格差は広がる。もちろん、「収入格差」なるものが隔たりを作るのではない。述べているように、それは行為共同性の有無である。

では行為共同性を形作るものは何か。将来の同一性の事実認知である。行為の将来の事実認知は、同一の行為がどう環境に影響を及ぼしているか、の認識である。

収入についていえば、収入の多寡それ自体ではない。収入の多寡が、その社会において、別個の行為者の将来を生んでいるか、ということである。すなわち、生理性、賞賛、優越である。たとえば金持ちが行える購買行動について、それが、自分が獲得し得ないそれらの行為の原理・原則を獲得していると認知しなければならないかどうか、である。自分も生きていけるのなら、金持ちが生きていることには反論のパッションは生じない。人間は、しかし、生きているだけでは満足しない。金持ちのカネによって、自分が持ちえない賞賛と優越は手に入っているだろうか？　たとえばネット民の嫉妬はその策定である。いくら金持ちであろうが自分の罵詈雑言で傷つくならば、それは自分の行為の将来の範囲内である。しかし、何の考慮もされずただの一瞬の一瞥もくれられず傍らを歩いて通り過ぎていかれれば、それはネット民が金持ちの世界に入れないという認知を生む。自分だけがあると思っていた行為共同性の崩壊である。

すなわち、行為共同性の崩壊には、仮想人民の能動行為が不可欠なのである。言い換えれば、能動行為が不可欠となる状況が不可欠なのである。「同じ」テレビ番組を「見ているはず」の資本家や金持ちや華族たちは、見て笑って日々が過ぎていくうちは「同一」の仲間なのである。あるいは、隣国の脅威に同じく命をさらされている、と考えられる資本家や金持ちや華族たちは、「同一」なのである。

4 労働（力）収奪の商業化とその限界

資本主義の最終様相は以下である。すなわち、資本主義諸国各層において、左記の特徴が出現する。

第1に、先進国における個別商品の輸入金額と自国金額との拮抗、すなわち「中進国」との賃金平衡の完成。第2に、中進国における、シンプルな資本家と労働者の分断。第3に、後進国における、特定品目の産出国の立場のまま動かない「貧困」。

ここにおいて資本主義諸国の必需品価格は、中進国の労働価値において決定される。この状況において、資本の過剰が生ずる。すなわち、食料品は日々生産が確認されるので、（そうでなければ人は死ぬので）常に飽和の寸前で調整されている。もちろん、それでは自然変動を賄えず、不足するときもある。工業製品は、先進国においては日々飽和されており、中進国への転嫁を続けている。ここで、中進国でも飽和が起きた場合、したがって中進国が先進国市場を席巻した場合に、資本主義は商品の行方がなく行き詰る。

ここで後進国は特定品目化≒原材料化されており、後進国の購買力はごく一部の特定品目産業従業者しか持つことが出来ない。つまり、余った商品は買えない。商業がそのまま行き詰るのである。

産業資本主義は拘束的ではあるが、しかし、商業ではある。資本主義においては労働の収奪は、剰余価値の収奪ではなく、利潤の獲得として現象する。直接の収奪方式と違う理由は、当然に、その方式、すなわちいったん行為者に行為成果のない労働をさせて、雇用者も使うわけでもないその大量の生産物をカネに変えるという媒介方式の故である。

ここで人々が実際に行う直接行為の理由は誰にとってもない。あるとすればあるかないかの人間関係だけ。労働は虚しく、生産計画は賭けである。売れなければそんなものはクズ同然、これは商品化というよりも「商業化」の必然というものである。資本家の行為は、売れて、儲けが出た瞬間に、すべてが意味を持つのである。

もちろん重要な点は、それ以前に、「商業」の失敗は、資本主義社会では即ち生産の失敗だ、ということである。そもそも「賃金」は支払時点では完結していないのである。商品が売れて初めて賃金は実体化する。それが労働価値なのである。労働価値は商品が売れない限り、空手形となる。労働者の行為も、売れて、儲けが出た瞬間に、すべてが意味を持つのである。

さらに、このために何が必要か。より安く売ることである。より安く売らない限り、社会に飽和した必需品の労働価値は実現しないのである。すなわち「競争」。「競争」は決して「本質の派生形態」ではない。それこそが資本主義をただの商業社会と分かつ、近代という歴史の中の労働の収奪機構の原動力なのである。

この過剰生産と貧窮化のセットの結果が、理屈上は、恐慌であり戦争である。

ただしかし、ここで、幸か不幸か、支配権力は「商業」＝資本家を見捨て、自己の国家権力による直接の収奪に替えることができる。

これは第6章にて検討する。

さて、先進国の現状の規定性にまで進んだ。では次に解明さるべきは資本主義の崩壊過程か？というとそうではない。ここまで述べたのは先進資本主義国の事情である。しかし後進資本主義国の事情はまた違う。

と述べて、「それはおかしい。今扱っているのは一体である世界資本主義の問題ではないか。一体のものが部分的に別の過程を経るのは論理矛盾である」とお思いになった方は正しい。もちろん、世界資本主義論を標榜しない旧来のマルクス主義者が、資本主義の腐朽と言いながら後進資本主義国をまるで無視し、論理展開の視野の端にも入れていないのはもっとおかしいが。

ともかく、その疑問の解には理由がある。その理由は、後進資本主義国に独自的な経済規定と、さらにその過程における武力水準と行為共同性の差とに起因する。資本主義の崩壊といっても崩壊させるのは現象的に国家内人民であり、人民の行動は行為の原理と原則に、したがって、武力と行為共同性の態様に規定されるのである。以下、次章でそれを概観する。

第4章

後進国資本主義の形成と支配システム

第1節 「後進国」の形成

「人間の労働によって魔法のように産出される便利物」という商品の性質と、これを売ることによって資本家が儲かり、支配者も儲かるという資本主義の性質とは、国家という支配者の操作性の地域枠を越えて、他地域への資本主義システムの拡大を促し、これに抗しようという他の地域地域の武力さえ、その当時に用立てられる武力によって押さえつける。これが資本主義先進国の成立であり、同じく後進地域の成立である。

そもそも、何の予断もない人間は、世界の或る経済は全ての経済的条件の総合だと見るであろう。もちろんそのとおりである。経済的条件に国家はかかわるが、経済に国家はない。

と言ってしまえば余りにシンプルではある。このシンプルさへの反論は、われわれ経済理論の認識者が、われわれ自身の国家の内部にいる、ということである。自己の環境を変更しようとする構成員は、その国家内での条件を考慮するしかない。とはいえ、それは諸契機を見直した上での理論の組み立てへの束縛であり、初めの主体的な認識への束縛であってはならないのである。

さて、百を超える後進国について、一般論など無理である、と言いたくなるところであるが、そうではない。歴史的社会科学とは、歴史学とは異なり、因果連関の抽出の学なのである。したがって、ここで探求すべきものは「規定性の動き」なのであって、この抽象性のゆえに、規定性の規定の範囲で一般論が立てられうるし、立てるべきなのである（注）。

（注）「後進国」という用語について、本件は、開発途上国でも発展途上国でもなく「後進国問題」である。それはもちろん、資本主義の世界史的発展を前提としているからである。さらに、だれが「開発」するんだ、という傲慢さへの素朴な疑問。あるいは「発展」してどこへいくんだ、という理解を超える疑問をも含んでいる。

1　植民地の形成

まずは歴史の説明である。資本主義先進国の歴史とは、国家への統合、すなわち単一支配者への集中の歴史であり、かたや、資本主義の矛盾をピラミッド階梯へ形作る歴史であった。これは常に支配がたどる推移、というものである。資本主義はこの推移を壊す契機を自己の経済システム一つにしてしまった。そしてこのピラミッドの底辺こそ、後進国人民である。このエポックが植民地侵略である。

その当初において商品購入の原資を持たない資本主義は、そここの原資を持つ地域へ触手を伸ばす。この結果、国家形態を持つ地域同士においては、商業交易ないし略奪の歴史を作る。

他方、原資は持たないが資本素材を持つ地域については、先進資本主義は交易の仮面を脱ぎ、根こそぎの略奪に手段を変える。植民地化である。それは担当商人の根性の良し悪しを問わない。商人が商人である限り、そのほかに手段がないのである。

このとき、原始的蓄積によって人員が過剰となった地域が侵略国家にある場合は、人員移入による収奪が開始される。あるいは、侵略地にその権力を利用できる生産共同体ないし氏族国家があった場合は、その国家部民の肉体力と自己が備える武器とによって、その周辺地域から収奪を行う。後者が後進国の由来である。

といって、侵略が、現代のわれわれが思う後進国「国家」を襲ったわけではない。彼らは当該地域の領主を襲ったに過ぎず、当該地域とは帝国主義者が欲しがった資源、あるいは労働力を調達しうる地域に限る、ということである。

その時点で格段の資本を持っていたイギリスと、おあつらえ向きな資源と労働力を持っていたインドとの関係でさえ、「お互いに」ようやく鉄道線路上の地域を支配したに過ぎない。「お互い」とはイギリス帝国主義者とインド領主のことである。人民との関係で中立な、あるいは帝国主義者の「かわいそうな」交渉相手などは、存在はしないのだ。

これは可視的な過程である。しかしその過程は悪辣なイギリス帝国主義者や、欲まみれの現地領主が主導するわけではない。不可視の過程として商品経済の進展とそれに伴う交通の発達がある。それと同時に商品経済の進展がイギリスと現地領主の支配の浸透となっているのである。

人民は、税を通じて貨幣経済に巻き込まれ、商品は、周囲の部族に行為共同性を与える。貨幣の必要は、これを扱う商人に賞賛と優越に基づく地位を与え、現在も未来も権力を持てない現地の次男、三男に、新しい自由を与える。

さらに、当初の武力侵略は言うにおよばず、資本主義の過剰生産が品目ごとにあらわになりつつあった19世紀後半以降、後進諸国を襲ったのは特定資本家が雇った暴漢ではなく、自国の資本主義社会の行く末を考慮した（宗主国の）国家支配者であったことは、主権が存した世界各後進国内の出来事であった。後進国家があるところでは後進国家人民を脅し、国家が統一されていないところでは自らの兵士が暴力的に後進地域を収奪したのである（注）。

一方、中進国である。

先進資本主義は自前の国民＝ブルジョアジーの経済的要因により帝国主義的収奪を行うが、経済中進国では国家支配者がこれを行う。たとえば、矢内原忠雄に言わせれば、日清戦争当時日本は決して独占資本主義の実質を有してはいなかったが、「しかしながらイデオロギーにおいては当時我が国は既に立派なる帝国主義であった」。すなわち、各先進国との優越感覚において賞賛と優越が受けられるイデオロギーである一方、現実に自国の資本主義育成の重要なキーとなるはずという事実認知である。

若林正丈編『矢内原忠雄「帝国主義下の台湾」精読』pp.24－25、岩波書店、２００１。

（注）各国であるのでわざわざ文献を挙げるまでもない。歴史を虚心に読めばよいだけである。山川出版社の世界各国史シリーズでも挙げればよいか。

2　後進国国家の作成

侵略は、被侵略地域内部の全般的な行為共同性のなさを、意識要件としても、結果としての現実条件としても、持っているわけだが、この結果、地域特性としては、侵略が資本主義的であるとないとにかかわらず、そこに行為共同性を形成する。先進国による労働力の収奪側面では、その地域の統括が必要となり、相当規模の地域について生産物の集合的掌握がなされるからである。もちろん資本主義であれば、同一生産の育成が試みられるのも周知のことである。地域特性と言ったのは、人民労働力を奴隷として消失させる場合があるからである。あるいは旧来の住民は絶滅させられるかもしれない。しかし、第三者的に言えば、地域特性としては同じことである。こうした事態は生産共同体を破壊し、他方、資本主義であれば、新たな人格的平等の生産関係を与え、人民に自由の可能性を与える（注）。

この状況を基盤として後進地域に「国家」が生まれる。それはマルクス主義者には残念ながら、居もしない「資本家」が作るものではなく、「人間生活上の共同の要請」が作るものでもなく、「支配者」が、資本主義に触発されて作るものなのだ。

正しく言い直せば、支配者が自己の地域的な影響力の範囲について、多少サバを読みながら、「国家」を宣言する。立場が「部族の酋長」では先進国と協議ができないからであるし、かつ、先進国も酋長と話が整っているだけでは、周囲の国家に正当性を主張できないからでもある。

（注）これは良いとか悪いとかの価値判断のレベルではない。そういうものだ、ということである。価値判断

は現実についてのそれを生きる人間の行動上の権利であり、「そら、よかっただろう」などという他人の、あるいは侵略同伴者のイデオロギー表明の権利ではない。

（1）新興国家の範囲

まず国家とは、国家支配者がその人民の労働によって消費物資を得ていることを資格としていることから、その人民の労働力を集約できる地域上の範囲である。

ここで、剰余労働を稼ぎ出さない人民は、国家権力者の人民ではない。そんな人民は、いつか近辺の国家支配者なる人物に武力をもって抑圧される可能性を持った、赤の他人である。常時、剰余労働生産物を紡ぎださない人間、すなわち、一日の食料はその日に採取し、欲しい他者の生産物があればその日は余計に採取し市場へ持ってゆき欲しいものと交換する人間、これは国民ではない。植民地とはもちろんそこでの労働を他国が搾取・収奪する構造を持っているが、植民地は国家ではない。剰余労働が他国の手に入るからである。

さて、その植民地で独立が起きたとする。

独立は常に、それぞれの個人内自由を求めるサブ支配者と人民との目的の異なる共同作業である。ではこの独立国家がカバーする範囲はどこまでか、と言えば、独立指導者に剰余労働を与えうる元植民地労働者までである。

旧植民地国家指導者は、他国に対し独立国家を宣言した以上、植民地地域を国家と思っているが、そうではない。それは幻である。カッコ付きの「構成員」に行為共同性はない。幻であるから、この間、筆者が国家に関して述べてきた立言はこの現状では全て妥当しない。

さて、コミュニケーションの進展は、そんな後進国の人民に諸製品の便利さや賞賛や優越を教える。しかし必需品の剰余労働のない世界で、すなわちただの資源労働者のみが働いて外国貿易をすることにより、自分と国家指導者と兵士を食わせているだけの世界にあっては、人々はそのおこぼれにあづかることはできない。しかして人は兵士になり、泥棒になる。兵士や泥棒に身ぐるみはがれた者は隣国へ移る。「難民」である。

もちろんこの状況において資本主義国家たらんとする国家の必要条件は、自生的には、剰余労働を生む食料生産性である。その生産性がない場合は、資本の入手先とそこで働く労働者である。かくて、独立植民地は再度資本主義国家へ組み込まれる。それは「偏頗な」経済進展状態ではあるが、この状態は、まず支配者層の自由を先に紡ぎだしていく歴史の流れからは、避けようとして避けられるものではない。全ての経済組織は、まず生まれなければ、右にも左にも進展しない（注）。

（注）後進国国家の成立の可視的な過程については、石川登によるサラワクのケーススタディである左記書が丁寧で詳しい。
石川登『境界の社会史』京都大学学術出版会、２００８。

（２）国家の成立

そもそも（先進）国家は、バラバラの支配者の塊から中央国家による封建的集合体を作り、その封建的集合体を再度統括するものとして作成される。これは日常を支配しなければならないことに起因する人間支配の法則である。

支配者は空気を食べているわけではないゆえに、(小)国家間には生理的条件の相互否定が生ずる。隣の小国のものが欲しい。この歴史的条件の中では、国家に、相応の武力が必要となる。あるいは正しくは、相応の武力の必要が、武力の求心力に使用するために大きな国家を欲するようになる。

およそ国家の成立ないし支配の成立は、消費物資の確保をめぐって行われる。これは後進国でも同様である。しかし、消費手段の確保が自生的であるほかなかった先進国(単数)の国家成立に対し、後続の国家は、この先進国からの武力と消費物資により規定をされる。

先進国は、多くの場合に存する武力の優位により、後進地域の消費物資を収奪する。この武力行為に応じて、後進地域の合同が国家の成立を促す。あるいは、先進国の消費物資は後進地域の首長の欲求あるいは賞賛と優越を刺激し、後進国の統合と人民への収奪を強める。

(3) 国家と社会の齟齬

ところで後進国である。資本主義社会とは経済システムのことではない。政治支配者が資本主義システムを支配に組み込んだ社会のことなのだ。そこでの規定性が、資本主義経済が持つ規定性だ、ということにすぎない。したがって、たとえ人民一般にとっての主要な経済システムが自給自足経済であろうと、後進国は資本主義社会なのである。そして世界資本主義システムにおいては、支配者の上位支配者が総支配者である。ただし、当該国家については当該国家の支配者が意思決定をなすのである。

後進国家は、資本主義国家になっても先進国国民が知っている「資本主義社会」になるわけではない。すなわち、支配者が資本主義を選び企業を育成し経済的果実を得る限りにおいて、その支配者が住む国家は資本主義国家である(注1)。しかし、そこに住む人民に市民社会的資本主義社会の特性はない。そこには無産労働者が受け取るメリットもデメリットもない。もちろん「ない」というのは極論だが、まず、「ない」と認識しないと話が始まらない。ある後進国家は、その領域内に十分広い、いわば自給自足的な農村共同体を抱え込んでいる国家である。当該共同体は、農業共同体というよりは「農村」である。要するに商品農作物を作っているのではなく自給自足である。この社会を資本主義経済の論理で「説明」するのは意味がない。もちろん当該国家を資本主義国家の論理で説明するのは正しい。しかし、その説明は支配者の意思を説明しているのであり、人民総体を説明しているわけではない、ということである(注2)。

そもそも社会の規定因は、経済メカニズムへの規定性ではない。社会構成行為主体への規定性である。つまり行為が持つ原理・原則に係る規定性である。

他方、個人の行為特性が社会の行為特性とみなされるわけではない。順序立てて言えば、まず「当該社会」の設定であり、これは注目する個人が行為共同性を持つ集合性である。生産共同体であれば村、サラリーマンであれば会社の先輩・同僚と通勤仲間のサラリーマンを含む我らサラリーマン社会の集合性である。

ついで、その「社会」での行為規範の賞賛と優越の所在である。これは村民や会社員という構成員の多数決で決まるわけではない。賞賛と優越は権力の所持者の表明によって決まる。正しく言えば、権力の所持者の表明への同調者の多さによって決まる。この同調者が持つ意思表明が、すべての他者をして、その行為共同性が持つ行為特性とされるのである。

さてここで、当該国家の社会とは何か。国家とは支配意思の範囲であるから、国家の社会とは、当該国家からしてみれば、支配者と行為共同性を持つ者が構成するある社会範囲である。ここで、強権的国家にしてみれば、支配者と仲間である「自由な」資本家とで構成される社会であり、そこでの規範は、国家と権力者への帰依である。そこでの資本家は、資本主義原理の示すような、資本に踊らされざるを得ない資本家ではないのである。あるいは周囲の国家の人民からしてみれば「その国家の」社会規範とは、多くの人民が持つ共同体への規範的帰依である。

（注1）先進国国民の言う資本主義社会とは、現代日本語で言う「市民社会」、つまり西欧個人主義が規範となっている社会のことを指す。「市民社会」の概念については、左記参照。

植松邦彦『市民社会とは何か』平凡社、2010。

（注2）こうした後進国の先進国とは異なる状況について、従属理論が、「特定の従属社会は何種類の生産様式、あるいはそれに基づく部分社会からなっているのだろうか」といった問いに答えようとしてもそれは社会科学的には無益である。ある一つの生産様式を定立するためには、理論によってその生産様式に独自の規定因を設定するほかはない。生産様式があるから規定因があるのではなくて、規定因があるから生産

様式があるのである。複数の生産様式がある状態とは規定因が複数ある状態だろうと思うのは逆立ちである。人間によっては、社会は決してバラバラのものとしては把握されないのである。この手の研究の結末は、実証調査で各村落の関係を記述できるのみである。もちろん「それぞれの部分社会は他の部分社会といかなる連節様式を持っているのか」という、もっともらしい問いにも答えは出ないであろう。社会はある規定性の中でのみ人間によって把握されるのであって、個別の部分が持つ規定をいじり回しても因果連関は出ない。バラバラな事象は、たとえその歴史関連的経緯は辿れても、結局最後までバラバラなのである。もちろんナショナリティその他の要素により歴史的経過はバラバラなのだが、その規定性は統一的なのである。

こうした問いの投げかけについては、たとえば李時載、安田三郎他編「低開発国と従属理論」『基礎社会学第Ⅳ巻』所収、東洋経済新報社、１９８１。

3　国家内イデオロギー構制の作成

武力制覇がなされた後は、国家支配者は、人民のイデオロギー志向を見極め、自己の支配の支配宗教として当時の宗教を取り入れる。見極めるといっても、彼ら自身も支配奪取の際のイデオロギーを当時の宗教に決めているのだが。イデオロギー構築過程は継時的なのである。かくて人民は、帝国主義に抗し新しい人民的位置を入手する。心からの国家の奴隷である。国家的統一がなり、人民がその国家の意思決定ができれば、それは独立国家である。

これは形式論ではなく、そもそも国家システム＝支配システムは、支配者の自由意志による体制のことであるから、それはもう植民地ではなく「国家」なのである。

では統一が成らず、「政府は政府。われわれ地域人は地域人」を決め込んでいる自称国家はどうか。これは統一されるか当該地域に独立させるまで国家ではない。支配者の自由意志が機能しないからである。

これは宗主国等が強い影響力を持とうが同じである。全ての国家は、支配者以外の要素を自分で勘案し意思決定を行う以外に、途はないのである。

後進国の国家の成立は、消費物資の入手拡大にある。したがって、その造成主体は、産業創出者であるが、他方に自己の消費物資を手に入れる武装勢力がある。

武装勢力の構成は、その社会にあったどの集合性がそれを形作ってもよい。ただ、必ずイデオロギー的外皮が必要なのは国家内支配武力と同じである。

武力には賞賛と優越が必須である。賞賛と優越が現実の人間に武力行使の結果の褒め言葉をコミュニケーションによって貰う等で得られるのは、幹部のみである。そのインパクトは現実であるから強いが、圧倒的な兵士や同伴者を統括するものは、自分たちのイデオロギーによる賞賛と優越なのである。ところで下層人民にとって「自分たちの」と言える賞賛と優越は1種類しかない。宗教イデオロギーのそれである。宗教は支配階級の統治の道具であるが、それゆえに、その行動規範は下層人民のほうを向いている。下層人民はこれを加工することで自分たちの行為に賞賛と優越を与えることができるのである。どうやって？　宗教が唱える「事実認知」の改変である。宗教はそのままに、しかし、事実認知により自分たちのものとできるのである。こうして、支配武力と同じ宗教が武装勢力の、あるいは平民の、変革宗教となる。

反逆が自由を求める事実認知における反抗である限りにおいて、にっちもさっちもいかない被支配人民は、論理上誤っていようが何だろうが、反抗の基礎を事実認知に求めることができる。代表的には、下層被支配人民のイスラム化である。

これは50年前の社会主義思想とパラレルである。人は現実の論理ではなく、現在の自己の自由を求めるのである。自己（階層）への賞賛と優越を唱え、新しい世界を眼前させるイデオロギーである。

（1）後進国の文化・教育

植民地においては、当初、宗主国の「帝国主義的」文化は、植民地内支配者の賞賛と優越について、彼らの行為共同性を通して広まる。日常語でいう「文化」、社会学上で文化一般と区別して「精神的文化」と呼ぶそれは、複数の人間間に継起する賞賛と優越による継時的な相乗作用による諸行為パターン、あるいはその行為パターンによって集積された諸行為者が共有する諸記憶を指す（拙著『「上部構造」の社会学』）。これはしたがって、賞賛と優越を共有する行為共同性に付随して存在していくものなのである。

机上のシミュレーションをしてみよう。

当初において、生産共同体の首長によってもたらされた賞賛と優越は、当該共同体構成員の行為の動因となる。

共同体的支配から逃れ、物質的快楽を求める農家の二、三男、あるいはまれに女性たちは、とりあえず生理的な自由、すなわち、「好きなものが入手できる」カネを求め、都会へ出ていく。同じ村人、その他の知己を訪ねる冒険は、多くは瞬間的には成功するだろう、つまり、共同体から逃れ、うまいパンをかじれる。それは自由な経験である。この自由さはその後、行き詰って帰ろうとも、彼や彼女の行く先々まで付いて行き、何度か事実認知として語られ、その社会関係内での賞賛や優越を形成する。こうして、帝国主義的文化は、当該地域人に必須の文化となる。

もちろん現実は複雑である。共同体構成員は「帝国主義的軍隊」に取られ、そこで「物質文化」漬けになるかもしれない。あるいは共同体内女性は、権力の階梯の中で何とか「身分の高い女」が見せびらかす装飾品を渇望するかもしれない。

しかし、いかに複雑さが存在しようと、そこで将来の自分を選ぶ人間行為の原理と原則は、権力ネットの中で、より権力のある方角へ向かう流れを持ち、あるいは過去の労働力が蓄積された「便利さ」に向かうしかない。すなわち帝国主義的文化に向かうしかないのである。

(2) 文化の共有と人間の移動による社会の変動

人は自己の自由のために上層への移動を考える。ここで、この上層への移動が実はできないかどうか、その当該行為者にとっての「実は」は、当該者の周囲にある状況証拠から得るしかない。

この状況証拠、できはしないという証拠は、制度上のサンクションであり、差別であり、侮蔑であり、要は、自力では排除できない行為の阻害である。

この行為の阻害が薄い場合、人は上下間の移動が可能と認識する。移動といってもそれは、「瞬間移動」すなわち、観念性だからである。


文化とは、すなわち、同一の日常を基盤にした（行為共同性を同じくする）、文化基体への反応の共通的期待を本体とする諸情報である。平安時代の下層人民にとって、衣冠束帯は文化ではない。よくて麻で作った貫頭衣が文化である。道で会う人間には貫頭衣を期待し、衣冠をまとった人間と話したいとは思わないだろう。鎌倉時代の下層人民にとって、地蔵は地獄から助けてくれるかもしれない救いの手であり、ある農民部落のほとんど全体で共有された認識である。一方、大仏は、それを見ることができたとしても、文化ではなく恐怖と畏怖の「何か」である。

もちろん文化の基盤に権力があるから文化基体がそもそも文化的性質を帯びるのである、が、他方、関係者が武力にさらされていない間は、その関係者が同じ文化基体を共有したとき、権力を否定することともなる。衣冠をまとうことができた農民は、「俺は貴族と平等かもしれない」と思う。毎日大仏に食事を添える下層人民がいれば、「俺も和上と共に大仏様に守られるかもしれない」と思う。

文化が共有されている間、人は社会が層化している意識を持ちにくい。「同じ人間だから、たまたまだ」なる認識を持つのである。

資本主義の進展は、商品の移動を伴う。この商品の移動は文化の共有である。人は、生まれた土地の文化を離れることに躊躇を持たず、それどころか率先してこの新しい文化の巣へ移動する。生まれた土地にはこの文化が発生しないからである。

人の移動は、区切られた社会にとって見れば、その構成員の観念の変化であり、社会の変動である。と同時に、移動者の生産用具の変更であり、すなわち地域社会の生産様式の変更である。

実は多くの移動者の将来の事実認知は、それ以前に行為共同性を持っていた者たちの、過去から見れば将来の、言語伝達であり、あるいは現在の武力的優越であり、それらでしかない。こうして移民が生じ、武力蜂起による地域略奪が始まる。

支配者の賞賛と優越に起因する行為と、この人民の物質的文化共有が、先進国の過去の資本主義化状況と同様、後進国の資本主義化を形作る。

第2節　後進国の経済体制

国内経済に資本主義を採ろうが計画経済を採ろうが、当該国家の世界資本主義化の過程に変わりはない。

しかし、他方、世界資本主義がどんな「状態」になろうが、一国家の土台はその国の経済体制、すなわち国家内資本主義（ないし国家内計画経済）である。世界資本主義は、国内資本主義を通さずに当該各国民に影響を及ぼすことはない。土台が土台である所以は、人間の行為がその入手消費物に依存するところであって、世界資本主義という消費物資の入手経路はないからである。人間は、国内資本主義、正しく言うと国内資本家と、これを左右しうる国家支配者（あるいは他国の経済をも自国のために左右せんとする計画経済支配者）の選択によって、行為を制約される。

どんな未開発の国家であろうと、農業は収奪可能である。それを基礎に支配権力者は、何とか消費物資の入手を多くしようとする。しかしだからといって、農業地域を一般的に資本主義化できるわけではない。一般的には、せいぜい単純農作業の小作人を賃金労働化させるくらいである。

資本主義化がなしうるのは工業であり、実際、もう食うことに満足している支配権力者はその他の消費物資の入手のためにこれを試みる。こうして工業化が資本主義における歴史になるのであるが、ではその工業化が資本主義化を意味するかというとそれは資本主義の規定性しだいである。

これは支配者階級の消費物資の豊富さと、追随する中流階級の消費物資要求との重要性の差についての支配階級の揺らぎ＝恣意的決定である。「誰の利益を優先するか」ということである。この揺らぎは支配階級と中流階級との代替可能性にある。支配階級だけの社交・文化が（武力処理上）確定していれば、工業化は資本主義化を伴わない。

この岐路の内実は、工業化は、工業指導者の筋道が、利潤追求なのか、それ以外なのか、ということである。

いったい、利潤は、その利潤を得る生産物を入手する際の代替物と引き換えに入手するものである。すなわち、国外先進国家へ引き渡すのに、どれだけのメリットがあるかあるいはどれだけの犠牲を払うか、という問題である。

一方、もちろん国内においてそれは権力問題なのである。先進資本主義国家に拝跪しようとも支配者が儲けが必要とあれば、その支配者は後進資本主義国化を選ぶ。それにはその国家の第一次生産物の特性その他の先進資本主義国からみた「おいしい話」がそう存在するか、による。が一方、後進国支配者が先進資本主義国の後塵を拝するのに不満があれば、それは利潤ではなしに生産物勝負で生産するほかはない。国家による計画経済である。

1　原始的蓄積

資本主義成立に必須の資本家と労働者を生み出す過程が、原始的（本源的）蓄積である。資本論は資本原理論としては問題をはらむが、マルクスが行った現実に生じた歴史過程の分析は、その時点の知識の範囲で、歴史に忠実である。

労働者は「すべての生産手段と、旧来の封建的諸制度によって与えられていたすべての生存保証とを奪われた後に」彼ら自身の売り手となった。もちろん「賃金労働者とともに資本家を生み出す発展の出発点は、労働者の隷属だった。この進展は、この隷属の形態転換に、封建的搾取の資本主義的搾取への転化に、あった（注1）」。

成熟した資本主義に対して、「資本主義的生産の歴史的生成期においては、これとは異なる。興起しつつあるブルジョアジーは、労働賃金を「調節する」ために、すなわち利殖に好都合な枠の中に押えておくために、労働日を延長し労働者自身を標準的な依存度に維持するために、国家権力を必要とし、利用する。これがいわゆる本源的蓄積の一つの本質的要素なのである（注2）」。すなわち、「マルクスも言うように」資本家の育成も無産者の創出も支配者の手によらなければ達成できないのだ。しかし、それが達成できればよく、したがって論理的に、そのために封建制の崩壊が世界史的に必要なわけではない。

この過程は経済進展に必須である。ただ、どんな形態を取るかに規定性はない。賃金労働者にかかる原始的蓄積の趣旨は、従来農業の切り捨て（による支配者の金儲けあるいは財政再建）である。ここで支配者にとって地主は仲間なのであることから、貧農、小作人の切り捨てとなるのである。

原始的蓄積後に成り上がった富者の行動はといえば、貴族の行動様式、「封建的生活様式」の物まねである。この需要の下に、社会には商工業者が増えてゆく。商工業者は自分の労働の成果を、貴族や成金に売ることで自己の生活基盤が形作られるわけである。

後進国の進展は、原始的蓄積までの、支配権力者の構えまでは、理屈上、先進国と同一である。しかし、先進国においてはこの原始的蓄積を抑える他国権力者の要素がない。これに比して、後進国はそういうわけにはいかない。世界資本主義時代の国家間の経済状況の基底は、筆者のような社会学プロパーが指摘するまでもなく、先進国の過剰資本処理である。早い話が全世界的に商品が足りているのだから、いくら生産しても生産し続ければそのうち止めざるをえない。と同時にそれも低価格でなければならないから、止めない範囲内で低賃金なのである。人民だけでなく資本家の取り分にも限りがある。さらにその取り分も後進国では先進国の取り分の余りものである期間も長い。先進資本主義ほどに発展するわけには行かないのである。もちろん全世界的には資本主義の論理が貫徹しているのであるが、ある後進国一国に限っては、新たな傾向性の定立が必要なのだ。

たとえば、支配権力によった当初の仕掛けに引き続き、自主的な無産労働者が小工業地域へ広がるのは常である。賞賛と優越以外に、人間本来に共同体権力からの自由への希求があるからである。しかし、その受け皿は貧弱である。

それでも、原始的蓄積の過程というのは、むやみやたらな試行錯誤である。世界の理性は人間の行く先など考えない。ただ闇雲に無産者を発生させる。これは浮浪者と言ったほうが理解しやすいだろうが。しかし、ある時点で無産者の束の中に陶冶された労働者が出現する。これが、技術とともに存在したプロレタリアである。

後進国の中でも、陶冶された、すなわち近代的に疎外された労働者の輩出が、産業化のメルクマールである。そしていったん産業化した国家では、産業労働者こそがその国家の賞賛と優越の源泉となり、近代国家化が確定する。

他方、国家は支配権力者の武力テリトリーのことであるが、傭兵のごとき武装武力しか武力でない国家においては、その国家全体が近代国家となるわけではない。武力が労働者大衆の「肉体力」で覆われて初めて、国家はナショナルな国家となる。

（注１）Ｋ．マルクス、向坂逸郎訳『資本論（三）』岩波書店、１９６９。（pp.３４２‐３４３）
（注２）Ｋ．マルクス『資本論（三）』前掲書。（p.３７７）

（1）後進資本主義国と社会制度

日独のような後進「的」資本主義国家について、「独占資本主義」と規定すると、なぜ独占資本主義に封建制が残るのか、という話になる。これを一般化して、「帝国主義時代」にあっては、各国は封建的条件を残したまま帝国主義段階に入る、という論者もいたが（注）、そういう把握では残る問題が各国の政治・軍事的力関係になってしまう。いつの間にかマルクスの唯物論的把握が消えて、それぞれの話者の評論になってしまうわけである。評論には「民族主義」も出れば「ナショナリズム」も出ほうだいとなる。マルクス主義では見たことのない言葉である。いずれにしても、ここがマルクス主義の限界点である。もしも仮に理論的態度を貫こうとするのなら答えは一つ。逆さまにするしかない。つまり、支配者が、先進資本主義国に巻き込まれてしまったので、自己の生産関係が「封建的」であるにもかかわらず、資本主義を自己の生産関係としようとあがいている、あるいは適用しようとしているのである。そう把握して初めて、国家の意思決定の「説明」が人間に把握可能となるのである。

（注）江口朴郎『帝国主義と民族』東京大学出版会、１９５４。

（2）後進資本主義と近代労働者

多くのキリスト教的自由主義者は、人間の意志を強調する。意志の持ちようで人間は天国に進むのであるから、それは当然の発想である。この結果、必然的に人間の意志が歴史を決める。かくして近代労働者については、その意志が生ずるはずの人間労働力を問題にする。観念論議の典型ではあるが、とはいえ、それも一理はある。

奴隷や囚人以外の人間が工場に就くにあたっては、青空の下の畑でもなく牧場でもなく拘束された位置で、言いつけられた課業を持続的に行為しなければならない（注1）。それはどんな特性を持つ人間か？　通常、あきらめることができる人間、あきらめることになれている人間、そもそも労働が人間的だとは考えていない人間が、近代的工場労働の担い手となりうるのである。もちろんこれは意志の問題ではない。言わせてもらえば生理性、ないし、行為の原理・原則の問題である。もう一つ位相を下げれば、将来イメージの生理性への取り込み方の問題である。本来、資本主義的収奪ないし搾取は、人間の行為の全てに逆らう。しかし、動物は環境が自分に逆らうからといってふんぞり返るわけにはいけない。それでは生存できない。それを日本語で「我慢をする人間」という。

では、それはどんな規定性を帯びた人間か？　生まれたときから毎日、武力支配者によって労働を規制されている人間である（注2）。武力支配権力者の官僚、封建制下の小作人、封建制下の家族の婦女子、封建制下の非抑圧人民である。彼らの存在こそ、近代資本主義の礎なのである。それゆえにこそ、資本主義は封建制あるいは領主制を経た社会に発生するのである（注3）。

では、封建制あるいは領主制を通らない社会での工場労働者はどこから供給されるか。武力支配権力者の官僚と婦女子からである。しかし、数に限りがあるその供給源を使い切ったらどうするか。生産手段のない、あるいは収奪された、人民層が、いったんはカネを求めて労働者となる。この一時的労働者をどう陶冶しうるか、が、この国の資本家の課題となる（注4）。第2世代の、人間的労働を知らない都市労働者が生まれるまで、「そのままあやし続ける」ということもありうるだろう。「近代労働者」の成立に人間力は決定的であるが、それは一代限りの問題であり、何百年も以前のキリスト教や儒教の影響など、必要はゼロである。もっとも、封建制あるいは領主制で人民を抑圧するために、支配宗教は必須だったという、全く逆の社会現象であるため、宗教自体を歴史の側面から外すわけにも行かないわけだ。

（注1）詳細に述べれば、工場の門に入る一瞬前までに、まず、以下の行為認知を持っていなければならない。

1　自然の下で、自然と共に生きることへの志向がないこと。あるいは、それを1日間、あきらめ、そのあきらめを数ヶ月続けることができること。

2　気の知れた人間と労働したいという志向がないこと。あるいは、それを1日間、あきらめ、そのあきらめを数ヶ月続けることができること。

3　自分の思い通りに仕事をしたいという志向がないこと。あるいは、それを1日間、あきらめ、そのあきらめを数ヶ月続けることができること。

あといくつかは列挙しうるだろうが、この3点を代表して挙げる。

さて、上記3点をクリアできる人間とはどんな人間であろうか？　上記3点は、「いわゆる人間的な労働」と言い換えて文学的に呼ぶことには異論がほとんどないのではないか？　もちろん逆に「人間的労働とは何か」という問いを立てればいくらでも異論が出るであろうが、少なくとも文学的修辞としては何気なく読み飛ばせるであろう。つまり、上記3点及び煩瑣のためにネグレクトしたいくつかの点は、人間が本来行為したい労働なのである。

こうした主観的感想ではなく主観を規定する客観状態を、注意を喚起するために「人間的労働」を端的に述べれば、生物学的に言って、生産手段を持っている、あるいは支配社会下の用語で言えば「占有している」、あるいは潜在的に占有している、そういう状況下の人間のことなのである。ヒトは自然の中で自分の手と足、自分の体を使って、仲間と共に、自分の意思で生きていくことができれば、人生を全うしうるように生存している。たまたまろくでなしの仲間や性的パートナーによってこの生存状態は危機に陥るが、この危機を彼や彼女の努力によって仮に乗り越えられれば、人生は全うしうるのである。

この状態が人間の労働なのである。ただし、1点目については、「ビル内でも自然だ」という場合もありうる。先進国の「我が家」がコンクリートの箱で、本人は毎日それで安らぐ先進国民もいるだろう、が、要するに、自分がアットホームな環境が「自然」の用語の意であり、本件では後進国民の家庭的日常環境を指す。

生産手段とは狩りや農耕への行動可能性のみを指すわけではない。誰かとコミュニケーションを取りさえすれば今日も明日も生きていける状態がヒトの生存にはある。こうした状況下の彼ないし彼女は、生産手段を持っていないようにはたからは見えても、実は潜在的に持っているのである。

（注2） こうした人間的規定性はウェーバー的、あるいは大塚久雄ばりの人間類型ではない。ある行為の分かれ目を焦点として、そこでの分岐の種類を分類することは、当然、その焦点での行為群＝人間群の将来の推定として、その行為者の環境の見通しとして、意義がある。ただし、それとウェーバー的＝理念型的分類とは異なる。

焦点の分類では、焦点の設定こそ研究視座という任意の作業であるが、それから先の分類は、理論的にあるいは経験的に確定された、研究者の如何によらない事項である。他方、理念型とは、その分類モデルのトータルが、研究者の任意によっている手法である。したがってもちろん、その分類の結果を行為者が使うことには何の根拠もない。というよりは、行為者に使われることは金輪際ないだろう。

（注3） 工業化前の東南アジア農村の非封建的性格については左記。
矢野暢編著『東南アジア学への招待』（特に上）、日本放送出版協会、1983。

20世紀末、アフリカ労働者がおしなべて「資本主義的勤勉」さがない点について、左記。

勝俣誠『現代アフリカ入門』岩波書店、1991。

（注4） 問題は労働力の陶冶、すなわち高島善哉が分類した「精神的生産力」のことである。高島善哉の半生をかけた思いにもかかわらず、パーソナリティ、性格、国民性と呼ばれる現象に反映する個人内特性、その他個人の精神内部の選択傾向につながる特徴は、社会科学には関知しない。関知しないがゆえに普遍的因果連関の社会科学が生まれうるのである。

もちろん国民性と呼ばれる現象、その他の集合性が同様の傾向を抱えていると見える性格的現象は、現象として社会科学の対象となりうるだろう、どんな意義があるかは別として。

あるいは性格的現象はそのままでも文芸評論の要素にはなる、こちらの意義は推測しうる。それは読者をわかった気にさせ、読者の感情を豊かにするだろう。文芸の価値はそもそも読者の感情の問題であるから、そこに意義もあろう。

しかし、そうした性格的現象は個人内から発する問題ではありえない。そもそもが社会科学とは、そうした個人内の差を無視しうるルートを使って、定式や立言をも作るのである。したがって、結果として、個人内の性格、パーソナリティが、彼が住むモンスーンなり砂漠なり牧場なりの地理的条件、気候的条件から導き出されるとしても、それは個人の問題ではなく、その地域の地理的気候的条件に基づく生産条件として問題とされ、その生産条件下という行為環境条件と彼を取り巻く他者の抱える関係条件として、個人行為者の行為環境の事実認知に使用されるのである。

高島善哉については『時代に挑む社会科学』岩波書店、１９８６。あるいは和辻哲郎の『風土』岩波書店、１９７９。

(3) 市民社会の成立

このように、資本主義化なり中央計画経済化には、人民の人間力が必要なのだが、しかし、その他にも規定性がある。第1に、国家的統一である。その社会で国家的統一がなされており、その社会が世界の資本主義経済に巻き込まれていれば、あとは何の問題もない。「隈の原理論」の示すとおりである。

このために順序が逆になるが、第2に、国家的統一を果たすまでの経過が問題である。

1　ナショナリズムによる権力者による国家統一への賞賛と優越の存在
2　人民支配の方法を心得、支配規範にまだ引っかかっている「支配層の中の没落層」による、被支配人民が持つべきイデオロギー的賞賛設定
3　現実の闘争兵士の存在による武力の存在

これらの要因が、植民地の自由を第一歩の階梯として築きあげる。それは第一歩ではあるが、巨大な一歩である。それが「市民社会の成立」である。その意味するところは、当該国家の中で被支配人民が、それぞれの利害によって、中にはただの権力志向によって、ともかくも権力を握らんとする勢力の拡大であり、また、武力勢力の正統的賞賛の喪失による支配権力の武力性の喪失である。

なおかつ、本件は全ての後進国ブルジョア革命にも該当する。もちろん、来たる後進国社会主義革命にも該当する。

(4) 私的所有

ここで、市民社会論者が気軽に使う「私的所有」について、一言言っておこう。

既に述べたように、私的所有は、資本家の私的所有を擁護せんがために国家支配者が商業者に付与した権能である。それは「個人所有」論者の明るい論議にもかかわらず、生産者の私的占有を強奪して自己の私的占有とした資本家、あるいは将来の資本家の所業が現に活動していることであり、この過程が裏で国家支配者に保証されつつ、現実が動いていく(注)。そして現実の行為論上の過程

が、いわゆる労働力の商品化、すなわち、資本家も労働者も、自己の意思を商品経済にゆだねなければ餓死する、という現実である。同じく、この過程が、人間を共同体から無縁の個人主義者に変えるのである。

正しく言えば、この個人が個人で生きていかなければならない過程を、資本家という中間権力者も対抗権力者も辿らざるをえない、この現実、これが資本主義国家であり、この国家で商品経済に従事している者たちが作る社会が資本主義社会なのである。マルクス主義者は資本家は中間権力者ではないと言うであろうが、『資本論』を読んだのであろうか。およそ、自由に恣意が発揮できるのが権力者なのである。マルクスが言うように、資本家は資本の論理の奴隷なのだ。では自由なのは？　国家支配者である。

（注）　注記するまでもないが、「個人所有（個体的所有）」の議論については、たとえば平田清明『市民社会と社会主義』岩波書店、１９６９。

2　後進国支配権力者の恣意と経済

（1）経済体制

ある地域を国家と宣言するのはその地域の支配権力者の権利であるから、それは自由である。しかし、できたという国家はそれなりの規定性を抱えるのも当然である。すなわち実体のない「国家」について、国家の人民のトータルな行為共同性の欠如である。

トータルな国家は、日常の武力を必要としない。しかし、部分性の国家は武力を必要とするとともに、国家支配の日常を他の武力勢力に武力で脅かされる。権力者の並立が存する地域帯では、武力による統一がなされない。調整的な統一となる。この場合は支配体制は資本主義が引き継ぐ。

他方、強力な武力による他勢力の抑圧が生じた場合は、恣意的な権力運営が可能である。

ここにおいて支配権力者は2通りの政策を取れる。

第1に、収奪的計画経済。

支配権力者は、宣言地域のすべての人民の労働の果実を集約することで、一国の統合を、果たせる。この場合、全人民は「相互扶助」的であり、人民は支配権力者に対し、自己の分け前を要求する心的基礎を持つ。この場合は、すでに資本主義的、あるいは封建王国的統合がなされている場合が典型ではある。そもそもその事態を前提とした国家変容であり、これを分裂させることはできない。当該国家は抑圧的ではあるが、他方、民衆的である。この国家の肉体力は民衆によって確保されている。民衆の肉体力の集約によって人民抑圧が結果されるのである。仮に国内に優勢な武力が存するとすれば、その事態は、当該国家の人民の肉体力なのである。あるいは言い換えれば、そのほかに優勢な武力に対抗しうる武力は、その源泉がないのだから存在するはずがないのである。

第2に、家父長的扶養経済。

支配権力者は、自己の獲得する消費物資について、自己が制限的に決めた人民に対し、制限的にその分け前を与えることができる。それを計画的に、すなわち国家官僚のみの手で行うか、企業者の行動からの収奪で行うかは社会への差をもたらさない。企業者のみの手では国家に反逆できないからである。これはただの口先だけの宣言について、国家を作った従来の上流功労者について、富裕な階層を構成し、懐柔の必要性に応じて、人民に残りを渡す方策である。支配権力者の買収資源である「豊富な収入」は、実は生産物的根拠の薄い限られたものなので、そもそも、国家的な統合はできない。そのまんまだが、鉱物資源国のことである。この国家は「福祉的」であれ、民衆的ではない。当該国家の多くの人民は国家と無関係に生活し、国家庇護下の人民の意思は国家に反映されない。ここで優勢な武力は、ある勢力を源泉とする限定的な地域管理力しかない武力であり、他の国家とかかわらない領域には武力の源泉がいくつも存するはずである。統一的武力による経済体制にありうる支配者が直面する自己への拘束性は、権力組織内の抗争と、不確かに揺動する賞賛と優越を運ぶイデオロギー状態である。この場合、権力が安定するにつれ、権力者の権力は独裁化する。権力組織の賞賛が広がり、自己の目標が権力の増大のみになるからである。

(2) 支配政権の統合性

先進諸国の只中において、後進国の成立時は社会主義（計画経済）が多いといえようが、それは社会主義の勝利だ、とかいう意味を持つものではない。単に資本主義的消費物資供給世界体制の必然のうちの選択肢の一だ、ということである。

ここで国家成立の必要条件は、剰余物資を集める武力の存在と、その武力の勢力範囲内での剰余物資の存在である。それが「国家」ではなく「支配者」の要件だからである。しかしこの要件には、支配者の「大きさ」を決める条件はない。支配者の勢力範囲の統合には、武力機構上の統合か、あるいは経済システム上の統合が必要である。

植民地支配を経て独立運動を起こした地域であれば、存在した「統合性」はそこそこの「国家」を作りうる。近代国家の下部機構を受け持たされるからである（ただし、宗主国による撤退時の破壊はある。ギニアのフランスによる破壊等）。しかし、生産指導層が一部の生産果実で満足する体系を持って資本主義によって設定せられた従属国家は、それ以上のシステム的統合契機を持たず、分断的な国家中央を構成するしかない。

(3) 新興国家の政治的外観

工業体制の実体のない後進資本主義国においては、支配者は、資本家からではなく、その他の消費物資供給者から消費物資を得ればいい。そこで支配者は、まるまると国家権力を使える体制、すなわち国家中央集権計画経済に近似的同値の国家経済体制を取る。

ここで、政治的外観においては、ある独立「革命」国家が国家経済体制ではないということは、それ自体、植民宗主国の傀儡政権であるということである。傀儡は悪口のようであるが、これを自主政権と言っても実はどれほども違いはしない。違っていたら、どこから消費物資を得るだろうか？「傀儡」かどうかは主観であって、消費物資から遠のけられた、直轄支配層以外の支配層・庶民からそう見える、というだけの同じ政権である。仮に違いがあるとすれば、「選良の国家」と「民主的国家」の違いであり、エリート層で作られただけの資本主義国家では、その後の産業社会の行く末に、末端の人民の生活を顧慮しないことに発する圧倒的な悲惨さがある、という違いだけだ。

資本主義的経済に囲まれた、生産力に乏しい計画経済の場合、支配階級の生理性の確保は、生産力の増強という人民大衆による剰余分の生理性の確保である。この事情が支配者をして「社会主義」の美辞麗句を捨てさせない理由でもある。

他方、支配者の本質は権力行使による生理性の確保であると同時に、賞賛と優越の確保である。少なくとも世界資本主義における、自己と較べ得べき他国の支配者が得ている諸状況は、計画経済国家においても自己が入手すべき状況である。彼にとって「膨張主義」は彼の人民の権利であり、「大国主義」は彼自身の当然の権利である。

3　市場経済体制

後進国であって、その地域全体が一国の行為共同性が存する場合には、先進技術等の取入れで先進国の隙間を縫って発展しようとする。

他方、後進国であって、その自称領域がただのバラバラな地域である場合には、まず一国を作成する必要がある。これは資本主義がただの商人たちの取引場などではなく、国家の経済であることに起因する。

（1）未開後進国の資本主義化

資本主義国家に狙われた未開後進国においては、支配者がこの資本主義という経済様式に目をつける。正しく言えば、この様式から揚がってくる上納物に目をつける。当初においてはそれは資本主義先進国支配者への憧れであったろうが、すぐに自己の被賞賛行為目的は変わる。「自らこの巨大な富の王となろう」。資本主義的支配様式の支配者の誕生である。彼は自己の被支配人民の上層に対して「資本家になれ」と命ずる。上層被支配人民は喜んでこの役を引き受ける。彼は先進資本主義国の名代たる貿易人の言うがままに、自国の人民を働かせその上前をはねつつ、先進資本主義国にとっての下請け零細企業主の任を全うする。

これは見てきたようなただの可視的な過程であるが、不可視の支配システムが未分明の未開後進国では、その未開さに応じてわざわざ不可視の過程を解明する必要もない。

とはいえ、必要条件がある。

本件の前提条件は、先進資本主義国の豊富な消費物資であり、その貿易の安全を支える後進国家支配者の存在、あるいはその国家たる統合性の存在である。本来外見上普遍的にありうる消費物資の交換は、この背景の下に、「対国内的な」侵略の魔の手となるのである。第1に、その時点で、国内対応地域の代表者に闘争手段があるか。ついで第2に、これがあるときに、これに隣する地域に、先進国と裏切り部族である後進国家支配者とに対抗しうる力があるか。いずれにせよ、誰かが植民地支配者の地位を得た上で、巻き込まれるしかない。小企業であれ資本家は資本家であるのと同様、植民地の草屋根の下の企業家であれ、資本家は資本家なのである。

20世紀後半、アフリカ人の手による宗主国の「告発」が進んだ。しかし、告発が示しているものは、都合のよい内部過程にすぎない。その後進国家が「主権国家」である限りにおいて、本当に存在したものは、理論上、宗主国と植民地の双方の支配者たちの双方とも同じ意味しか持たない、つまり双方が納得する経済過程なのである。

(2) 後進国と諸国家

後発国は従属国ではない。確かに産業構造を規定されてはいるが、それは全ての資本主義国において同じことである。趣味で先進国・中進国・後進国の「どこが権力が一番強く、どこが2位」云々とピラミッドを決めることはできるが、そんなピラミッドには茶飲み話以外の意味はない。後発国は被差別国ではなく、後発国の主体性として、どんな国でもそれぞれに持つ経済的諸条件の中で、独自に資本主義を発展させることができる。もっとも先進国に追いつけるかどうかはその他の諸規定性によるが。

ともかく、いまここで注意すべき点は、先進国の経済体制にかかわらず、後発国は資本主義的生産を進ませうる。という点である。その限界は、先進国の労働が持つ生産力に相当する地点まである。そこから先に行けるものなら、先進国は先に行っているからである。

この後発国の資本主義の規定性は、第1に、農業生産を抱えることが多いこと、第2に、矛盾を押し付けるべきそれ以下の未開国に欠けること、である。このため、後発国には先進国を上回る速さで矛盾が押し寄せる。

他方、世界資本主義の偏頗な発展は、多くの場合後発国に当初から欠如していた国家的統一性を補う契機を持たない。かくて、その行為共同性上の矛盾はいっそう強まる。もっとも、それ以前に矛盾は溜まる前にそこここで破裂し、「内戦」状態を発生し得、この場合、資本主義の発展さえ阻害される。

後進国との貿易は、先進国に対し、その内部の階層の分断の停滞と階層そのものの意義の低下を引き起こす。端的に言えば、世界資本主義内における上位階層化である。

ひるがえって、後進国においては、経済上の隘路に相対する、支配者と解放人民の分断が継続する。支配者的行為共同性上で上昇したい支配者と支配者になれないばかりか、資本主義的上昇も望めない被支配者層。この2者の間で決して一になれない共同性。後進国の根幹はここであり、一になれない箇所では支配システムが消えることはないばかりか、武力が背後に隠れることもない。つまり国民民主主義には到達できない。後進国被支配者にとって、ここでも資本主義は脱がれなければならないのである。

(3) 商業と後進国人民

商業と産業資本主義との違いは、産業資本主義における拘束性である。

商業は、資本主義の拡大再生産の仕組みがないところでこれに携わる者にとって、自由である。物が売れれば自分が儲かる。もちろん、売れなければ苦しむ自由もある。共同体内で共同体権力に押さえつけられてきた後進国住民の生業も、まずは商業である。彼はそこで自由である。

産業資本主義はそうではない。たしかに資本家が目を輝かせるのは、物が売れて儲かる、というその商業的自由である。しかし、他方、労働者の賃金を最低にしなければならない、という拘束性。売値を1円でも安くしなければならない儲けは次の生産に当てなければならない拘束性が、自由の前に立ちはだかる。およそ、資本家などいらないかのような拘束性である。実際、資本家の役目はロボットでもよい。

商人そのものは拘束的ではない。商人は人間であり、買い手とのやり取りを楽しみ、自分の思うように値を高く吊り上げて売ればいい。儲けは一日で飲んでしまおうが壷に貯め込もうが、彼の自由である。かくて、後進国では後進人民も商業に率先して従事する(注)。

しかし、彼らが資本家になるためには、国内でカネの介在を必然化するため、複数の必需品を生産しなければならない。資本家が自前でカネを作るには、必需品を手軽に生産して、これを全人民に売ることにより支配者の代わりに労働者人民から金を受け取らなければならない。もっとも受け取るのではなく、搾取ないし収奪するわけだが。

先進国からの彼らにとっての奢侈品が、自国内の生産により、労働者の買い戻し対象となること、すなわち必需品化しなければならないのである。この条件をクリアできる後進国のみが「離陸」する。

(注) 私的所有が権力によって確定されていない社会にあっては、商業は取引先との間の偶然の累積である。権力の裏づけのない商業倫理は、倫理として確立されない。その偶然さを商業者は受け入れ、日常としなければならない。

小川さやかが２００１年、２年間のタンザニアの零細商業についてその博士論文で自身の混乱を表明しているが、物事はシンプルである。その混乱状況こそが「自由な」商業なのである。
小川さやか『都市を生きぬくための狡知』世界思想社、２０１１。

第3節　後進国家の階級状況

1　支配階級の武力機構

人々のいう国家意思は、もちろん権力者が決定するものである。しかし、先進資本主義社会においては、権力者の意思決定権力は、人民をして権力者の志向にフィットするように人民の賞賛と優越を機構させる。すなわち先進資本主義社会においての武力は態勢の保全にのみ機能するがごとき様態を保つのであり、通常の武力的機能は、あたかも人民の意思であるかのように機構するのである。人民の意思、すなわち、人民の価値観、すなわち、賞賛と優越である。人民はその生活を体制に握られており、政治的賞賛と優越は支配者が持つ賞賛と優越と向かう方向は同一になる。

この基礎たる権力者の権力が有効に働かない場合、あたかもこれを補完するかのように人民の賞賛と優越が権力者を後押しするように機構する。支配権力は「私の賞賛と優越」を形成する。これが十全に働かなければ「私の不利益」である。人民の賞賛と優越は権力者のそれと向かう方向は一緒なのである。

この機構が機能するのは対国家の関係である。人民は、自己の意思において、自己の他国に対する賞賛と優越を保全しなければならない。

逆に言えば、支配権力者が他国に対して自己の賞賛と優越を保つには、自己の武力を増強させる意思決定と、武力行使を実施するほかはないが、この決定は外見上、議会の多数を通す必要がある、これはもちろん通るのであるが、これを通す根拠が、外見上、人民の意思なのである。

もちろんそれは、そう見えるだけである。そのために支配権力者は、全てのプロパガンダとこれを表現として基礎付ける運動権力の開陳を行う。哀しい被支配者人民の性はみすぼらしい権力にそそのかされ、この権力を盛り立てるように動くのである。もちろんこれが「ナショナリズム」である。ナショナリズムは自国について諸国家の権力との相関においてその劣等が見込まれるとき、普遍的に生ずる。

しかしこの事情は、後進国においては多少異なる。

商品経済の不十分な国家への席巻は、国家に常態としての支配のための武力行使を残し、その支持においても対抗においても、人々の肉体力がこれを司る。それは、商品経済が国内を席巻しない限り、いくら支配者が過去の支配の伝統を持ちだしても同じである。武力の総力は、伝統で決まるのではない。それは人民の生理的事情で決まる。すべてが人民の事情で決まるのである。人民の生理性を誰が決めているのか。これが自然なり神なりならば支配者にとってよいが、これが支配者の恣意によっていることがばれれば、その恣意から外れた肉体力は反乱する。ところで、領主制権力の時期には人民のことを考える必要のなかった後進国総国王も、資本主義の中でぬくぬくとふんぞり返っているうちに、人民は個別行為主体へと変わっていくのである。無産労働者に限らず、無産兵士や有産領域権力である。

この反乱しうる肉体力の総体は、支配者にとって自己の武力を超えるか超えないかの自己の認識で決まる。もちろん、支配者の武力も同じ人民が担っているのだから、明日には支配者の認識は変わりうるし、それと前後して当人や当人の仲間の認識も変わりうる。

問題は、変わるような羽目に陥る要因の不安定さは、誰が何と言おうが革命的状況だ、ということである。革命的状況？　そう、歴史の事象としてはロシア革命である。

2　被支配者の武力行使

醸成された行為共同性により「民主的な支配」に特徴付けられる先進国の国民資本主義は、しかし、国外に対しては、自国の国内状況を土台としつつ、資本主義の生まれる前の素性のまま武力性を行使し続ける。

「資本主義の植民地的侵略とは、商品経済の侵略である」という言い方も、重要ではあるが一面のみの真理である。植民地的侵略とは、昔から、現地人民への支配強制の導入であり、現在においても、その最前線においてはそうである。それが帝国主義国自らの手によるか、その侵略に沿った「自国民」の手によるかは別として。現地人民がこの行為の対象から抜けるには、その生産共同体を抜け、新たな生理性の確保手段を自己のものとするか、あるいは、その生産共同体自身が別個の生理性の確保手段を入手するか、のいずれしかない。人間は消費生活を続けなければ何日かで死ぬという、当然な事情の論理的帰結である。たとえば焼畑地域の確保生活から、都会の行商人への行為システムからの脱却。あるいは、部落ごと麦の生産・売却生活へ、ということである。あくまで「たとえば」だが(注1)。

しかし、もう一つの道もある。個人による緊急避難的収奪活動である。他人のモノを取る、ないし他人のモノを取る侵略勢力に加担する、あるいはその侵略勢力から消費物資を取る、という行為である(注2)。一般に、採取的生産関係においては、それまで暮らしてきた生産関係を壊され生理性の危機に陥ったときには、他の共同体からの消費物資の直接的採取、要するに奪取の方法が取られるだろう。他に方法はない、というわけである。この際にそれを止めようとする他の共同体成員は殺害するしかない。

こうした行為規範の存在する社会において生じた先進国からの侵略の結果は、同様に具体的人間の殺害手段を取る。それ以外にどうしろというのか？　というわけである。それは当該被侵略地域住民には責任のないことである。

(注1)　この例示は、たとえば、芝生瑞和『アンゴラ解放戦争』岩波書店、1976。

(注2)　この武力行使のために存在しうる団体は、常に、大きいものではない。周囲からの生産物供給の中で存在しうる規模でなければいけないからである。それゆえにその本体としてはそれ自身の生理性的消費物資の規定性を持つわけではない。ただ、武力勢力の消費物資は彼らを取り巻く者たちで決まる。

この「彼ら」と「取り巻く者」の2者の切り分けは、単に外部の人間の感想への注釈である。実際にテロを行う集団の成員が小生産自営者だからといって、その武力勢力が小生産者に源泉を持つとはいえない、ということである。テロリストは固有の、あるいは個人有の、賞賛と優越によってテロを行う。武力とは、それが兵士であれ闘士であれ警察権力であれ、本来的に賞賛と優越に組するものなのだ。この賞賛と優越は武力行使者の周囲に存し、すなわち武力行使者の行為の共同性に存し、武力行使者の生理性が行為の条件となるのは、それが脅かされるときにのみ、賞賛と優越に反する方向に寄与することが生ずる。

といっても、武力集団は、もちろん、彼らの消費物資を必須とするが、それは先進諸国であれば彼らの生業に帰する日常平穏な事項である。わざわざ武力行使のための賞賛も優越も不要である。したがって、武力行使には顔をしかめる。しかし、後進国においては、生業の喪失により消費物資のためにもテロを行わざるを得ない。それは十分な賞賛と優越を持っていたときにさえ、現象上、そうせざるを得ない。人間は日々生きなければならないからである。もちろんこの叙述も、ただ単に外部の人間の感想への注釈である。

3　後進国における行為共同性の基調

（1）生産共同体での行為

ある社会の行為共同性を左右するものは、複数の行為者の未来の同一性であるが、同一かどうかの正否は、行為における生理的条件の要因によって決定される。

まず、資本主義以前の生産共同体あるいは侵略以前の共同体においては、行為の選択は、衝動的なそれを除けば、生理性・賞賛・優越の総体を供給するものへの帰依を第1順位とする。すなわち、生産共同体への帰依である。ここでは生理性を左右する武力も、肉体的武力として生産共同体にある。生産共同体的権力である(注1)。

他方、後進資本主義社会における行為共同性は、生理性総体が、先進国と同様に、生産共同体の代わりに支配権力に置き換えられていることである。支配権力者は所有権として資本家に権力を渡し、これにより被支配者が資本主義社会において彼らの行為共同性を行為選択の第1順位にしようと認識することは出来ない。被支配者の生理性はあくまで資本家に握られており、場合によっては労働者の志向は資本家のそれとほとんど同化している(注2)。現実の中では被支配者は資本家と同じことはできないので「ほとんど」だが。

(注1) マルクス主義、少なくとも日本でいう公式的マルクス主義ないしその同伴者の理論では、「原始共同体」などと言って突然「共同体」なるものが歴史叙述に出現するのであるが、現実がそうである理由はない。当初において、個人とその家族、係累が力を出し合う集合体があり、それに加えてそこに消費物資の略奪をめぐる攻防により、武力組織が出て、初めて個人が脱出できない原始共同体が生ずるのでなければならない。そこから先は、武力支配が牛耳る社会となるのだ。したがってもちろん、いわゆる未開後進地域の消費物資の常時採取可能な一部においては、いまだに共同体としての拘束性は生まれていなかった、ところもある、はずだ。隣と隣で助け合う人々、それを「体」と言うのは、単に、日本農村共同体の地主文化の志向ないし嗜好に過ぎない。助け合う人々は単に個人間または家族間

の関係である。あるいはせいぜい、或る場合に協働を行う規定性を持った共同「性」である。

（注２） たとえばＪ．リード、野田隆他訳『反乱するメキシコ』筑摩書房、１９８２。

（２）中下層民の存在意義の進展

そもそも植民地等の未成熟な国家の支配階級にとって、自己以下の階級は、武力の足しにいつか使える人間という意味しかない。他国との交渉は自分本位の出来事である。同様に、他国の上層階級にとっても植民地の下位階級は、異社会の持つ小さな武力の一つでしかない。これが弱い間は、何の意味も持たない。何を言っているのかといえば、下位階級による国際的闘争の可能性である。異社会の中下層にとっては、まず自国の権力を入手しなければ、国際的な闘争はできない。さらに、異社会の中下層は、行為共同性を他の上層とは持たない間に他国へ影響を及ぼしたい場合には、行為共同性のある自国社会の上層を経由して影響を及ぼすしかないのである。

とはいえ、国家の作成あるいは資本主義導入を目指す支配権力は、歴史の進展とともに、彼らの権力行使の度に新たな行為共同性要因を中下層人民に与えてゆく。武力権力による「国民」の間の区別、あるいは差別であり、その差別に対抗すべく生ずる、共同体権力の武装武力化の結果的推進である。

（３）後進国における民主主義

作成された国家とは当該支配者のことであり、また当該支配システムのことであるが、それにとどまらず、いったん成立した後は、「国民」を拡充しつつ推移する。すなわち国家構成員の行為共同性が、多かれ少なかれ生ずるのである。「本来の」国民については、同じ上層支配者たる行為共同性であり、下層人民にとっては、国家システムの認識による「国家意識」である。

他方、支配者は、彼の賞賛と優越をそれ以前の自分の支配者である宗主国から得ているため、資本主義的「民主」システムも設定しようとする。

すなわち資本主義を受け入れた国家は、選挙制度を通して下層人民の要望も実現ないし適応させようとする。この努力は同時に、民衆との賞賛の同質化である。支配者が享受してきた支配者社交界の賞賛と優越は、民衆と上からも下からも一致していく。

帝国主義は下層人民の不満を行為共同性を通して実現せんとする。これは内実として「民主主義」である。

本章は、可視的知識あるいは現象について、その本質的規定性を叙述するものであり、規定性の手前の諸知識について云々する場ではない。たとえば参考に挙げた「開発経済学」のそれぞれの著者の論理と本書の基盤である行為理論とは、そもそも乖離あるいは齟齬があるが、ここでの参考性は、それらの著作が持つ公約数的な通説的知識についてのみ、参考にした、というほどの意味である。

第2部

支配システムの終焉への社会過程

さて、われわれは既に資本主義の腐朽過程の一般論については論述済みである（注）。この腐朽過程、その根拠は資本主義の消費物生産の無政府性にあるのであり、その無政府性の腐朽への転化が、マルクスの想定とは異なり、フランス社会主義や若きエンゲルスの考えどおり、競争を要因として起こることは第3章で述べた。

第5、第6章では、その腐朽過程の存在によりなぜ資本主義が崩壊しなければならないか、を述べ、さらに、なぜその歴史的時点が、人間の有史以来の支配社会の終焉となるのかを述べる。

ただし、歴史には間奏曲が入る。ヒマであれば間奏曲を楽しむのもいいが、人はその前に各楽章のテーマの存在を知らなければならない。

というよりも、資本主義経済学者が、「ほらみたことか、資本主義は崩壊などしない」と言うのはかまわないが、今の世では、マルクス主義者は言うに及ばずマルクス経済学者さえ「それはそうだ」などと言いだす。もちろん学者は時流に乗らなければ生計が成り立たないので当然ではあるが、世の中、当然であってはいけない場面もある。

間奏曲とは、現に存在するイデオローグがしゃべり続ける、資本主義が存在し続けるその理由のことである。進展し続ける後進国の存在、帝国主義から言えば開発。帝国主義間の競争と妥協。これに自然災害や伝染病というティンパニーも入る。もちろんその中には、国家構成員と認知された層の人々の生理的条件の確保の必要を通して、国家による経済把握、国家による人民所得の操作という事態が挿入されるかもしれない。たとえばパンデミックである。この支配権力者の対応は、国家あるいは権力支配者に備わる自己保全のための必須行動であることは、逐次述べてきたその内容通りである。

こうした支配行為により資本主義の経済システムは、国家を揺るがす出来事に応じて変容されはするだろう。しかし、いかに小手先の方法を変えようと、資本家が競争して労働者に利潤を生ませ、労働者がその生存のために、生存のための賃金を得ざるを得ない枠組みがある限り、現象形態がどう違おうと結果は同一である。

この間奏曲のテーマは、国民国家と商売人である。

国民国家において武力を原則的に行使しない支配者の下で、資本家は競争による自己の没落をその他の資本家との協同を通じて乗り越えようとする。これはお互い様であるが、危険なゲームを行うわけではある。しかし、これがうまくゆけば大企業は、国家を超えて浮沈しながらも世界全体としては存続しうる。これを受けて支配者も、決定的な瞬間までは、「商売人」の真似をするしかない。ただ幸か不幸か、この演奏には指揮者がいない。それゆえ楽団員がケンカするか観客が怒り出すか、が、間奏曲終結のタクトとなる。

（注）隈栄二郎『歴史としての支配』合同フォレスト、２０１５。

第5章

操作可能な支配システムへの移行

初めに行われるのは資本主義から離脱する革命である。何かを目指した革命ではない。これが歴史的法則の重要な規定性なのである。自由に将来が決められたらそれは資本主義ではない。やむにやまれぬ進展が、歴史の規定性なのである。

ここで問題が、第1に、人々の資本主義否定の動機が運んでいく体制の性格であり、第2に、この体制の性格がもたらす、次の体制である「真の」共産主義体制への変更可能性である。もちろんこれは、不可視の過程である。この過程が可視化されるのは、階級と変革主体の動きによる。

ここでの最大のポイントは、歴史を変革する者は運動のエイジェントであっても、歴史の変革を享受するのは、少数の斃れた者たちの残り、数は知らないが最大限ありうる生きている人間たちだ、ということである。人間は明日生きていかなければならない。変革で死んでいった人間が何を言おうと、最大限多くの構成員数を持って生きている人間の部位が、明日も生きていけるように、歴史は変わるのである。これは逆ではないのだ。それは、支配者は最大限多くの人民に生かされているからである。この過程は、支配者が認識し、いやいやながら日々苦労して確保している現実の可視的な過程なのである。

第1節　階級の表出

消費物資の生産が行き詰まり人民の不満が高まったとき、支配権力者にシステム上でかけられた使命は何か。それは、せっかく人々が歴史的に増大させてきた生産力を壊す資本主義から脱却し、その生産力を十全に増大させてゆくことである。これは資本家の存在をそのままには行えない使命である。したがって、その現象的実行者は、資本家を利する者たちではなく、資本主義を壊す者たちとなる。

ここで、次期支配権力者が意識する「自由」は、働けば入手されるはずの消費物資の存在であり、ひいては国家構成員が働くことそのものである。その方途は、すでに明らかにされている資本家的所有制度の破棄・制限、つまり労働の蓄積の人民への解放であり、つまりは資本家的所有者である経営者、株式所有者の自由の制限である。すなわち、解任、ないし株式の強制的償還である。

述べたように、支配は、支配者が彼の下に連なる少数の地位の人間を支配することで成立する。支配の柱はこの武力を伴った支配階梯と、被支配人民の生活手段の選択肢のなさとの二つにある。ここで、資本主義当初、旧来の支配階梯の下部を受け持つ領主的勢力は、支配者と共に消費物資の質量に屈し、初期資本家層級へその権力の一部として、「私的所有権」を与えた。これにより初期資本家層は、領主階級に代わり支配階梯の下部を構成することとなった。

この重要な時期の存在の後、資本主義は最後のときを迎える。その一つの指標が　資本家層と、労働者その他の貧困な被支配人民層との2分化である。これにより、武力を所持しない資本家に代わり、いったん埋設された支配者の武力はまた日の目をみることになる。一方での、窮乏へ落とし込められた労働者への弾圧と、他方で、これ以上負担をかけられない自国労働者の代わりの他国家人民への収奪負担の転嫁、そしてそのための脅しである。

この資本主義の崩壊は、すなわち支配階梯の崩壊であり、次に来る支配者は、未定ないしこの崩壊闘争の勝利者である。ところで、資本主義の崩壊は支配システムに権力を戻すものであり、この歴史的段階における社会維持に、従来の武力行使の統括力を失った支配者が堪えられることはない。資本主義社会の統括力は、資本主義の生産関係を源とするようになってしまっている。かくて、生産力を保持しなければならないこの場合、支配階梯を構成する者は、産業組織の統括者か官僚となる。といっても両者とも、これを動かすものは国家権力そのものでしかない。かくて、これまでの支配階梯は消え、国家権力の支配システムのみが、その権力の源泉である被支配階級を背景に、問題となるのである。

1　階級性と階級構成員

(1)　階級と階級性

階級は、行為論の次元では、階級構成員が持つ階級性として現れる。階級性は、行為者にとっては、気づかない自分の属性の一である(にすぎない)。たとえば資本家において、経営者層や社員労働者は自分にとって敵対的ではあっても同一社交上の仲間であるし、支配権力者層も自分と同じ志向を持つはずのものである、にすぎない。彼らは自分が資本家階級として会社の利潤を高めるためにのみ存在価値があると感ずることは、ほとんどない。

このポイントは、現状で資本家階級者が得られるものは、生理的条件と仲間的行為共同性、そして組織上の優越に限られる、ということである。「人間、それで全部で、よいではないか」といえばそうではない。

資本家階級者にとって、第1に、資本主義の特性と、与えられた組織上の権力（しかないこと）とによる行為共同性は、自己を含めた「国民」全体としての行為共同性をもたらし、これは資本家的「階級性」に反逆する。第2に、相互競争による生理的条件の揺らぎは、自己の根底的な行為の自由を、常に自己に問い直す。これが全体的権力を持つ支配者との相違である。

他方、労働者階級は、資本家と同様の経過をたどった後で、その国民を通じた全行為共同性的な、確信と道徳とを入手する。彼らにとって、プロレタリア階級性は、行為者としては、気づかない自分の属性の一である（にすぎない）。労働者階級者が得られるものは、労働者としては、生理的条件と仲間的行為共同性、にすぎない。人は、生きるために働くよう年長者から教えられ、実際、そのようにしなければ（本来）生きていけないことに気がつき、労働する。もちろん労働貴族の巣である先進資本主義国では必ずそうだというわけではないが、基本は変わらない。

さて、労働者階級の場合、ポイントはそれからであって、プロレタリア階級性は、彼らの属性ではある。彼らが自分では権力上の自由は手に入らないことに気づき、しかし権力上の自由が自分に不可欠だと考えたときに、彼らは対抗権力を探さざるを得ない。この場合、対抗する相手は支配武力であるから、これにかなう肉体力の総合力を求めることになる。いわく、プロレタリアートである。

資本主義社会の中で左右の既成イデオローグによって不可視にされている階級構造は、しかし、ある事態においてその姿を現わす。

(2) 階級現象の変成

階級現象の説明を兼ねて、資本主義的階級の変成を押さえておこう。

まず、領主的支配下における階級の時代に対し、国家支配による資本家的所有という状況における階級の時代に変わる。これとともに、国家支配者の武力は非常時以外は不要となり、国内社会には潜行するかたちとなった。これにより、あたかも社会は資本家階級のものであるかのごとく認識する人々がでてくる。不思議なことにマルクスもエンゲルスも階級が実体であることに疑いを持たなかったと読み取れる。彼らにとって、国家は「そのときどきの搾取階級」のものであり、それゆえに「封建貴族の」国家があり、「ブルジョアジーの」国家はあったが、支配権力者の国家は、ついぞなかったのだ(注1)。さいわいわれわれは生きている間に(ソ連等という)支配権力者の国家を生で見てきたわけだが、それでもまだマルクス主義者にはこの仕組みがわからないというのも不思議なことである。

人間の自由は、もちろん賞賛と優越を不可欠とするものであり、すなわち行為共同性内の人間が仕切るところのものであるから、行為者個人は、行為共同性内であるという条件を排しては自由を得られない。自分が自分の行為共同性内の賞賛を離れて、別個の、賞賛のない行為共同性内の社会的位置を取ることには、何のメリットもないのである。

ここで農民は、資本家―賃金労働者に次ぐ階層の三層性において、農民である限りの幸せしかつかめないが、生産物との対峙において、その生産労働の幸せは消えない。であれば、農民でいることができる、その名前が農業労働者であろうと、農奴でないということが彼らの救いである(注2)。

(注1) F. エンゲルス『反デューリング論2』、村田陽一訳、大月書店、1970。

(注2) 既にブルジョア化したイギリスはもちろん、フランス農村部において、革命が同調されないのは当然である。その一方、運動はそれが普遍的に持つ反―全社会規範という性格により、別個の運動体を組織した。西川長夫が指摘するフランス農村部における反ブルジョア・反中央権力運動である。この西川の論の紹介の後、「フランス以外においては封建的諸関係の変革の問題を最も基本的な柱の一つとしていた」旨、柳澤治が述べている。

柳澤治「資本主義史の連続と断絶」、日本経済評論社、2006。

(3) 階級性と文化

そもそも、潜在する階級の意味とは生理性の条件に基づくものではあるが、それが現実にもたらす意味は、事実認知と文化なのである。文化とは、賞賛と優越である。ここで文化上将来の解放を取り込んだ事実認知を持たない人民においては、どんな階級的抑圧においても、最低限の生理的条件が確保されている限り、新たな未来はない。勝利したことのない貧民が命を賭けて取ろうというものは、家族との暮らしの中の賞賛と優越であり、親類・地域の仲間との暮らしの中の賞賛と優越である、のみである。「裏切り者」は除いて。

もちろん過去の歴史上いつでもどこでもそうだと言えばそうなのだが、だから、文化の獲得が死命を分けるのである。

権力は、その力が自己に及ばない間は、個人にとっては当該集合体内の事実認知の伝聞による。当該集合体内部の発信は、当該共同体内部の言語情報により、当該集合体内の言語情報は、それらしい人間の将来行為の推定の理由、あるいは行為の障害による。すなわち誰かへの権力の行使は、その権力を及ぼされた者の関係者により、集合体内に知れる。このため、集合体内の自由への模索のうち権力の追求の方途は、すぐに集合体内に明らかになる。権力への憧憬ないし方途は、すなわち憧憬対象たる賞賛と優越の内在化であり、こうして権力者の文化は、自己より上部の文化として確定する。あれば、だが。

権力者、すなわち生産手段の所有者、政治権力の所有者が、明瞭な顕著な文化を持っている場合、人民の文化は下層の文化となり、そこで賞賛と優越は停止する。この集合体には階層相互の内部では、権力の交通や浸透は起こらない。

ここで、初めにあるのは権力の行使である。とはいえ、次の契機は文化の存在である。さらに最後に、階層相互での要素たる人間の移動の不存在である。この3点を俟って、階層社会は定着かつ安定、あるいは強固な体制的安定を確保する。確保された体制的安定は、その内部で、これを保全するのが自己の利である人間行為によって、常に流動的に確保される。

こうした過程の説明は、それぞれの過程の特徴の説明であり、その説明の対象はただの特徴でしかない。こうした過程の破壊は、人民が新しい解放の未来を認識するかどうかにある。もちろん、定着した階層社会にあっては平常の道徳は到底解放のための道徳には連ならないものではあり、人民の認識は新たなものであるかのようにもみえる。しかし、だからといって、それを上部―土台の構造問題と捉えてはならない。それは単なる上部構造だけの問題なのである。これはすでに筆者が解明し終わっている。

解放の道は土台の問題である。それまでの過程において、いかに拘束の緩い社会の人民のほうが解放的であろうとも、解放は同次元で発生する。それが発生するならば、であるが。

2　階級者が持つ事実認知

(1) 支配権力者にとっての新しい生産関係

社会システムが、生産力と生産関係の桎梏により変化するという一般的傾向性は、生理性―賞賛―優越的自由という三つの行為原則を拡大的に実現「しようとする」人間行為の傾向性にすぎない。実現「しようとする」だけだから、失敗もする。

これを「実現」するものは第4の行為原則、「事実認知」である。資本主義その他の生産関係の、それ以前の生産関係に対する成功は、すでに解放主体の認知上新しい生産の関係の姿が見えていたことによる。

資本主義的生産関係は、国家によって変更される。しかしこの新しい関係は誰にも見えない。せいぜい「生産手段の国有」ほどのスローガンで全てが変わる。なぜ？　変革は現実を否定するところに意味も価値もあるからである。桎梏を否定して残ったものが新しい生産関係のコアであり、それ以外の関係のあり方はない。

生産関係が自らをその中に押さえておかなければならない枠づけに対して権力が自分を方向づける枠づけは、とりあえずは意思決定者の生理性と賞賛—優越の範囲ではある。しかしこの内実は生産関係の枠づけと同一である。自立した国民国家における意思決定者は、生産関係の桎梏によりこれを変更すべく（政権交代という方法によって）賞賛づけられるのである。

（２）人民にとっての変革の未来

変革の方法について、国家内人間はそれまでの事実認知を、したがってそれまでの統治形態を引き継ぐ。変革は多数の人間が共通に近い行動のイメージを持ってあたる作業だからである。このとき目標状態は決して一部の「指揮者あるいは識者」の認識によるものにはならない。変革上の多数の人間が持つイメージは、現在想定される目標状態なのである。

ここで注記したい点がある。思想界には「国家所有」という巨大な虚偽意識がある（注１）。もちろん国家所有自体は法制度であるから、上部構造とはいえ虚偽意識ではない。が、この概念を使用し言語伝達する人々にとって、この概念によって頭脳構成されるものは「国家所有」という国家の派生観念に他ならない。

それでいいのだろうか？　だめである。国家所有というイデオロギーが、現実での発現以前にその当事者たちに伝えたのは、権力者たち、すなわち国家と地域の武力権力者と、国家権力者によって私有権を付与された資本家と、農業的共同体権力者という、それぞれの私的所有者の権力と権限を自己の物とする、という巨大な私的所有の変換作業だ、という認識である。もちろんそれは、武力性がゆらぎ、国家範囲の一部とはいえ権力者の統治地域における圧倒的人民が統一しうる場面においては、実現可能である。そしてこの連続性により、「革命」という社会の転覆が、とりわけロシアにおいて、スムーズに歴史上実現したのである（注2）。

すなわち、ロシア革命に参加した当事者は、自己のやることと将来に現れる制度が明確に自己認知されていたのである。革命や新世界の青写真などは要らない。これまでの権力者の姿に、自己を投影すればよい。これが、未来の姿への何の議論もなく、その手順だけ意思統一すればよかったボルシェビキの勝利の根幹なのである。これはもちろん、経済過程だけの問題ではない。といって政治家の意図の問題でもない。さらにこれだけの結果で社会主義体制となるはずもない。そして残念すぎることに、政策当事者の苦闘的努力でどうなるものでもない。圧倒的人民の質の問題なのである。

忘れてならないのは、事実認知、事実の確認とは、その本人の、次の一瞬の行動に結びつけられる、ということ、あるいは情報とは本来そういうものだ、ということだ。将来と結びつかない事実認知とは、ただの言語体系の確認作業以上のものではない（注3）。

（注1）案外のことだが、この「虚偽意識」を「悪質」と指摘したマルクス主義者もいる。しかし、対抗方法が「自主管理と自己統治」なので、「実現の可能性は絶望的なほど少ない」と嘆かれる。論者の誠実さというものである。

富岡裕『社会主義経済の原理』pp.162〜、法政大学出版局、1977。

（注2）スターリンは「労働者階級が…その手に権力をにぎっており、生産手段を所有している現在」と書き、（『ソ同盟における社会主義の経済的諸問題』P. 25、全集刊行会訳、大月書店、1953）、ソ連の経済学教科書（たとえば第3分冊）においては「国家的全人民的所有」なる語を用い、毛沢東も「(人民公社等の）集団所有制は必ず全人民所有制へ移行しなければならない」と言った（矢吹晋訳『毛沢東政治経済学を語る』p.60、現代評論社、1974）。

なお、エンゲルスは正直である。国家と人民の差異にセンシティブな彼は、労働者が所有するのではなく「社会」が所有すると述べる。社会主義社会においては「労働者のみから成る全社会をして彼等の労働の全生産物の所有者たらしめるのである」（大内兵衛訳『住宅問題』p.35、岩波書店、1949）。

（注3）野党政治家の言のことである。たとえば「理想の社会を作ろう」という政治党派党首の言葉は、それを聞く他者の一瞬先の将来に何も生み出さない。「理想の社会？　材料はどこで買うのだ」あるいは「どの駅でどの電車に乗ればいいのか？」みたいなものだ。その本人にとってさえ、「しゃべっている自分」への賞賛と優越、「伝わったときの読者」への賞賛と優越を超えるものではない。他にあるとすれば、その政治党派の下部党員に「このコトバさえ明日繰り返して口に出せば、俺も優秀な政治党員だ」と思わせるほどのことである。

第2節　変革主体、または自己権力の表出

歴史の現象の中で、変革主体は、支配階級に対抗する権力を持って立ち現れる。筆者が言うのは個人の人民のことではない。世界の変更は、第1に、支配権力の位置に座っている用済みの古びた連中に、武力を突きつける闘争が必要ではある。これはいい。誰でも戦えるものが戦う。しかし第2に、そこへ間断なく次の闘士を送り込む、賞賛と優越を供給する、巨大な社会の雲が必要なのである。その巨大な雲は第3に、闘士を擁護するかのように、しかし実際はそこに従事する人間の主体性の表現によって、他の人間を説得する賞賛と優越も供給し続けるのである。本件は、過去の著作で詳細に述べたのでこれ以上は述べない。

ついで、その雲の現われにも歴史がある。人は、事実について、これを認知し、この自分への影響を考え、それによって次の行動をなす。次の行動は他者に認知され、次の事実になる一方、事実としてさらに他者に伝達される(注)。この平凡な過程が、行為の自由と組み合わされ、ある時代環境において「焦点化」する。ある行為は伝播し、別の地域において別の行為者によって、新たに発生させられる。これが時代のエポックとなる出来事の行為論上の要因である。

(注)　事実の伝達には、似ているがもう一つ、「日常行為」がある。
ある社会運動は、それが起こった次の段階で日常へ移行する。日常場面では、行為者が運動によって得

た「力」によって、自己の環境へ挑む。当該環境の他者においては、運動情報と、隣の生身の人間の日常において、自己の次の瞬間の行為を変更する、あるいは変更する「ことがある」。

この後者の行為主体による「日常」への働きかけによって運動は伝播する。にもかかわらず、「日常の運動」は運動ではない。「日常の運動」には武力的権力が存在しないからである。当該行為主体の隣人は、彼の社会学的社交性上においてのみ、自己の反応を変更する、あるいは変更する「かもしれない」。「日常の運動」あるいは「日常行為」は、小さくはあるが個人内部において支配権力と対抗権力、あるいはその他の肉体力という武力の「自己への影響度」を確認していく行為であり、これが社会の「当然さ」を形成する。あるいは、常に他方向で形成し続ける。本件は、普遍原理である。その内実は、日常の生産行為や娯楽、芸術現象、義務的行為、その他の全ての社会的行為である。

1　自己権力の弁証法

（1）人民の権力の発露

人民の権力は、唯物史観の説のとおりに増減するわけではない。人民が政権を取れば、人民全体が国家権力を振るえるように変わるわけではない。人民の自己の未来と時代の賞賛と優越とが一致すれば、そこには人民総体による権力の奪取が生まれる。ただし、その権力は、人民総体の当初の幻想どおりに支出されれば、あとはまた唯物史観の世界に戻る。人類は夢を見ながら生産労働がこなせる世界には生きていない。未来はまた人民総体の消費物資の確保に追われるわけである。

とはいえ、まずは人民による自己権力の奔出である。
人民は、権力的地位の操作を事実認知している人間の下にいて、その権力の統括的支出によってこれを実現する。権力的地位を知っている者についてはこれをリーダーと呼ぶであろうが、具体的に誰がリーダーかはまた別の話である。同一の権力下で誰もがその権力の実効を知っている集合性であれば、それが一括りとなるのである。そこには同一の行為論的将来が想定としてあるからである。

その後にどうなるかは、また別の話である。だから、資本主義は常に体制変更後の自由な将来を持つ。自由でないのは、その状況の只中で権力を握ってしまった、ごく一部の新権力位置者である。
この権力操作認知者は、当該（前）政権に巣食うべき人間でなければならないが、利害関係の事情によって彼の職業が具体的に決まる。ピューリタン革命であれば土地貴族や商人、ブルジョア革命であればブルジョアジーとインテリゲンツィア、明治維新なら貴族・下級官僚・商人、ロシア革命なら議員や兵士。全てはパラレルである。

当時の国家の「人民」層が自己権力化の可能性を認識したとき、「人民」層の自由が実現される。ただし、次の一瞬に歴史的段階に敗れる。すなわち、人間史上ブルジョア革命なり社会主義革命なりの名称付きの革命があるわけではないのだ。国家内消費物資は剰余労働の集中的使用がなされれば増大する。それまで王権が食いつぶしてきたこの剰余労働を、資本主義は資本家の強迫的労働者使用によって実現し、計画経済は国家権力の脅迫的労働者使用によって実現する。

（2） 自由の歴史の進行の例

例として1848年革命を見てみよう。これは、未来を一瞬だけ見つけた資本家・労働者の運動であり、これによって封建規範に勝利した国家支配者の運動でもある。ここで国家支配者とは、自分たちで行為共同性を持つ支配者及び支配資格者のことであり、彼らは行為共同性内の人間から自己の自由の実現行為にかかる賞賛と優越を得る。その彼らのこの時点の自由追求行為が、封建規範の除去なのである(注)。

産業労働者と中小商店主にとっては、それまでの規範の拒否と資本主義が運んだ生理的状況の拒否であり、また垣間見えた労働者と市民の未来であった。都市貧民にとっては、常に暴動がそうであるように、圧制の拒否と垣間見えた怒りの捌け口であった。農民にとってはそれまでの封建的支配と規範の拒否であった。そして残念ながら支配者にとって、それらの規範否定以外の全ての暴力は、叩き潰されなければならなかった。

資本主義は、商品の自由な交通と自由な労働者が得られれば確立する。それ以前の商品流通に際し、王権がこれを阻止しようとすれば王政は倒されはするが、倒れた後に誰が支配者に居座ろうが、それは唯物史観とはかかわりのないことなのである。

同様に、計画経済は、それまでの専制権力の道筋を、国家官僚によって効率的に進めるのである。

(注) たとえば、ドイツ、シュレージエン州の著名な農民運動について、末川清は、富裕な農民、村長の指導の下におけるほとんど全階層の蜂起で、目標は封建制廃棄である旨述べている。
末川清『近代ドイツの形成』晃洋書房、1996。

（3）自由の発現と階級性

普遍的な「自由」の発見の要因は、第1に、自由の拘束であり、第2に、他者の自由である。人は一時でも認識した自由を誰かが束縛したとき、自己の自由な将来を発見する。また人は、自分と同じ将来を持つはずの人間が実現する将来に自分が達せないとき、自己の自由な将来を発見する。

ここで、階級から「中間階級」への意識上の移行は、階級が待つ限定的な将来から、支配階級からの束縛と支配階級の自由からの疎外を認識させる。階級意識は平常の文化によって規定されるので、周囲の文化次第でそうした「誤った」意識上の移行が生まれるのである。

つまり、二大階級への分化、というのは、不可視の階級構造が、人々に強制する二つの階層への分化のことなのである(注)。ここで階層とは自由と不自由を特徴とする集合性であり、したがって、不自由の階層の合言葉は自由である。

この目に見える自由をめがけて、ある瞬間に自由が奔出する。

(注) イギリスの階級的現象については、コンパクトではあるが、左記書内スコット参照。
J．スコット他、渡辺景子訳『階級論の現在』青木書店、1998。

2　被支配者が見る「そのときの自由」

(1)当該時点での自由の発見

状況の変化により「そのときの自由」を発見すると、人は動く。奪われた自由は自己に召還せられねばならない。この場合の現在認識する自由とは、「今までの我慢」からの離脱である。

この行為は、状況の変化にフィットする事実認知によってもたらされる。この事実認知を持たない、あるいは持てない社会構成員にとって、取りうべき「行為」はない。

労働貴族には召還されるべき自由はない、彼は人間である以上、常に将来の自由を追求するが、そのときに目指す将来の状態は、彼のそれまでの認識体系によって、得られるべきとされている将来である（にすぎない)。あるいは貧窮者は、同じ経路をたどり、「これならまだましだ」と認識する将来を目指す（にすぎない)。両者とも、前の一瞬に存していた認識体系に沿って、自己の行為を決定する、それが平常の行為である。

行為主体における認識体系とは、事実認知にある知識の体系のことである。認識体系は、反省すればわかるように、通常は思考の一歩手前で固定されている。あるショックがあって状況の変化が次の行為に密接に関係することが知れるとき、思考は変化の体制に入るが、その思考の起点は従前の認識体系なのである。

新しい事態に際しては、それが行為者にもたらす未来に、自前の認識体系が反応しうる行為者についてのみ、行動が結果される。ここで、過去にセットされた自由が同調する。この賞賛と優越は、行為者の人間関係においてセットされている。たとえばある変革志向者への賞賛は、彼の生理的条件を彼の意思が打破する瞬間において、彼が関連する思春期を過ごした少年者たちと同調する。彼の死は、彼の仲間の彼への賞賛である。その賞賛に殉ずることが、次に、彼の仲間の倫理となる。

(2) 若者の特殊的契機

変革行動の重要な要因である若者の行動性は、若干特徴的である。若者の生理的自由は、彼の自らの過去への認知からして、必ずしも侵されていない。しかし、自分の行為の拘束性の意識から、若者は普遍的に不自由であるとも言える。この不自由が外部、とりわけ仲間の賞賛と優越とに組み合わさった場合、容易に闘争に変化し、かつ、この闘争は時間の経過で増強する。

ここで問題は、ないし疑問は、若人の変革行動への契機ではなくて、先進国の通常では生理的には自由であるはずの若人が、なぜ常態では反抗ののろしを上げないか、であろう。

もちろんそれは、若人は常態として将来が見えないからである。あるいは老人は将来を見たつもりになって浸っているからである。自分の将来が体制に阻害されているのか、それとも自分がこれから方針を変更するのが世間の常態なのか、社会には幸いなことに、若者は素直に社会に従う。その中でポジティブな若者AないしA′だけが、ふざけんなとばかり、自分の道を開拓する。その反抗は常態ではあれ、社会のトータルとしては時の流れを変えるものではない。AないしA′の個人の営為の結果が社会に及ぼす影響（それは通常、規範の、上部構造の、変更の論題である）を除いては。

しかしここで、社会に傷があれば、喜んで若人個人は束縛的社会に突入するのである。それが3歳から15歳までの間に積もり積もった忍耐の代償である。

もちろん注意すべきは、若人の行為の焦点は、社会の賞賛と優越にある、ということである。若人にとって権力の集約である成人がどう困ろうとそれは知ったことではない。しかし、若人が若いなりに懸命に生きてきた価値は、若人本人のものである。社会の価値、すなわち、社会の賞賛と優越である。若人はその価値内の矛盾に苦しみながら、自己の生命をそこに賭けるのである。社会の価値、すなわち道徳から、権力的成人の虚偽をマイナスしたもの、イコール本来の倫理である。

若者の特殊性は、自己がたどるべき当為の策定である。若者は自己の人生と、確立しかけの自己の人生において、整合性のある「当該時代の当該社会における正義」を求める。

（3）資本家の自由の特性

ところで、ひるがえって、資本主義的道徳とは何か。

理念上の資本家は、生産共同体から切り離されて自由とされた人間である。彼に共同体的規制はない。一方、共同体的規定性がない以上、人間社会的道徳もない。あるのは企業運営の規制と社交上の規制だけである。すなわち、彼は企業上儲けなければならない。そうでなければ競争上、他の企業に負けてつぶれてしまう。また彼は社交上も儲けなければならない。つぶれそうな零細企業では、他の資本家と話しさえさせてもらえない。共同体から離れた彼の人生目標はこうである。「カネ、カネ、カネ」。かくて、彼は十分なカネを儲けてからも憑かれたように金儲けにせいを出す。

資本家たる自分の状況を誰も慰撫してくれない中で、この悪評を緩めてくれるのが、アームソファーに座っていても会社が儲けてくれる大資本家であり、あるいは多数社員と社交をすれば社長になれる大企業のサラリーマン社長であり、あるいは逆に、代々零細でやってきて仲間も零細である零細企業の社長である。

そんな慰撫があろうとも、一般の資本家は、隣の資本家が儲かることをやり出せば、自分の人生としてこれを真似し、凌駕することが必要となる。多くの共同性から離れられない被支配者からみれば人間の価値を持たないこの後天的性格により、資本家は必ず敗北する。

もちろんそう言えば、資本家も人間であるから、反論もあろう。具体的人間としての児童時に取得された道徳は別として、資本家は自己の生活に応じ、具体的には利潤追求について、社会にもそれを適用させることが重要だと考える。それこそが彼の道徳であるからである。賢明なる読者はご存知のとおり、自由主義経済思想を支えたイデオロギーは、アダム・スミスの、人間は彼の真摯な生き方により社会に道徳を実現できる、といういかにも育ちの良い人間の無垢な思い込みにあった。しかし現実には、その「真摯さ」は資本家の生活上の思い込みによって、地獄の標語となったのである。資本主義社会にも存する社会の擬制共同体的規制に基づき、当該社会で認められた行為共同性内の「国民」にとっては、「正義」は「反資本家」の思想とともにある。

ここで、イデオロギーが若人を統合させる。イデオロギーに内在する行動目的と賞賛と優越が、いくつもいくつも集まって、その時代の主要な人間の利害と賞賛と優越を、統合的に表現しだすのである（注）。

（注）「イデオロギー」については第1章第1節参照。こうした側面により、イデオロギー＝虚偽意識を説きたいエンゲルスも説明に苦労したというわけである。

（4）世界資本主義労働者のネック

世界資本主義においては、団結してもいいはずのプロレタリアートが国家の壁の前に団結できない。先進国であれ後進国であれ、まずは自国の経済状態が問題だからである。人民は1週間も食わなければ致命的な打撃を受けるからだ。

この原基的状況においては、まずは人民闘争は国家に集約されざるをえない。ただし、裕福な先進国のプチ・ブルジョアのイデオロギー的体系化の努力は別として。

ある国家の意思決定権は当該国家の武力支配者にある。したがって、同国内で支配武力者と行為共同性のある者が唱えるイデオロギーは、そのイデオロギーを武力支配者（＝複数）に向けることができ、これに影響を与えうる。武力支配者の、生理性が確保された状態での決定因は、賞賛と優越にある。しかして、上層のプチ・ブルジョアジーは、支配武力者が生理的条件を喪失しない限りにおいて、この行動を人間的に修正する実力を持つのである。

ここで、過剰生産状態においては、武力支配者を助ける資本家の利潤は、可変資本の縮小、要するに人件費の削減にしかない。資本家は必死で後進国の人件費の削減を迫る、もっともそれは表面的には経営の普遍的正義である「可変資本の圧縮」と言うしかないのだが。

このとき武力支配者がどの政策的選択をするかは、自国内の賞賛要因の大いさに全て帰するのである。

第3節　権力システムにおける変更

このように、革命は、それまで培われた資本主義の崩壊への支配者の危機について、実行役たる中下層資本家の生理性と、一般被支配者の持つ改革の正義と、虐げられた「ルンペンプロレタリアート」の恨的、犠牲的、要するに感情的な精神によって表現される。中下層資本家には時代の産業支配者の地位が担わされ、全被支配者には「愛国主義」的正義の、階層を超えた統合的実現が担わされる。これにより、支配者の位置にある者には、客観的には人民的な利害を処理する任務が負わされる。これが本来の共産主義第一革命である。このときもちろん、各国それぞれの処方箋は、現実が書くのである。

社会の変更はすでに歴史過程の中で決まっているが、しかし、それは人間の間で宣言されなければならない。社会事項は全て「事実認知」によって決まり、人間関係の事実変更は、全て表現によって確定されるからである。かくて、革命という宣言的表明である。革命において革命者は第一に、自己が変革主体であることを認識し、自己の宣言によりその勝利を認識する。この宣言を受けて社会構成員すべてがそれを認知する。変革主体であることとその勝利は、彼らの自由のその歴史時点での満願の放出である。ここにおいて、彼らの自由が確定する。これ以降の彼らの行為は、この事実を根拠に推移していく。

この宣言がない場合、「革命者であるべき人間」が支配者の地位を得ようとも、それはそれ以前の支配者の地位に過ぎない。彼は社会構成員によって容易に以前の支配者と交換される。しかし、変革の勝利の宣言がある場合、この宣言が別の戦いと宣言によって打ち破られるまでは、彼らは独自の自由を行使しうる支配者である。

1　変革主体の機能

こうした歴史の中で、変革主体が行為する。

変革主体と歴史の流れとは異なる。歴史は、そのときの社会総体の支配システムによって、当該全体社会の消費物資が、より豊富に、確保されるように動く。それにより支配階級とその補佐の階級が潤う、と支配階級に思念されるからである。

しかし、変革主体はそんなことに構ってはおれない。変革主体は自己の人生を懸けて動く。そうでなければ変革主体と呼ばれる必要はない。命を懸けて変革を行為するのが変革主体である。

ここで、変革主体が行為に命を賭ける理由は、第1に、その時点での自己の関係者及び自己の消費物資の確保であり、第2に、消費物資の確保を焦点とした行為共同性、つまり、仲間=自己の賞賛と優越を左右する人々との協同である。変革主体は仲間とともに戦い、闘い、そして死す。変革主体には残念ながら、このアガリを食うのが歴史が定めた公式上の次世代の支配者である。

ブルジョア革命で闘ったのは、そのときに虐げられていた民衆である。闘った主役がルンペンプロレタリアートか、被差別民族か、そんな所属評価は評論家が決めることである。下層人民は、そのときがくれば戦わざるをえない。そして歴史が選ぶのは、その社会の総体において次の消費物資を生産する社会層である。だからといってその果実を取ったものが偉いわけではない。いわゆる棚から牡丹餅である。闘争において悪いのは支配者であり、そして闘う者は、したがって歴史上偉大なる者は、下層人民なのだ(注)。次世代支配層が闘う必要があるとは、どの歴史にも書いてはいない。一方、誰かが闘わなくては支配権力は取れない、と全ての歴史書には書いてある。不条理ではある。

感想はおいて、こうして問題は、下層人民の闘いが「何を獲得するのか」ということである。

闘争のもたらすものは、現象的には、第1に、国家支配者の認識の揺れであり、第2に、次世代国家支配者の口先だけかもしれない覚悟表明であり、第3に、国家支配者による、反革命である仲間の幹部に対する説得の契機の取得である。

しかしてその内実は、社会構成員である各行為者に対する彼らの「構成員としての人生の否定」である。関連する行為者の人生はすべてここで否定されなければ、社会の次のステージへの事態は進まない。こうした「哲学的」あるいは「倫理的」突きつけこそが世界を転轍する。もちろん行く先は決まっているのだが、誰もが腰が引けて震える決断を、行為主体に対して迫るのが、下層行為者の「運動」、いやこう言ったほうが正しい、命を懸けた「闘争」である。

（注）　社会史系の歴史学が掘り起こした1848年革命での（ブルジョアジーではなく）窮乏下層民や異国民の主導的役割は有名である。たとえば、良知力『向う岸からの世界史』未来社、1978。増谷秀樹『ビラの中の革命』東京大学出版会、1987。

2　行為共同性に根ざした階層構造

常にナショナリズムに掬い取られる仲間的国家感情は、しかし他方では、ストレスのある者一般が持つ重要な感覚であり、かつ、行為に転化しうる感情である。行動の増大には、それを統括できるイデオロギー、つまり事実認知と賞賛と優越を併せ持つ表現がなければならない。といっても純粋の「理論的に真正な」思想などは不要である。シンプルに反権力的な心性を統括するための行動の思想にそれが必要なのである。

その構成素は

第1に、仲間に対する行為共同性のない集合体からの敵対意識であり、

第2に、この反映である、日常では満たされない自らが持つ攻撃的意識、

第3に、その前提である下位支配者をも含めた人民間の行為共同性である。

この構成素は、もちろんその攻撃性でわかるように、誰の心性にも該当するものではない。イデオロギーはそれが存在するという一瞬前に、階層を組んでいるのである。

第4節　後進国

1　後進国における階級現象の構制転成

資本主義が席巻していない後進国においては、階級概念が意味をなさない。人民の生産共同体、たとえば農村共同体の単なる集積のため集約する統一支配者が出ないことを特徴とするのが原後進国なのであるし、農村共同体が共同であることに大きな意味がない寄り集まり集落でできている地域においては、それはなおのことそうなのである(注1)。

他方、国民国家になりつつある後進国においては、支配武力者は、常に、「強力で自由な恣意的行為の実行力を持つ自分」である武力支配者にならんとしている。しかし資本家層は、「先進国資本に反抗して儲ける自分」を意志している。ここで有産農民とブルジョアジーは、ナショナリズムで一致する。他方、プロレタリアートと有産各層は、反権力で一致する。

後進国のブルジョアジーとプロレタリアートは、微妙な世界史的位置づけを持っているのである。いわゆる民族民主革命路線の根拠である。といって民族民主革命によっては資本主義は超えられないのは、歴史が証明している。問題は、第1に、各後進国において、資本家的生産力の向上に生産関係がどこまで桎梏となるか、ということである。資本家にも支配者にも、新しい道を見つける必要が出てくるわけだ。そして第2に、どこまで先進国の状況が被革命的になるか。先進国に革命が起こってしまうか、あるいは後進国にさらなる負担を押し付けることで後進国の支配者的政治状況を撹乱するか、ということである。

このほかに後進国の自前の階級的契機というものは、考慮しづらい。

後進国家で支配権力者が持つ特徴的な不満は、先進国の横暴である。後進国家に特徴的な中流階級が持つ不満も、先進国の横暴である。他方、後進国家の無産階級の不満は仕事の不安定さであり、後進国家の農業人民の不満は共同体権力の抑圧である。このうち上層中層のこの種の不平不満は、社会の表面には出ない。時々の感情は別として、下層階級への転嫁で乗り切れる。この不満のタネは、上中層にとってはただの行為の（商売の）「条件」だからである。この不満の解決は、歴史上、先進国自らの帝国主義からの離脱を、彼ら自身の行為のチャンスと見た場合に、選択動機となるだろう。

しかし、無産下層の不満は、自己の行為によってカバーできない条件として、「豊かな世界」に対する攻撃に集約される。さらに有産下層の不満は、共同体を通じた国家意識において、ナショナリズムへ収斂されうる。生産共同体内の抑圧と賞賛願望は、容易にナショナリズムに転化する。

これらの基本構制が、程度の違いを持って、後進諸国の状況を特徴付ける（注2）。

（注1）たとえば前掲矢野『東南アジアへの招待』が述べる、「個人の好みによって」関係の範囲が選べるタイ東北部農村の例。

（注2）アジア後進国の資本主義発展の体制、すなわち、支配者の独裁による国家的統一の達成と、開発の進

行過程、その結果できた中間層による独裁の廃止状況の叙述については、左記がよくまとまっている。ただし、著者は「国家統一の達成」要件についてはとりたてて注目していない。
岩崎育夫『アジア政治を見る眼』中央公論社、2001。

2 世界資本主義における階級状況の転成

本来、世界資本主義においてプロレタリアートの最下層に位置するはずの後進国労働者は、しかし、それに由来する世界資本主義的階級現象を構成しない。労働者である彼らは、まず、当該後進国での階級を現象させる、国家内の存在なのである。それよりも世界資本主義の労働者への攻勢は、資本主義労働者ではない人民に、新しい社会現象を生じさせ、それによって社会の規定因となる。すなわち、第1に、商品社会の興隆からする次男三男の脱共同体による商業者化、あるいは職業不定者化である。第2に、共同体権力の統括者による共同体構成員からの生産手段の強奪による構成員の「自由」労働者化である。

共同体権力者は、資本主義の仕組みの中にいる自分を見て、自己の「自由」の選択肢に、『支配権力者層と同じ「自由」を得る』という項目を見つけることができ、それまで不本意ながらセーブしてきた権力を「過度なまでに」使用するのである。なぜ過度かといえば、平穏に暮らしてきた構成員からの報復もあるだろうからであるが。そして第3に、武力によって略奪生活する層の発展と、国家による秩序装置の再編成による都市吸収である。

もっともこれらは、階級構造化というよりは商品社会化によることと言うべきではある。本来の階級構造からの影響は、労働者化を通じた「国民社会員」化であり、「国民化を通じた国際国家員」化である。後進国人民はこの回路を通じて、他国家員と肩を並べることができる。収入は低いが(注)。

(注) 理論上、世界資本主義論信奉者であれば、労働者階級についても、本来のプロレタリアートは、先進国労働者ではなく、先進国に経済的に収奪された下位の諸国で生きる労働者人民である、と規定せざるを得ない。

しかし、「革命は、物質的あるいは精神的に、貧窮したプロレタリアが戦う」から生ずるわけではない。社会は決してそんな子供のケンカのような恨みつらみで動くのではない。過去の歴史の示すことは、支配階級の意思を大多数階層が実現する、ということである。これは先進国各種人民のことである。支配階級の消費物資獲得欲を大多数階層が実現するとき、歴史はプロレタリアートの犠牲の下に、革命を用意する。

以上のような議論は個人の信条の問題ではない。筆者がアナーキストであっても次の時代の政体は、支配権力者が存在する国家であり、この実現にはナショナリスティックな感性が貢献する。では、個人の信条は変革運動には反映しないのか、と言えばそうではない。アナーキストたる筆者は反国家を主張して運動をし、運動の一翼を担い、そして残念ながら敗北する。では、個人の信条は歴史には反映しないのか、と言えばこれもそうではない。資本主義という強制のシステムの終焉は、人間の恣意で動く国家を生むのである。

第6章

主意的社会への支配システムの条件

さて、今まで述べてきた支配システムは、人間の自由の拡充のためにいつの日か変更されなければならない。この支配社会の変更の焦点が資本主義経済体制であることは言うまでもないだろう。資本主義という頚木《くびき》、世界資本主義という頚木を人間の世界からどうやって取るか、どうやったら取れるか、そのときの先進資本主義国のシステムは何か。問題はグローバルだということである。このグローバルな環境により、まず先進資本主義国の資本主義からの脱却が必要なのである、

さらに言えば、社会主義原理論には、資本主義のこれから辿る過程までもが、世界社会主義の原始的蓄積として、必要なのである。資本論は現にある現実の分析だから、資本主義的原始的蓄積のような過去にあった事象等を分析する必要はない。しかし未来の社会体制の本質を語る原理論においては、そこまでの道程を含めて原理論の範囲となる。

さて、変更される社会の向かうべき地点である。

この理論のためには、前衛が指導する闘争によって理想状態を手に入れようとする議論は無用である。あるいは、政権を取って権力を手にして、この権力を操作して理想状態を手に入れようとする議論も無用である。この主の議論が導くものは国家権力者の都合の成就だけである。そんな議論では人民の自由は見えない。生活している人間がなぜその生活を続けていくのか、あるいは、「新しい政権」の言うことを聞かない理由は何なのか。そんなことは見えない（注1）。

ここで必要なものは、来るべき過渡的な理想状態を人民に告げる理論のみである（注2）。本書で

はそれ以外のことは記さない。「来るべき」とは何か。それは資本主義が用意する変革地点における規定性のことである。「過渡的な理想状態」とは何か。それは、悪意ある支配権力者がいたとしても、その悪意を社会の拘束によって発揮させない状態のことである。本章ではこれらを記すのである。つまり、「国家」という実は支配者が行う人間の自由の拘束行為、それへの制限の方途とそれへの規定性である。

ところで、この過渡期内部においてもさらにエポック的経過が入る。名前を「プロレタリア独裁」という。

国家とは支配者のことであるから、国家を取った当初の支配者は、もちろん、プロレタリア独裁になるしかない。しかし、事実認知、あるいは社会科学を認識している権力者の一部と権力者を見張る人民の一団は、これを当初において制約することができる。ちなみに、当初のチャンスを外したら、もう一度革命を起こすしかない。

マルクス主義者には、政権党が指導すれば「プロレタリア独裁の段階」から「粗野な共産主義の段階」にいつの間にか移行できると説く人々がいる。彼らにとって、いったい歴史とは何なのだろうか。彼らの歴史には、この間に「国家」が消滅したりするものさえある。アナーキストであってもそんな無規定な議論は想像もつかない（注3）。

もちろんわれわれの論議はシンプルであるからそんな理論は全く関係はないのであるが、それにしても、支配社会の体制が人間の自由意志で変えられる、という発想は根本的に捨てるべきである。

人間の自由意志ができるのは、体制保持者による恣意的な虐殺と収奪だけである。

ともかくも当初の段階ではその国家は、その定義からプロレタリア独裁であるが、人民制度の確立は、独裁権力の、あるいは正しく言えばその効力を失いかけた国家権力の、権力行使の対象を狭め続けるのである。権力行使の対象の減少は、それ自体で人民に、制度全体を通した、仲間の肉体力以外の権力行使の範囲の極小値をもたらす。

時間的推移の果てにここに残存するべき権力行使の対象は、生産物の生産流通分配を、その世界経済段階での調整執行に刃向かう者に対する権力行使である。真正の共産主義段階は、世界諸地域から支配権力の溶出の原資が消えその形骸だけになった時にのみ、その最後の一歩を世界人民の名において祝すものなのである。

（注1）なお、社会科学上の叙述には政党も思想も現れないのは、周知の通り政党も思想も上部構造だからである。周知でない方は、拙著『「上部構造」の社会学』を参照されたい。

（注2）さらに、理想の政治機関の配置についても記さない。そうした言説は、あるいは理想状態を導くかもしれないが、そうした百も二百も立てられる言説は、議論とスローガンを混乱させるだけである。上部構造は、そのときの歴史上の国家が必然的に建てるものであり、それ以前に必要なのは、この上部構造の礎となる生産関係上のポイントと武力執行上のポイント（だけ）なのである。行為理論上では、「構想」の問題である。そして、このぶれる余地のない点で一致することが、人々の肉体力の集結には人々の将来認知の上で重要なのである。

たとえば「昼飯に話題のラーメンを食べるぞ」という志向について述べよう。

あるラーメン屋へ向かう行為者他者にとって、問題は曲がり角の目印であり、その通りの構成店舗ではない。人は行き先の目印さえあれば徒歩行為ができる。

ついでその手段である。足の悪い彼は徒歩では行けずタクシーが必要であるかもしれないし、雨が降る予報で少しでも濡れたくない彼女にはカサが必要かもしれない。構想とは、人間世界においてそういうものである。この結果、見通しや道しるべ、現在の位置等々のポイントさえ押さえられれば、彼らは個人の事情にしたがって、自己の行為の構想を立てられるのである。

もっとも、政治学者は政治言説が自己の生計なのであるから止めはしないが、読者諸賢におかれてはこの点を認識されたい。

（注3）　こうしたプロレタリア独裁と共産主義の第一段階の区分けの論議については、マルクス主義者の内部で議論あるいは異論があるようだが、過去のことでもあり、ここでは立ち入らない。過去のそれぞれの説は党派によるイデオロギーであり、したがってそれぞれの党派の歴史的段階ないし歴史からの要求というものに呼応したわけである。ただ筆者の論は、結果として、バリバールの議論と近くなっている。Ｅ．バリバール『プロレタリア独裁とはなにか』、加藤晴久訳、新評論、１９７８。

第1節　既存の社会主義原理の問題点

さて、変革の瞬間の次に来る体制について、、社会主義経済論、その他として論じられている既存の議論を見よう。ただしここでは、既存の国家にあった中央集権計画経済体制には立ち入らない。この点についてはこれまで述べてきたとおりで、計画経済自体は、社会主義とは、支配者の恣意の方途という以外には、縁もゆかりもないシステムだからである。そうではなくて、既存の議論で社会主義の原理にまで踏み込んでいるテーマのみを取り上げる。

1　変革後の経済

（1）経済システムのポイント

さて、変革後、先進資本主義という条件の中で残るべきものは何か。

生産力である。培った生産工程はそのまま残すことが、生産力としても、また生産力の発揮原理たる労働者についても必要なのである。旧来からの言である「生産力が上がったから新しい世界がくる」と言っているのではなく、社会構成員からの要請として「生産力を落とすことはできない」のである。

それでは資本主義時代と何も変わらないではないか？　というわけだが、もちろんこれは旧来の言の趣旨と同じく、変わる。残った国家権力により、行為者の自由を進展させざるを得ない制度が確立されるのである。

まず第1に、商品化の廃止。人間は自己の自由の下に労働を行うことを強制される。

しかして第2に、生産企業は競争により利潤を高めないことが強制される。生産企業の盛衰は、資本主義のように利潤の結果により引き起こされるものであってはならない。ちなみに、不要な株式機関は、自己清算後、他企業に吸収されるのが妥当であろう。

ここに必要なのは、人間の人間化である。人間は、金による優越等を放棄する代償として「人間」であらねばならない。もちろんこれは逆転しているのだが。これは規律法規を守らないということではない。社交の人間化である。古き良き時代の公務員にはおなじみだったかもしれない。

(2)「無政府的生産」の反意

資本主義的生産の無政府性は、生産が無計画になされる点が問題なのではない。生産の規律が、利潤によってのみなされる、という点が問題なのである。それは言い換えれば、行為の価値が儲けによって量られる、ということであり、すなわちカネだけが社会の価値となる、ということであり、さらには、他者の労働の収奪が、社会道徳の名において肯定されるということなのである。効率を言い立てるならば、まず、それが誰のための効率なのかを告げてからにすべきである。といっても言わないであろうから代わりに言おう。生き物ではない、亡霊のような「経済」そのもののためである。

したがって、この反意語は、決して旧来の言による「生産の計画性」ではない。「生産への社会的価値の反映」こそが反意語なのである。

社会的価値は歴史的なものであり、絶対的なものではない。しかし、その歴史的時点での社会的価値によって生産を制限する体制こそが、生産の無政府性に対応する未来経済のスローガンなのである。

（3）行為の場面とシステムの場面

社会主義論の中には古くから労働者自主管理論というものがある。そこでは労働者が労働過程を管理でき、したがって労働過程から労働者は疎外されない。こうして労働者自主管理こそが社会主義の基本原理である、という議論である(注)。

しかし残念ながら、「労働者一般」という人格は存在しない。評論家が言う「労働者」とは、「資本家ではない」という語義しか持たない。ところでサラリーマンなら誰でも知っているが、資本主義的経営管理者一般は資本家ではない。日本の会社の部長一般でさえ上級労働者であるというのが実情である。にもかかわらず労働者は疎外されている。評論家はこの上何を言いたいのか、ということである。

すべて行為の自由とは、個人の行為がどれだけ彼の意図として実現されるか、にある。他人が「全体を見よ。『われわれ労働者』は自由ではないか」などと御託を並べようがそんなものには何の意味もないのである。自由は、仕事をどれだけ自分の裁量でやれるか、「偉い奴」が御託を並べないか、さらに「偉い奴」に反抗しても自分の生理的条件は保存されるか、にあるのである。下から上への意思決定と、身分の保証、あるいは転職の保証による生理的条件の保障である。

この側面では、経済体制が資本主義だろうが社会主義だろうか、そんなことはどちらでも「同じ」なのである。そうではなくて、体制の問題は、個人が「仕方なく行為をせざるを得ない」システム的側面にあるのだ。

（注）議論自体は古くからあるが、新しい例としては田上孝一、社会主義理論学会編「マルクスの社会主義と現実の社会主義」『グローバリゼーション時代と社会主義』所収、ロゴス社、２００７。

2　過渡期社会と労働時間制

真正の共産主義における生産された物資の交換は、善意による交換であり、交歓である。いやそれは既に「交換」ではなく「相互取得」とでも呼ぶべきであろう。このとき人間の労働は、自由な行為一般として存在し、その「労働」たる規定性を喪失する。

しかし、それはとりあえず、人間の自由の彼方にある地平である。残念ながらこれは認めざるをえない。しかしさらに残念なことに、その手前でも彼方とせざるをえない制度がある。労働時間に基づく消費制度である。

労働単位による交換とは、それ自体、恣意的な設定である。しかして、権力による設定である。これを社会的に確保するには国家権力が必要である。たとえば、労働証書制である。労働証書はそれを使えば社会主義だ、というものではない。しかし、その内実は剰余労働の権力的一般規定であり、これを資本主義的に操作すること、すなわち企業的搾取は行い得ないものではある。ではそれでよいかと言えばそうではない。労働証書は、グローバルに1国になったときありうるのであって、小説家でも哲学者でもない生きている労働者にとっては、ありうるものではない。なぜかと言えば別の（後進）国家という別の経済体系についても同一の労働時間と剰余単位が計算されなければならないのだが、これはありえないからである。いつかは存在するかもしれないがそれは資本主義崩壊後に続いて存しうる制度ではないのである。

資本主義直後の経済体系にあっては、剰余蓄積の程度の違う国家間において、労働者人民に納得しうる交換手段がなければならないのである。

これが過渡期社会というものの存在の所以である。

支配社会においては労働の収奪は必須である。それは過渡期社会でも同様である。ここから逃れる領域は、サービス産業化のため、資本主義が発達すればするほどゼロとなる。

さて、資本主義社会では、ある行為者は仕方なく労働（力）を捕らえられ、あるいは「経営者」としてもその行為者を仕方なく雇用する。もちろんこの「仕方なく」とは、「うちの就職希望者はこんなのしかいないのか」という意味ではない。行為として経営者は自分で好きなようにやりたいがそれはできず、他人の労働力を当てにして仕方なく社員を雇用する、その仕方なさである。

この状況では、外見的には過渡期社会でも変わらない。そのときに労働力を時間で計ることも変わらない（本当は「労働力を」ではなく「労働を」だが、ここで論議が止まっても困るのでそうしておく)。なぜならそれこそが生きている人間を労働者一般に変えてしまう根拠だからである。「働くものは誰でもいい。同じ給料で同じだけ働けよ」。これが「労働時間」の根拠である。特に左翼はこの論拠を誤解してはいけない。労働時間基準は何ら人間に普遍的な協働形態ではなく、彼が資本家であれ社会主義信奉者であれ、ただの労働使用者の都合なのだ(注)。それは報酬根拠に、労働強度、あるいはその時代でのその他の有償労働の基準を取り入れようと同じことである。

そこで、残った人間の行為過程は、宇野弘蔵が(初めて)指摘したように消費物資の取り返し、すなわち、買戻し過程である。同じだけ働いて、会社の言うが如き条件でこの労働力分を取り返すなら、それは資本主義と同じである。資本家は同じこの過程において、自己の生産支出を取り返すと同時に自己の儲け分を確保しつつ、さらに、別のもっと安い労働力を手に入れようとする。過渡期社会での経営担当者も、もしも自己の儲けと余剰労働力を「効率的に」手に入れようとすれば、同じ道をたどるしかない。この過程を切断しなければ、社会の質は一点も変化しない。すなわち、具体的労働時間とその報酬の「論理的乖離」こそ、当初の商品経済からの脱皮の一歩である。

といってもそれは経営者個人によってなされるわけではない。そんなことは経営者が死ぬ気になれば資本主義社会でもできるが、それをやっては利潤確保の、あるいは労働者獲得の、普遍的競争に負け、この場合資本家がこうむるものは自分の破産と首くくりの将来のみである。そして放っておけば過渡期社会経営担当者でも同様のことである。論理は「口先」に止まっている間は現実化しない。逆に、「現実」によって初めて十全の「論理」となるのである。国家はこの具体的労働時間とその報酬の「現実的乖離」を全企業に対し確保し、その現実をもって「論理的乖離」の根拠としなければならない。

（注）廣松渉の社会主義論批判としてなされている左記の主張の筋は正しい。枝折進、片桐悠編「『等量労働交換』の錯視的解釈」『廣松渉の国家論』所収、こぶし書房、１９９３。

3　社会主義と民主主義、あるいはソヴィエト民主制

マルクス主義者の一部には、ソヴィエト的民主制への幻想がある。彼等によると、人民はみな政治の意思決定に参加しないといけないようだ。そこから人によれば、「だから、先進国で社会主義や共産主義は作れない」と展開する。村の直接集会などは都市社会ではできないからだと。

それはそもそもが間違っている。どんな直接政治参加であれ、自分と自分の家族が餓死する決議があって、「はいそうですか、民主主義だから従いましょう」、などという人間の集合体があるだろうか？　いいやない（1人ならありうる）。それがあるとしたら資本主義組織あるいは計画経済組織で労働したことがない研究者・学生の頭の中だけである。

民主主義というものは、資本主義の中ではギリシアのデモクラシーの話ではない。それが資本主義勃興期、王侯貴族からの人民の解放の思想として活性化できたから生まれ変わった価値にすぎないのだ。本当は「民主制」かどうかの問題ではない。われわれ人民にとっては、民主主義であろうがなかろうが、あくまで明日の生理的安全を確保し、さらに今日の賞賛と優越を確保する政体であ

ればいいのだ。

しかし、国家と資本主義が強力《ごうりき》を握っている資本主義においてはそれはならず、また、国家が強力を握るだろう社会主義一般でもそれはならない。そうではなくて、たとえ政体が直接議会を取らずとも、社会主義等を超えた「ある種の」体制で、人民個人の生理的安全と、人民間での生活の中での賞賛と優越がクリアされればそれでよいのである。

人が政治の直接制で得たいものは、政治家であることの優越や賞賛ではないであろう。権力からの自由であろう。もちろん「であろう」というのは、人間の中に政治家たる権力の欲しい人間など見つけるのは簡単だからである。しかし、共産主義者ないしアナーキストであれば常識であるはずのように、社会主義の究極においては、その前提の存在する権力をなくさなければならないのだ。

こうした権力否定思想に対しては、「それでは組織は存立し得ない」といった、ためにする批判が出るかもしれない。しかし、指令と支配は異なる。人間は協同的行動に耐えうるようにできている。これが消費活動に反映したものが、生産と分配の分離である。生産は金儲けの基準を取る必要はない。個別の事業体がカネ換算の労働消費の基準を取るとしても、人々は、その根源的根拠を重んずる。すなわち最高指令である。人々の統括には最高指令権が生じうる。人間の個人的自由の追求は、人それぞれによる事実認知への固執によれば生産の成就に失敗することがある。このときに協働行為上の最高指令権は、この成就の失敗を防ぎ、同時に人によって持っている他者への指示それ自体から得られる自己の優越を追求する感性、これを満足させることができる。優越は、指令権により確保される。

ここでポイントは、指令権は支配権ではない、ということである。支配権は人の労働の収奪において個人にとって顕現するのであり、それ以外の指令は、個人はこれを無視することができる。ところで、生産上の指令権は、生産システム上の指令権である、これは個人の労働の収奪と同じではない。

たとえば労働時間に応じた賃金は、労働の社会への提供に過ぎない。これが収奪となるためには、労働主体たる自己から労働成果が奪われる事態が存するということである。

元に戻ってみよう。資本主義社会においては、第1に、労働者の賃金は、商品の売買によって左右される。「売れないもの」は労働の成果ではない。第2に、労働者が時給950円で働いているとき、CEOは時給50万円で働いている。しかもその金額は、その利潤を稼ぎ出した労働者が承認したものではない。第3に、労働者は、働いているにもかかわらず、明日には首にされる。

翻訳しよう。労働者の行為は、成果として実現されず、自分とはかかわりなしに自分の成果がもてあそばれ、あげくは、自分が壊れた商品として、ゴミ箱行きとなる。これが労働の収奪である。あるいは労働（力）の商品化である。

ではいったい、労働の剰余分が労働者に入ってこなければそれは収奪なのだろうか？　それでは全て社会の協働的労働は収奪になってしまうが。そんなわけはない。その言は、同じ物質が自分の手元から他者の占有に移るのはみな泥棒だと言っているのに等しい。

多くの場合全員で働いて、そしてその成果を全員で享受する社会状況は、ただの共同作業である。

心の中でも共同作業である。人々の現実の認知上そうだからである。心の中で思えと言うだけであればそれは「思えない」。しかし、みなで作った山小屋は、それを自分が使っても文句を言われない場合、それが誰にも当てはまる場合、「みなのもの」以上でも以下でもない。

4 社会主義とカネ

いわゆる社会主義と貨幣の問題である。とはいえ、貨幣の貨幣たる所以は、貨幣は金なり銀なりの使用価値を持つ商品たりうる、というところであり、いまさらそんな無意味な話はしたくないので、使用価値のないはずのカネ（紙幣）に限定する。

さて、紙幣による購買自体には、一つの問題しかない。ある個人の労働がいったん社会に集約される、という問題である。これは行為論上はある種の行為の疎外であるが、他方、この疎外こそ社会主義である、とも言える。経済的支配のない社会において、人は自己の行為を周囲の人々と協働で仕上げ、協働の成果としてこれを認識する。協働の成果はその社会全体の中で位置づけられ、その位置づけ分としてこれが経済証票であらわされる。これが社会主義におけるカネである。

問題は、と言えば、このカネを「交換価値の基準のようなものだろうな」と考えることである。それは違う。十全な人間には、交換価値など関係はない。「困った人間があれば、余っているものはあげよう」。それが十全な哺乳類たる人間である。

とはいえ、個別具体的な生活では、いつも見えていない他人のことを思えるわけではない。しかし、人間は、余ることが必要なこととして生産ができる。そして、そのことに喜びも持つ。その喜びは、「これで10人の困った人の分を作れた」である。

さて、何人分の生産分が作れようがそれは結果である。人間にとって、自分の行為が見知らぬ10人分の生産物を作ったことと見知らぬ8人分の生産物を作ったこととの間に差異はない。まずは、他人の何人かの消費物を作った、という満足であり、その満足は自分がより以上に精を出したという自分が知っている自分の努力の結果である、ということである。さて、この場合に別のファクターが追加される。その人々を10人知っているという事態である、ここで、しまった、2人分作れなかった、という青ざめる感覚が生ずる。人間はそのように自分の行為を構成する。人は、他の強制がなければ、人間の間で行為をする。

ちなみに、購買券（＝人が呼ぶ「労働証書」）の分配なるものを労働時間で測ろうと、それはたしかに（定義により）等量労働ではあろうが、そんなものは何ら「交換」ではありえない。ただの「配給」である。もちろん、といって、「配給」ではなく「交換」を要求しよう、というわけではない。配給なら配給で十分。「賃金」と呼ぶなら「賃金」で十分。生活物資入手の本質はそんなところにはない。それが労働行為によってなされる自己の消費物資の入手と観念されれば、それが「行為の完結」である。

いずれにせよ交換価値としてのカネには、労働が封じ込められてしまう。これが金銀ではなく他の代替物品、たとえば米であってもこの状況を変えることはできない。なぜなら、価値の実体は労働であるからだ。

したがって、問題は、「ほらみろよ純金の金貨だ。文句があるか。さあ俺にお前の労働をよこせ」と喚く人間を、社会関係がどう否定するか、ということなのである。

それは同時に、第1に、資本主義社会であれば労働をカネに封じ込められてしまう支配からの自己解放である。幸いなことに、多くのマルクス主義者の信念とは異なり、資本主義における生産過程では、生産物は奪われても労働は奪われてはいない。人は、自己の自立した意志により生産物を作成する。ただ、生産物が自己に帰ってこないことにより、労働が総体として奪われるのである。人は、奪われた生産物に対して、流通過程における自分と分配過程における自分とを確立することにより、総体としての自己を確立することができる。すなわち、生産物を自己と他者の世界へ送り、その見返りに自己の生産物と他者の生産物を消費する。この過程において人は、その行為により、生理的な自己を獲得し、自己と同じ人間を仲間として獲得する。これが論理そのもの敷衍であり、現実もそうなのである。

とはいえ、第2に、労働は、それ以前の関係行為に関係した人間同士の互いの約束でもありうる。「これを作ってくれ」「よし、わかった」という約束である。つまり、平等な生産過程の中で人間として約束される依頼・受託の関係のことであり、消費物資に対して表示されるカネは、いまだに社会関係を封じ込めている。この社会関係は、人と人との「約束」でよい。社会の原理に従った約束が貫徹すればよい。「効率」が悪かろうと一人の人間にネジを作ってもらうなら、その約束分に「賃金」なり購買券が交換されればよい。問題はその生産されたネジの数ではない。人が働けば当然に交換されるべきだ、という社会の価値が国家権力によって確保されることがポイントなのである。会社の経理担当者は「税務署」にそう申告し、「税務署」から新しい購買券を得ればよい。それが擬制が現実となる瞬間である。

ここでわれわれが欲するものは、ただの約束社会（あるいはただの「応答社会」と言ってもよいだろう。）である。社会のネットワーク上での、それを構成する人間の約束行為である。それは決して、資本主義によって封じ込められた価値体系を持つ必要はないし、持ってはならないのである。これが、マルクス主義者が知らない、「労働力の商品化」の否定であり、「人間の社会」という止揚形態なのである。

なお、これは青写真ではない。価値や擬制の制度化の仕方を述べているのである。幾万、幾十万の仕事や趣味について、将来の予想を書くのは予想屋そのものである。現実は、その時代のその主体がそれぞれに応じて切り開くしかない。が、そこには原理が必要なのであり、それを述べているのである。

5　社会主義と集団農業

一部のマルクス主義者の間では、「農業は、社会主義では統御できないであろう」とか、「社会主義なんだから集団主義で、それでは農業生産性なんか、がた減りだろう」といった議論がある。しかし社会主義が集団主義だなどと決めたのは、彼らマルクス主義者である。マルクス主義理論の諸悪の根源である「私的所有原罪」理論である。全ての悪は個人「所有」のせいだから、すべて共同所有にしよう、というわけである。もちろんわれわれがそんな特殊な感性に付き合う必要はない。しかも農業の集団化は、元を正せば、専制的計画経済の中央官僚や、中央産業の労使の消費のために食料をスムーズに中央へ吸い上げる食糧管理施策である。

もともと農業者本体には、生産物獲得の不安定さ以外には疎外要因がないのである。江戸、明治期の農民発言をチェックすればすぐ知れるように、農民は、資本主義的刺激がない限りは、食べていければ満足なのである。それをなぜわざわざ集団化する必要があるだろうか？　いいや、ない。ただし、農業がそれのみでは人間の自由を保障しないことは、第1に、それが持つ生産共同体的権力、第2に、自然的要因による生産の不安定さ、第3に、武力的争奪の対象といった点の結果としてある。

他方、工業生産品の個人的・社会的魅力は、農業生産物の生産者に対して工業従事者への供出を止ませることはない。

かくて、先進社会では集団化の必要などなく、農業者の全体社会への組み込みが既になされている、あるいは後進国ではこれからなされる、ものなのである。

そもそも物事は所有問題ではない。どのように支配がなされているか、という問題である。資本主義社会において農業者が「小市民」小農でいられるわけは、農民労働（力）が工業従事者以下の形で収奪されるからであり、別に改めて支配階級が収奪する必要がないためなだけなのだ。もちろんこの収奪は、資本主義の廃止によってのみ廃棄される（注）。

（注）崩壊期ソ連にまだ残る中央（権力）と地方（生産者）との対立的関係については、左記が主張している。
山村理人『現代ソ連の国家と農村』御茶の水書房、1990。

第2節　支配の無効化の方途

社会変更の処方箋は、その存在形式としては、イデオロギーである。その時代、その制度下の人々がはやし立てる方策である。それは、事実認知としては虚偽であるとは限らないが、事実と科学的因果連関を備えていようとも、その価値は人民の普遍的価値ではなく、その時代と制度に規定された価値でしかない。あるいは正しく言えば、そうであるからこそ時代の中で価値を持つ。

すなわち、この資本主義の社会の中に立ってわかりやすく言えば、次なる社会への要求の第1段階が「仕事の入手」である。人は働く権利がある、「クビにするぞ、働けなくなるぞ」などと脅されてたまるか、という対応である。その際の収入の多寡などは、さしあたり瑣末な事情である。まず仕事をする。その成果として生きていける。このとき体制変更後制度と資本主義との違いは、「首になっても路頭に迷わない。次の仕事がある」である。これはもちろん、障害者でも当然である。念のために言えば、これは私の社会に対する希望や要望ではない。これまでの社会を引き継ぐ際の各行為主体が到達する自然的結論である。

1　商品化の体制の変更

「労働（力）の商品化」は、資本主義の悪の根源である。すなわち、生産手段の占有を奪取された人間は、権力によって私的所有の宣言を許された資本家によって、競争しつつ雇われ、カネのために生産をしなければならない。他方資本家は、生産した商品を、競争しつつ何とか売ることに精魂を使わなければならない。正しく言えば、そこから抜け出せない状況こそが、その自体の根源である。

では、この境遇から脱するためにはどうすればよいか。

第1に、商品が売れなくとも消費物資が手に入る体制にすることである。すなわち、例として、計画経済体制である。このシステムにおいては、生産物が売れる必要はない。過去あった「社会主義体制」は、社会主義であったなかったの議論はあろうが、決して資本主義体制ではなかったのである。

では、それでよいのか。

違う、そもそも人間は生産ばかりしているわけではないのだ。恋もすれば遊びもする。この人間の存在形態の包括概念は決して「生産」ではなく、「行為」なのだ。ゴミ捨て場に捨てるようなモノを作って、しかし、三度三度ご飯を食べられるからといって人間は満足するだろうか？　いいや、しない。人間は、不用物を作ることを放棄するであろう。極端な言い方だが、それが各種計画経済体制の崩壊である。

仮に生産手段を占有できている人間はどうするであろうか？　今日働いて明日のご飯を作る。それは、自然条件にジャマされた結果失敗することが起きなければ、彼の行為の本来である。

計画経済ではどうであろうか。労働者は生産手段を所有している国家に働かされる。「社会主義計画経済国家では生産手段は労働者のものだ」などというスローガンは、「資本家が慈父である」というデマゴーグよりも性が悪いデマであり、その影響力の大きさから言えば、ヒトラーの「第三帝国論」をしのぐ世界的な大ボラである。

人は自己の占有する生産手段を取り扱うことで、本来の自由を手にする。

しかし、この話には続きがある。この本来の自由を手にするのは、占有者だけなのである。彼に追随し同様に家庭を営むはずの女子供には自由はない。さらには占有の量もある。一人分の消費物資生産がやっとの占有者には、結婚の自由もない。これが多くの「未開発」社会のモノグラフィが示すところである。

かくて必然的に結論が得られる。

粗野な共産主義社会という人間の自由の社会においては、労働せんとする者が、女であれ子供であれ、自己の自由においてその生産手段を占有入手できること、これである（注）。

幸か不幸か粗野な共産主義段階において国家権力をなくすことはできない。それ以前の支配システムを引き継いでこそ、革命となるからである。しかしそれでは永遠に国家は消えないではないか、といえばそうではない。国家とは支配者のことであり、支配者は支配方法の喪失とともに消える。具体的には、法理論上の行政警察を除いて消える。それらは支配権力者の管理ではなく共同管理ができるからである。その前に支配権力により、生産分配制度を構築しておくわけである。

元に戻って、ではどうすればよいか。

第1に、競争の排除による商品化の制限。

労働する者は、彼の労働によって、いずれかの生産手段を占有状態にできる。占有状態とは、その生産手段の一員であり、その生産物の主人として行為できるということである。このとき「賃金」「労働強度」その他の労働要因において競争の余地をなくす、流行の文学的表現では「差異をなくす」。

第2に、生産物の商品化の制限。

労働の結果は、消費されることによって、つまり人々の役に立つことによって、労働者に還元される。

生産物の流通には、消費者による選択を残しつつ、「売却物の量」に伴う管理者報酬をなくす。

（注）労働者における生産手段の重要さを強調したのはエンゲルスである（「空想から科学へ」＝「反デューリング論」）。とはいえ、プラグマチスト、エンゲルスにとって、必要なことは生産手段を公有にすることだけだったのだろう、当時の労働者に伝えるべき言葉の上ではそれで済む。彼自身、それ以上未来のことに拘泥するのは拒否したことだろうことは理解するが、もともと生産力の進展問題から出た発想にすぎな

いのか、人間的本質にまで立ち入れなかったことは残念である。

F．エンゲルス、大内兵衛訳『空想より科学へ』岩波書店、１９４６。

K．マルクス・F．エンゲルス、廣松渉編訳・小林昌人補訳『ドイツ・イデオロギー』（本論三）、岩波書店、２００２。

2　生産手段の取戻し

(1) 労働の選択

支配の歴史の最終は、国家権力が資本主義から商品経済的競争を奪い終わった地点に属する。そこから始まる。

諸競争が国家権力によって奪われたとき、残る権力は国家権力のみとなる。ここで、支配権力システムの構成員が国家権力を放棄することはできないが、その権力行使の及ばぬ世界を作ることが権力によって可能となる。

言い換えると、およそ支配権力は支配者自身の自由のために行使されるのであり、システム上のエージェントはそのエージェントたる役割を放棄しはしないが、別の制度を作ることに障害はない。支配者にとってありうる障害は、自己の将来の地位の危うさの認知であるが、それはエージェントのかかわるところではない。支配システムの構成員である人民は支配システムを作ることはできないが、その支配システムの行方を決めることはできる。それは、分権された構成員、すなわち、政府に対する人民がなしうることなのである。

この最終は、権力の要件たる殺害可能性と致死可能性の行方について、殺害可能性が支配下の蓄積様式によって消滅しうる将来において、残った致死可能性の消滅制度を作成することにある。すなわち「労働の自由」である。

人民は、その労働を発揮する限りにおいて、その対価を得る自由を得られれば自由である。粗野な共産主義の題目たる「各人は能力に応じて働き、労働に応じて受け取る」ためには、自己の労働の自由な選択が必須なのである。権力によって配分された労働は、資本主義以上の圧制を生むという知識は、貴重な人類の遺産である（注）。

（注）ところで注記である。「各人はその能力に応じて各人にはその必要に応じて」。虚心に読めばあきれ返った言葉だ。前段は「働き」、であり後段は「受け取る」である。

「能力に応じて働く、べきだ」とはどんな立ち位置から言っているのだろうか。まるで神か共産党第一書記ではないか。人は生きていくために消費物資を生産する。それは誰に言われるまでもない。「必要に応じて、受けとる」とは何だろうか？　誰が私にくれようというのか、本来、私のものなのに。

正しい表現は、「各人はその必要に応じて、生産手段を選択する」のである。人は生きるために自分の生産手段を選択し、生産して生きる。当然である。この当然さの社会実現こそが、自由の社会である。

社会はこの大原則に沿って再設計される。

たとえば会社は彼のものである。彼が働く限り、社長でなくとも彼のものである。

しかし、「資本金は私のものだ」と資本家が言うなら答えよう。カネなど効率の計算方法に過ぎない。今の現実は違う？　違うなら変えるまでだ。

ある組織ではスマホを作っている。「僕も作りたい。僕はここで働くことを希望する」「そうかわかった。しかし、今空いている持ち場は、スマホのうちカバーを作るところだ。ぜひそこで働いてくれたまえ」。ここで「よしわかった」と言うか、「いやそれならやめた」と言うかは本人の自由だ。本人が自分の生産手段としてカバー作成機械を選ばないならそれだけのことだ。もちろん「イヤだ、基盤製作をやりたい」といってもその生産手段に空きが出なければしょうがない。それは人類普遍の労働の原則である。労働は砂場の一人遊びではない。ただし、それは別の話である。

なお詳細は、次の細項以降に続く。

(2) 生産手段の占有

さて、生産手段とは、当該社会において、労働と共にあれば消費物資が手に入るその手段のことであり、農業用の土地、あるいは産業社会であれば、その社会に必須な経済組織のことである。労働者は、自己が働く産業組織をその一員として自己のものとする権利を得なければならない。ブルジョア法規上はそれは所有権ではなく、占有権であり、使用権である。

もちろん所有も占有も武力的支配社会で初めて生ずる概念であって、本来は、「誰が見たってあいつだけが使っているもの」について、人は勝手に使おうとすれば相手は怒る、という単なる人間関係上の問題である。人間は、支配のない場合にあっても、当然の毎日の行為を壊されるのは不愉快である。これは10人いれば9人が思う認識であり、残りの1人も成長段階において周囲に矯正せられる普遍的な認識のはずである。これを生活慣習だの「社会的に正当と承認された対象支配」などと言うとしたら、それは生活者には理解されない（注1）。

まず、生産手段は「誰のもの」でもありない。それは単に過去の人民の労働の結晶である。ある富士通製パソコンを作った諸機械は、実は富士通社員だけが作ったものではない。そのねじ、そのモーター、その磁石、そのそのその、etc.。全て歴代の労働者が作ったものの蓄積である。「オレが機械の代金を払った」などと言ってみたところで、そのカネが賄ったものはそのほんの一部にすぎない。その手前の機械の代金はその手前の労働者の搾取分であり、その手前のそのそのその、全ては蓄積である。これをもって「オレのものだ」などと言う権利は誰にもないのである。

この事態を端的に言うならば、社会主義と資本主義の境目は、実は「労働（力）が商品になるかどうか」ではなく、「生産手段が商品となるかどうか」なのである。

つまり、労働の表現である生産物が、その「価値どおり」（？）労働者の手に入るかどうかではないのである。労働（力）を売って、その対価を得なければ生きていけない、その事態こそが悪の根源ではあるが、それは、自己も使用できるはずの万民のための労働手段が、「オレがそれに金を払った」なる意味不明の象徴行為によって、自己から隔離されるところが根源の根源なのである。

例を熱帯にとろう。今まで食べていたモンゴンゴの木の実が、何の権利もない侵略者に「この土地はオレが買ったからこの木もオレのもんだ」と言われる、すなわち自己の生産手段が奪われる事態こそが問題なのである。

さらに、この生産手段の強奪＝非占有が、ただの人間の生活行為を「労働」となさしめる。仮に、ある人間に十全の生産手段があれば、その人間の生産行為は労苦でなくなることが可能である。あるいは、労苦でなくなることが生産手段の規定性の「十全さ」である、と言ってもいい。すなわち生産手段の占有が、生活行為を「労働」ではなくす、第1条件なのである（注2）。

生産手段が個人の手に入れば、労働（力）の商品化は成立しない。商品化とは行為論的には、労働の代わりに「賃金」をもらうことではない。賃金と引き換えに労働の主体たる意志を持てずに他人の指示で行為を続けざるをえない事態を指す。その事態さえなければ人民は「ふざけんな、オレはオレでやる」と、資本家から離脱するわけである。そのとき「資本家」なるものが存在すれば、であるが。

「しかし『オレの生産手段』は変ではないか？　みんなのものだろう？」という疑問がありそうである（注3）。しかしそれは観念論議である。人は言語に必然する非統合的な語義イメージによって観念論議に陥る。本来オレのものであるはずのものが占有できない、これが主体的問題なのである。もちろん占有は独占有ではない。焦点がオレであるだけのこと、であるが、この「だけ」が決定的なのである。

生産手段は行為者にとって「彼」が、「彼こそが」使うべく存在するのである。それが本質である。ハンディキャップ保有者にとっては彼のハンディキャップを補うべく、生産手段が作成占有されなければならない。占有者がハンディキャップのある「彼」であれば、必ずそうしたのだから。かくて、生産手段の自由な占有が歴史上に復活するまで、闘争は続く。

そして、この主体的問題が必然的に他者と共有され、かくて他者も主体も同じ立場であることが知れる。そうして初めて、社会に無産階級が有産階級として実体化するのである（注4）。

（注1）さしあたり有井行夫の「所有の」規定記述から採った。しかしこの説を採ったとして、それなら、「占有」と「所有」の違いは何なのだろうか？ 社会的に正当と承認されるまでは占有だ、と言うのであろうか？ それなら正当と承認されれば占有は所有に変わるのだろうか？ そうではないことは既に述べた。

有井行夫『株式会社の正当性と所有理論』青木書店、1991。

（注2）労働とは何か。マルクスはまずこれを一般化し、「人間が、人間の自然との質料変換を自分じしんの行為によって媒介し・規制し・統制する一過程である」と書く。明るいものだ。それを捻じ曲げるのが資本主義的生産だ、と説くのである。これではマルクス主義者が「労働」至上主義者になるのも当然である。マルクス本人がヘーゲルのように産業社会の労働者の労働のことだけを指したかどうかは別として。さては、こたつで折り紙を折るのは労働だろうか？ 残念ながら資本家はそうは言わない。資本家は、同じ生活行為なのに、こたつで折り紙を折る行為と時間は買ってくれない。折り紙は労働ではない？ いや、資本家が自分の工場で土産物屋へ卸す折り紙を作らせれば、これは資本家は労働と呼ぶだろう。それはおかしい？ マルクス以外はおかしいとは言わない。当然である。言葉の意味が逆転している。つまりその資本家に買われる行為の部分の言語上の呼び方が、「労働」だからである。人間にとって一般は、行為、ないしそう呼びたければ活動なのである。まあ活動と呼んではその規定性には辿り着けはしないが。

なお、引用は、K．マルクス、長谷部文雄訳『資本論』（第一分冊）p.186、角川書店、1961。

ヘーゲルについては、藤野・赤沢訳『法の哲学Ⅱ』中央公論新社、２００１。

（注３）近代的工場生産においては「これは俺が作ったのだ、それは俺の生産物だ、などとは、誰もいえない」と言ったのは「生産は個人から社会を通して国家へ」を図式化したかったエンゲルスだが、しかし、資本家は自らそう言っているではないか。「この会社も、工場も俺のものであり、従ってその生産物は俺の生産物だ」。なぜそんなことが言えるのだろうか？　もちろん法律上資本家の私有財産だからである。

もっともエンゲルスの図式は正しいのだ、個人から社会までは。その後に控える国家が支配者の仮面であることに気づかなかっただけで。

F．エンゲルス『空想より科学へ』前掲書、P. 68。

（注４）この点について、いわば社会本位の立場から、従来のマルクス主義における国家所有ないし計画経済における共同所有の議論に批判の目を向けたのが国分幸である。この議論自体はもっともな箇所も多いが、しかし、「人間」を解放する社会主義における所有理論の本質はそこではない。この「人間」は個人でなければ「解放」の字義に意味がないのである。そして個人にとっての解放は、あくまで「彼にとっての生産手段の占有」を確保するものでなければならないのである。

国分幸『マルクスの社会主義と非政治的国家』ロゴス、２０１６。

3　狭義の過渡期の規定性

さてしかし、元に戻るようであるが、以上に述べたことはすぐには現実化しない。現実は連続的である。「変革」という社会事象によって、当該社会の全ての構成員を巻き込む規定性が作られてしまうのである。

とはいえ、支配システムを押しつぶすために必須である大衆の動員に係る要素は、さしあたり、新社会における個人の解放を許さない。個人の自由が普遍的価値であったとしても、それ以前に生理的条件が「『強制的』共同」を持つ場合は、個人の価値は、その間、圧殺されるのである。

すなわち第1に、必須であった大衆の連帯。第2に、支配武力を押さえつけるという国民的一致。第3に、これらを実現するための連帯的イデオロギーあるいは愛国的イデオロギー。これらがあいまって個人という視点を社会から消す。

代わりに、この支配社会システムの転換期に社会システム上必然であるのは、第1に、新しい支配者の登壇。第2に、政治システムの混乱による経済システムの遂行不全により、政治指令による必需品の分配の、行為共同性のある国民一般における必須化。第3に、新しい経済システムへの（資本主義的機構に替わる）人為的指令装置の設立。である。縮めて言えば、新しい国家権力と経済権力の再構成であるが、この中で、各具体的個人の自由を確保する第1段階は、「彼が革命勢力である人民の一であること」のイデオロギー的経路を通る必要を持つ。

そんなものが人間の自由に資するのであろうか？　実は歴史の通過点として資するのである。それは、彼らの事実認知が平等に基づいているからである。すなわち、この体制では、支配者から最下層人民まで、資本主義的議会主義に基づいているからである。意志が自由である場合には、恣意は、事実認知と行為共同性とによって作られる。フラットな行動社会と、これを構成する「仲間たち」は、自由を目指して動き続ける。

狭い意味での過渡期においては、将来の生産手段の個人的占有は、憲法に値する最高法規という武力装置に基づくイデオロギー的保護の下に、現実の実質的制度を変え、もって、これによって日々生きる人間の事実認知をいつでも個人の生き方の尊重に変更可能なものとする（注）。

具体的にはその歴史が処方箋を用意するのであるが、論旨の理解のために一例を挙げてみよう。

第1に、労働における賃金の差、労働強度の差を「報酬」体系から消す。賃金の差がいけないと言っているのではない。休日にいやいや出勤せざるを得ない人間も社会には必要である。同じ労働とはいえ、建築作業と店内の電話番とは訳が違う。この結果、賃金体系に差異があるのは当然である。ただ、この報酬は属人的なものではない、そうであってはならない、と言っている。もちろん、当初の変革期は誰もがそれぞれの持分を果たしたことが明瞭なので、当初において、この「報酬」体系は受け入れ可能であろう。人にはそれぞれの事情があり、他方、仕事には人間が疲労する「強度」というものがあるのである。

ついで第2に、売買の量による管理報酬の差をなくす。ただ単に売れれば報酬が上がると思えば、経営管理者は可変資本を、すなわち人件費を減らす。これは当然である。ところで世の中、いいものを作るには手間がかかる。この手間、すなわち生産機械という過去の労働を含めた投下労働量が多ければ、その分が高いのも当然である。しかし、それらは固定費用でなければならない。その固定費用をどううまく扱うかが、管理費用の差である。

それではこうした社会において「生産手段の奪還」という目標はどこへ行くのか。生産手段を奪還するべく制度を変え続けることが、個人の自由の強調というイデオロギーに大衆的肉体力という権力を与える。これにより、このイデオロギーに沿った社会の賞賛と優越が作られる。その結果、国家武力が次第に人民の支配下に置かれてゆくのである。

もちろん国家の武力がなくなるには、すなわち国家が死滅するには、世界的社会主義が必要なのであるが。

（注）これは国家権力を前提とするので本来的にはしてはならないことなのだが、実用的には過渡期は本来への梯子の要因を持てばよい。筆者もプラグマチストなのである。事実としての占有は、過渡期においては国家権力によって守られるしかない。それは資本家の私的所有が、つまり生産手段の私的占有が、法によって全ての人民の手から守られていたのと同様である。かくて、憲法には以下の条文が盛られる。

「第一条　すべて国民は、全ての生産手段に対しこれを共同で所有する権利を有する。

2　前項の生産手段とは、国家内における消費物資の生産に使用される全ての機構での役務の労働対象を指す。

3　個別の生産手段たる労働対象に対する国民個人によるその使用のための請求は、これを最大限に保証する。

4　前項の請求権の内容は、公共の福祉に適合するように、法律でこれを定める。」

第3節　残された後進国問題

1　世界生産力の問題

生産力とは何か。哲学ではなく社会科学にとって、生産力とは一方で、食べ物を何人分作れるか、という力のことであり、他方で、食べ物を作る人が欲しがるその他の消費物を何人分作れるか、という力のことである。

さて生産力といえば、歴史の発展の動因ということになっている。なぜ生産力が発展の動因かといえば、労働せずに食物の供給にあずかれる人間が、支配し、水道を作り、医療や衛生をつかさどり、ただ面白いだけの物品を作ることを労働する人間に要求し、これを実現できるからである。これらを圧倒的に生産できるのが、資本主義生産様式であり、この生産様式への移行とその発展が、近世以降の人間の歴史のさまだからである。

と揶揄のように書けば、生産力のおかげで日本には福祉が充実している、とかいう反発的議論も出よう。しかし、日本の福祉は、既に日本人民の作ったものではない。日本人民の闘争の勝利の結果だとかいう議論もあるが、虚偽である(注)。それは帝国主義国の後進（植民）国からの収奪の結果である。それは、言い方はいろいろあるが、資本主義の鉄の法則、窮乏化を担うのが既に植民地的周辺だからである。後進国がそこから逃れるためには、先進国以上の利潤を上げ、先進国労働者をこき使うしかない。しかし、残念なことに、この椅子取りゲームは勝利できない。後進国は後進国内に無告の窮民を抱えており、この窮民の行き先がない。行き先は先進国に押さえられていて作れないのである。かくて狂気のイスラム国である。あるいは狂気のアルカイーダであり、タリバンである。彼らは別にイスラム教徒ではなく、先進国の暴虐に挑む一般人にすぎない。わたしであり、あなたである。

（注）それは「運動の結果」であって「闘争の成果」ではない。「闘争の成果」では、労働者や被支配者が勝利したみたいではないか。支配の構造とは「動的均衡」というものだ。人民の文句が強ければ「わかったわかった」と所与の条件に入れるだけであって、その分他でバランスを取る。一部の資本家が困ろうが、支配者はぜんぜん困らない。また、他の資本家も困らない。では全体の資本家にかかわる事項ならどうかといえば、全員が歩調を合わせるならどの資本家も困らないのだ。そんなものは資本主義の基本である。実際、支配者も資本家も人間なのだから、一般人に良いことは自分にも良いことであり、利潤のために頑張っているようでも行為者としては痛し痒しなのだ。

2　後進国人民の自由の問題

後進国人民の自由のためには、生産力以外に、二つの前提が必要である。生産からの離脱可能性と平等の基礎である人民同士の行為共同性である。

（1）生産上の拘束からの離脱可能性

問題は自由なのであるから生産力は最低限あればよい（注）。生きている個人にとって、行動の成果は、自分の満足でしか量れない。まず自分の行為の後の将来の想定と、実際の行為の結果との一致度がその満足である。これが失敗した場合は、失敗なりに得た、結果の満足に対して身体ホルモンの値から代替可能な賞賛と優越の量である。この抽象性に、賞賛と優越の歴史的現実がセットされるのである。

ただし、前提がある。自己の自発的行為の確保である。したがって、これに強制的自由要因が加われば良い。すなわち、生産上の拘束からの離脱可能性である。たとえば第1に、他産業の魅力的待遇、あるいは第2に、農業共同体がある場合は、その共同体権力が除去された利益団体化。

複数の産業領域の間の行為者による自由な行き来が、自由離脱可能性である。この「それ以外の」領域に、商品経済＝利潤経済以外のものを持ってくればよい。といっても社会主義的指令機構では魅力的待遇の状況は作りにくいが。

ともかくも、問題は必ずしも収入の高さではない。自己の意思において十全な消費物資を得る場が得られ、それによって生産共同体的拘束を弱めることが全社会の自由を増加させるのである。

（注）低生産力だから悪いというはずはない。はずがあるとしたら、「理不尽な」自然からの退避力の欠如である。たとえば子供が病気で死ぬ。飢饉が続く。突然災害に襲われる。等である。これらのことを逃れるために中央機関が必要であり、それは十分可能である。それを除けば、キャッサバの餅とココの葉野菜、あるいは料理用バナナと干し川魚の煮物を同じ小村の人々と食べる食事に、仮に過不足がないという評が

あったとしても不思議ではないだろう。

これについての具体的対応は、当然にも当該共同社会のやり方である。部外者の想像で口の出せることではない。ただし、問題は、権力欲しさの男たちである。農業に首を突っ込めば、それまでの女性農業を破壊するであろう。といって、権力をつかんでいる部族男は、自分の権力に酔うことで精一杯だ。女性解放闘争は、女性が離脱可能性を得るまで続く。味方のはずが経済学原理を振りかざして女性解放運動者を脅す男性評論家さえ見かける。経済学の底の浅さを見せつけられるようである。

なお、石川博樹他による『食と農のアフリカ史』昭和堂、２０１６。を参照のこと。

(2) 後進国人民の行為共同性

後進国においては、行為共同性の価値を転換することが不可欠である。すなわち、第1に、部族的行為共同性の打破。これは権力の収奪と国家権力の増大である。部族という権力組織人が同一の未来を持ちえなくする、ということである。

本来、部族的行為共同性は生産共同性として行為共同性を形作るのであるが、それ以外に、戦争的消費的同一利害、というべきものによる強いられた行為共同性がある。この「未発達」の武力優位な社会においては、これを上回る武力が必要だといってもよいだろう。

この努力は歴史上、赤い血を犠牲にしつつ、ソ同盟でなされたことである。まず国家権力で有無を言わさず部族を固め、そこで同一の行為共同性を作る。あたかも同一であるかのごとき中で諸制度が作られたなら、改めてそこで問う。「勝手にやっていくのかい？」。やっていくならそこで分裂をする。もっとも現実に起きたことは、何十年も先の国家の分裂によるのだが。ここのポイントは、全部の行為共同性が取れるところまでを作り、取れない理由もあろう、そこで分裂をする、ということである。初めから分裂している生産共同体の集積での幼児の如き人民の中では、決して人民の平等は確保されない（注）。

（注）先進国知識人は、後進国の諸施策について処方箋を仕掛けたがる。その善意を疑う気持ちはないが、しかし、どこの国の世間知にもあるように、善意のつもりの行為をする人間の更生には手間がかかるものだ。たとえば先進国人ポール・コリアーは、アフリカ国家の「政府の」至らなさを嘆き（中谷和男訳『最底辺の10億人』日経ＢＰ出版センター、２００８）、次の書において、国際権力の団結的介入を願う（甘糟智子訳『民主主義がアフリカ経済を殺す』日経ＢＰ出版センター、２０１０）。しかし先進国は、他人名義で後進国のポリシーに圧力を掛けてはいけない。それは腐敗を複雑にする効果以上のものをもたらさない。

先進国が「本当に」後進国の面倒を見ようと思うなら、それは「占領」すべきなのだ。ニューコロニアリズムに対するシンプルな帝国主義。そう対置すれば事態はより鮮明となる。

もちろんその先進国は50年後に糾弾されるであろうが、その時の国民が一致した糾弾こそが、善意の論者が狙うはずのものである。善意者が主張する傀儡政権への「公正な」外部圧力など、先進諸国でも普遍的に存在するただの「政権国家が克服すべき環境」に過ぎない。もちろん本当は善意の彼（彼女）もそう思っているのであろう。しかし善意の旧帝国主義国の論者がそれを言えるとは思わないので、本当のことを教えるのが好きな私が代わって言ってあげているのだ。ポイントは、十分に権力を遂行しうる複数の人間の組織があるかどうか、ということである。もしも外部にできることであれば、彼らにとってもできるのだ。先進国人がそれをできないから代わりにするというのは、単に彼らを軽蔑しているからに過ぎない。もちろん現実には困難である。その困難さはいわば、政府の構成員の出来が悪いからではない。資本主義国の資本主義とは異なり、そうした国家での支配階級は、資本主義体制を土台にしているわけではない、という理由による。すなわち、彼らの生理性の源泉は、外部国家からの資源入手要求なのである。

自国の資源さえ手に入れていれば彼らは支配者面をしていられる。これにより支配者の彼らがイギリス人と立場を交代しようが、同じ結果しか生まない。それは同様に虎視眈々と支配者の地位を狙う組織党首Aについても当てはまる。このため、ここに個人的争闘が生じ、人民が巻き込まれて国家が破滅するというわけである。

また、この事態を逆に言えば、たとえばその資源の買い主である他国（宗主国等）の言うことも聞かなければならないということでもある。この特定の他国は、当該国家に重要な影響を及ぼすことができる。

こうした問題がなければ、後進諸国家は「昔のままでよい」のである。長い昔のまま自給自足の暮らしをしていけるのならそうするのがよい。しかし、できない。もうすでに資本主義に足を突っ込んでしまった国家は、ここから足抜けすることはできない。しかしてわれわれは世界資本主義の一として、当該国家を扱わなければならないのである。そうであれば「援助など要らない」ということに気がつくであろう。他国が欲しいのは資源なのであり、これを適正に入手すれば他国はそれでよいのである。そして、後進国家すなわち当該支配者もそれでよいのである。それ以上のものが必要だというのなら、当該支配の規定の中にそれを生まなければならないのである。

3　先進国の変革後の後進国

後進国において選ばれた資本主義体制は、支配者が変更されない限り、止まらない進行を続ける。このことは当然であるが、後進国の場合、支配者の「交代」がしばしば支配者の「変更」の形を取るので意味がある。統一されていない国家において、支配者の交代は、別の勢力による武力奪取によることが多い。支配的基礎が軍隊等の武装武力であるからである。ここでは武装者によるクーデター等が、支配者の交代の表現である。

他方、後進国においても大衆の肉体力は、無産労働者の大きさと自由の大きさとともに増大し続ける。それは程度の差が大きくはあるが、資本主義化の必然である。もちろん、この無産労働者が消費財生産の大部分を占めるとき、つまり誰にとっても必要欠くべからざるものとなったとき、当該国家は統一国家となり、その基盤は人民の肉体力となる。

ここで、先進国におけるような生産手段の取戻しは、無産労働者のみに係る潜在的要求であり、無産労働者が十分大きくならない限り、実現への水路には入らない。現実には、先進国人民の生産手段の獲得から、その状態への憧れあるいはその状態への支配者に対する要求として、のみ、水路化するだろう。生産が順調にいっている国家におけるそれ以前の要求は、平等化のみである。金持ちに対する消費物資の平等化、上層労働者に対する下層農民、下層民族からの権力操作の平等化、である。もちろん内戦等で生産体系が壊れてしまった国家は、論外である。そうした国家では、憧憬や要求以前に、まず人民は、一人ひとりが生きていかなければならない。

かくて、先進国の変更後、従属的後進国の規定性は、こう変わる。国家が存する限り、自国の消費物資のためへの要求は相変わらずさらされる。その代わりに受け取る物資も多少は減るとして、多くは変わらない。資本投下も多少は減るとして、多くは変わらない。

変わるのは、正規ルート以外の、密輸、密売、密開発にかかわる消費物資及び資本の減少であり、これは当該従属的後進国にとって、消費物資的にはマイナスであるが、政策としてはプラスに作用する。

従属的後進国は、資本主義が好きなら好きなだけ資本主義をすることができる、一方、倫理的に経済進展をしようとするならそれもすることができる。周囲の世界革命と共に、従属的後進国は政策の自由を得ることができるのである。

しかし、従属的後進国人民は、そのまま共産主義の第1段階へ進むわけではない。進みたいかどうかは彼ら人民の恣意であり、ここで、世界資本主義の消滅とともに、唯物史観的強制から逃れるのである(注)。

(注)　本書は全世界化した歴史の進行を明らかにするものであり、国家に所属していない人間の運命をあきらかにするものではない。人は常に生活する方途を探りながら生きている。移動型民族と呼ばれる文化的集合性、たとえばジプシーは、少なくとも過渡期においては、国家において生活手段を得ながら文化的な存在と化す、しかないのだが、これを許すように「監視」するのも、先進国国家内人民の「役目」ではあろう。ジプシーの実態を知っているわけではないが、ここでは、たとえば左記の書に記されている文化的集

合性を指す。相沢好則『ジプシー』新地書房、１９８９。

終節　権力減衰への社会体制

ここまでの叙述は「べき」論ではない。「べき」論などが社会主義前の歴史にかかわることはありえない。ましてや他国の「べき」などを告げ得る神のような人間はいない。

資本主義は近い時間間隔の中で順次崩壊する。したがって、世界資本主義の崩壊自体が、世界(多数派)社会主義の成立なのである。その多数派性がいつ全体になるかは、そのときの世界資本主義の状況によるので事前に想定することはできない。さらに、「多数派」が「全体」になればどういう状況が生まれるかは、その全体性しだいである。そもそも多数派の規定性は、その諸国家の行為共同性によるものなのだ。

こうした理由により、われわれが今提示する理論的枠組みの提供は、資本主義の崩壊と、その先進国がたどる道筋までであり、ただ見通しとして、その他の国々が辿っていくはずの世界を展望として述べるに留まる。しかもその時間的幅は20~30年である。この期間を長いと見るのはプチ・ブルジョアである。プロレタリアは、あるいは人民は、そんな歴史を何千年も続けてきたのだ。

この時点において、必然の王国は人間の自由の世界へと展開し始める。

各「国家」は、一つのグローバルな世界へ向けて、消費物資の確保という生理性から離れた自由の論議を展開するだろう。

国際連合は、仮にまだあったとしても、第5でも第6でもかまわないが、「インターナショナル」=国際会議へと変貌する。

本論全体をまとめよう。

自由を求める人間が歴史の展開を前にして、その歴史から汲み取る時間の推移はこうである。社会で自由に生きるべき人のその生き方を規定するものは、消費物資をいかに入手するか、という様態である。この様態の変遷により、人には「歴史」が生ずる。

有史以後のすべてのこれまでの社会の歴史とは、国家による強奪の歴史である。他の弱小地域を飲み込み、吐き出し、自国の国家構成員と自ら認める人間のみのために消費物資を掻き集める歴史である。したがって、国家が存在する限り、それが計画経済国家であっても、他国の消費物資の強奪は常に国家の目的である。

歴史とは階級闘争の歴史だ、などというのは、国家内特権階級の戯言に過ぎない。つまりマルクスである。アイヌの歴史を見ればよい。これを階級闘争で説明してみせよ。

にもかかわらず、この国家の強奪の歴史を終わらせるには、特権者たちが構成する国家が必要なのである。国家は外部から崩すことはできない。外部からの努力は「他国」という自国の、領地拡大にすぎない。

さて、その強奪の闘争はいつも、武力に特化した一群の人間がいる側、したがって、多くは武器の優越した側、さらに多くは、生産力の優越した側の勝利に終わった。大和朝廷の地域豪族恭順化を見よ。ところでこの勝利した一群の勢力の内部においても闘争があった。それが階級闘争である。階級闘争は当該一群の勢力を蝕み解体し続けた。それは外部の勢力にはできない作業であった。

内部闘争とは何か。それは武力の優勢の如何を超える闘争である。内部は内部の一部分を多数部分に変改しながら、武力の保持者を追い詰めていく。

武力の保持者は武力的構成を味方の者で固めたいが、そうはいかない。武力構成員は、命を掛けざるを得ず、そんなお人よしは、やっと社会の名誉で固めた幹部だけである。人民はそんな武装勢力の名誉を削りながら、行為共同性を広げ、武力を追い詰めてゆく。これが国内の歴史である。現先進資本主義国のブルジョア革命までの一連の過程を見ればよい。

では世界史における国外地域はどうか。国外は当該世界の資本主義から排出され続ける「資本主義」性によって、国内の行為共同性を広げてゆく。この国家以前の地域をも再構成し行為共同性を作る、奴隷的な、しかし平等状況の創出拡大こそ、資本主義の歴史的使命である。後進諸国の歴史を見よ。

資本主義とは拡大する平等のことである。しかし、決して行き着くことのない平等のことでもある。すなわち、人間は自己労働による消費物資獲得という、自己の自由を広げる。他方、共通した社会的位置におけるその連帯が絶対多数派を作る。これにより、支配を、国家を、連帯して打ち破る。

と同時に、自由を知った民衆は、労働（力）の商品化を阻止し、国家の支配を許さない。資本主義がなければ国家は自前の経済を作らなければならないが、民衆は、自前の経済を持つことで、国家の復活を許さないのである。

と同時に、自由を知った民衆は、自「国」の経済の安定のため、他国の自由を求める。そんなものは理念に過ぎない？　そうではない。この歴史段階は人類がはじめて手にした「理念が実現される」段階なのである。行為共同性しか生きる制約のないこの時代、人は下部構造から解放された彼の自由な精神を生きることができるからである。

ここに他国においても社会主義が生まれる。世界資本主義の代わりに世界社会主義が生まれるのである。といっても資本主義という原始的蓄積を通り過ぎていない後進国にとっては、いったん歴史の凍結が行われるわけだが、この国家での社会主義の漸次的進展は、資本主義の終わっていない現在の解明課題とはしないことが許されよう。

この歴史的大団円の前段の過程において、『消費物資の獲得』契機を資本主義が作り、『連帯』の契機を身分・階級闘争が作るのである。

これにより、人は第1に、歴史的価値としての諸闘争を知る。なぜ敗北にすぎない過程の中の死に価値があるのかを知る。その敗北的闘争こそが、支配者に対して、人間が進むべき方向性を示すのである。

と同時に第2に、人は「目的としての平凡な人生」の価値を知る。なぜ威勢のいい階級闘争に価値があるのではなく、先進国の多くでは当たり前の、「しかし平穏な」暮らしに価値があるのかを知る。平穏で自由な暮らしこそが未来のいつの日か、全世界の人類の誰もが手にすべき価値である。

こうして問題はすでに労働者への呼びかけではない。合言葉はこうである。

万国の人間は、結合せよ！

という時間の推移を、人がその歴史から汲み取りたくなくてもそれは仕方のないことだ。人にはそれぞれの使命がある。

そうして以上の記述こそが、生きながら、何人もの死を確かめつつ、何十人もの人に助けられた人間の残すべき仕事である。

あとがき

まずは、読みづらい文章を読み終えていただいたことに感謝申し上げたい。元来の悪筆に加えて、多岐にわたる論題を無理に1冊に落とし込んだことには、お読みの方には不消化の思いをされたのではないだろうか。恐縮ではあるが、そこは感謝ということでご了承いただきたい。言い訳のようではあるが、巨大理論というものは、1行1行をわかりやすく、と叙述すると、数十ページほどの区切りの像も見えなくなりやすいものなのである。しかもその場合、全体は十数巻になろう。思うに、人間の「理解」には、まず「構想」という枠組みの把握が必要なのだ。知らない町の目的地へ向かうには、居並ぶ商店の屋号ではなく、曲がる角と目印が必要なのである。確かに道は商店の連なりでできているのだが、商店街の店の品定めは、その歩き方を知ってからやり直すしかない。

さて、序において筆者が意図する本書の社会・理論的意義を述べておいたところだが、その意図はうまく伝えられたであろうか。筆者の従来に似合わず、何回か繰り返しの言をしてしまいしつこく思われたかもしれないが、あえて修正をしなかった。呆けてきたというのが正直なのだろうが、他方、繰り返したほうが強調になる、というのも本当のような気がするからである。

筆者としては、前3著によって、社会学基礎理論の構築という使命を終えたつもりではあったが、もう一つ遣り残したことが、下部構造の問題である。前著『「上部構造」の社会学』でマルクス主義の下部構造概念には問題があることを明らかにしたが、そもそも下部構造概念は経済学であり、それ以上には突っ込まなかったのである。しかし、社会学徒として、その経済学概念による社会認識の不十分さは明らかにしておくべきだろう、という問題意識の下に成ったのが本著である。

ここで、参考文献について一言しておこう。

1　参照文献には、その文言を引くこと自体に意味がある場合を除いて、参照ページは書かれていない。筆者にとっては恒例となっていることだが、本は1冊を読んで初めてその一部である該当文言の意味がわかるものである。コトバの一部だけを取り出して云々するのは、著者本人には迷惑であろうと考える。

さて、参考文献である。本書は畑違いの経済学を扱っているので、筆者が経済学の一般的素養を得た所論からあえて記していけばいくらでも挙げられるところだが、それも無意味であろう。注に挙げたもの以外で一般的素養を越えて必要だった文献は、マルクス・エンゲルス及び宇野弘蔵を除き、恐らくない。

といっても「一般的素養」なるもののレベル次第ともいえる。ここでは70年代までに確立したマルクス経済学の水準としておきたい。これでは昨今の若い人たちには荷が重そうだが、専門外の筆者が判断するのはやめておきたい。

2　次に後進国関係はそもそも無知に等しいし、読者諸賢のかなりの方々におかれても参考にすべきものは頭に浮かびにくいことと思われる。煩瑣ではあるが、注に述べた書以外を次に挙げておくことにした。専門外というのは悲しいもので、そのプロパーに関して何にどういう意義があるか量れないところがあるので、読者の方々にはあまりためにはならないかもしれない。しかし、左記は筆者が折々のテーマの事実確認の必要で当たったもので、それこそ（潜在的な）参考文献ではあり、また、この列挙分だけの書物が教える事実認知分には、本書は適用可能である、ということでもある。列挙の著者以外に苦労して事実を収集されている方々が多数おられるわけだが、学問は歴史的に累積されるものである。２０２０年、筆者の力はここまで、ということでお許し願いたい。

R．ウィンダム、中西秀男訳『ナイルの奥地』創樹社、１９７３。
D．L．エヴェレット、屋代通子訳『ピダハン』みすず書房、２０１２。
R．オリヴァー編著、川田順造訳『アフリカ史の曙』岩波書店、１９６２。
A．ゲルツェン、金子幸彦訳『ロシアにおける革命思想の発達について』岩波書店、１９５０。
P．コリアー、中谷和男訳『最底辺の10億人』日経BP、２００８。
P．コリアー、甘糟智子訳『民主主義がアフリカ経済を殺す』日経BP、２０１０。
J．サークス、三好洋子訳『消費社会の誕生』東京大学出版会、１９８４。
K．サーヘニー、松井秀和訳『ロシアのオリエンタリズム』柏書房、２０００。
S．ジョージ、向寿一訳『債務危機の真実』朝日新聞社、１９８９。

N.チェルヌイシェフスキー、石川郁男訳『農村共同体論』未来社、1983。
C.ドレイン、B.ホール、増永豪男訳『インドネシア人』河出書房新社、1998。
L.ヒューバーマン、P.M.スウィージー、池上幹徳訳『キューバ』岩波書店、1960。
A.G.フランク、大崎正治他訳『世界資本主義と低開発』柘植書房、1979。
P.ベリマン、五島政子訳『解放の神学とラテンアメリカ』同文館出版、1989。
M.モース、森山工訳『贈与論』岩波書店、2014。
L.H.モルガン、青山道夫訳『古代社会（上・下）岩波書店、1977。
J.ルウェエマム、豊田他訳『低開発と産業化』岩波書店、1987。
P.レンショウ、雪山慶正訳『ウォブリーズ』社会評論社、1973。
M.ロダンソン、山内昶訳『イスラームと資本主義』岩波書店、1978。
G.R.ロビンソン、Gネーデル他編、川上肇他訳「自由貿易帝国主義」『帝国主義と植民地主義』所収、御茶の水書房、1983。
青木一能『これがアフリカの全貌だ』かんき出版、2011。
赤羽裕『低開発経済分析序説』岩波書店、1971。
伊藤千尋『燃える中南米―特派員報告』岩波書店、1988。
岩崎育夫『アジア政治を見る眼』中央公論社、2001。
小倉充夫『開発と発展の社会学』東京大学出版会、1982。
小倉充夫『南部アフリカ社会の百年』（第1章）、東京大学出版会、2009。

加藤周一『ウズベック・クロアチア・ケララ紀行』岩波書店、１９５９。

勝俣誠『アフリカは本当に貧しいのか』朝日新聞社、１９９３。

桐生稔『バングラデシュ』時事通信社、１９７２。

栗本英世『民族紛争を生きる人びと』世界思想社、１９９６。

黒田美代子『商人たちの共和国』藤原書店、１９９５。

小林建一『キューバ自転車横断紀行』彩流社、２０１４。

斎藤修『比較史の遠近法』ＮＴＴ出版、１９９７。

佐伯尚美『農業経済学講義』東京大学出版会、１９８９。

阪本楠彦『幻影の大農論』農村漁村文化協会、１９８０。

坂元ひろ子『中国近代の思想文化史』岩波書店、２０１６。

坂田幹男『第三世界国家資本主義論』日本評論社、１９９１。

坂田幹男・内山怜和『アジア経済の変貌とグローバル化』晃洋書房、２０１６。

佐原真『斧の文化史』東京大学出版会、１９９４。

白戸圭一『ルポ資源大国アフリカ』東洋経済新報社、２００９。

高田和夫『ロシア帝国論』平凡社、２０１２。

武内進一、大串和雄編著「アフリカの紛争に見る変化と継続」『21世紀の政治と暴力』所収（第3章）、晃洋書房、２０１５。

武内進一『現代アフリカの紛争と国家』明石書店、２００９。

土井正興『スパルタクスの蜂起』青木書店、1973。
中村繁夫『レアメタル超入門』幻冬舎新書、2009。
長嶋俊介『水半球の小さな大地』同文舘出版、1987。
西島章次他『現代ラテンアメリカ経済論』ミネルヴァ書房、2011。
西田正規『人類史の中での定住革命』講談社、2007。
沼澤誠『ラテンアメリカ経済論』学文社、1996。
平野克己『経済大陸アフリカ』中央公論社、2013。
藤井毅『歴史のなかのカースト』岩波書店、2003。
藤田和子他『新自由主義に揺れるグローバル・サウス』ミネルヴァ書房、2012。
藤原辰史『トラクターの世界史』中央公論社、2017。
松田素二『都市を飼い慣らす』河出書房新社、1996。
丸谷雄一郎『ラテンアメリカ経済成長と広がる貧困格差』創成社、2009。
溝口常俊『インド・いちば・フィールドワーク』ナカニシヤ出版、2006。
向寿一『国家破産』講談社、1990。
百瀬宏『北欧現代史』山川出版社、1980。
森安達也・南塚信吾『東ヨーロッパ』朝日新聞社、1993。
山内昶『経済人類学への招待』筑摩書房、1994。
山本進『中南米ラテン・アメリカの政治と経済』岩波書店、1960。

山本達郎編『インド史』山川出版社、1960。
和崎洋一『スワヒリの世界にて』日本放送出版協会、1977。

3　さらに、本書理解の参考にはならないが、筆者に影響を与えた文献、という項目を置いておこう。それは本書における「占有」概念の取り扱い方法である。この発想についてはプルードンに負っている可能性が大きい。プルードン、長谷川進訳「所有とは何か」『プルードンⅢ』所収、三一書房、1971。いわく「占有を保持して所有を廃絶せよ。」p.299。といっても実は当該書発行以前（筆者の高校低学年）から筆者が意識してきた発想なので、正しく言えば、それ以前のアナキズム啓蒙文にあったそれであろうが。

4　付言しておけば、たびたび申し上げた筆者の社会学基礎理論3編を加えておく。といっても読むのは本書にまして大変な諸作品と思われるので、中では「歴史としての支配」がよいのではないかと思われる。

さて、書物が成るには様々の方々の助けがいるものである。本書は、今回も合同フォレスト山中洋二様をはじめ、ご担当の方々のお世話により発刊された。あらためて皆様に感謝を申し上げる。ただ本書においては、日常生活の安定を形作る妻を除き、今まで常に存在した私の周囲の方々の助けが明らかではない。前回から2年間、あれこれの理由で職業仕事をしてこなかったのでここに付け加える人が住むべき社交界がない。それは残念なことであるが仕方がない。言ってみれば普通の研究者並になってしまった、ということにもなろうか。

とはいえ、あえていえば執筆の動機を形作る人々がいる。過去、親近的なり敵対的なりにコミュニケイトしたマルクス主義者の人々の存在である。筆者の歴史の重要な登場人物である。お互い感謝をする、受けるという立場にはないのだが、しかしあえて指摘しておくことで謝意に代えさせていただこう。

＊＊＊＊＊＊＊

ここからは独り言のように言う。

人は、歴史に参加する。あるときは下部構造に規定され、あるときは、本章で明らかにしたように、仲間たちとともに在ることによって。

そしてすべての時間経過において、人は自己の主体性の下に歴史を形作る。ただそれはよいことでは「ない」。労働力の商品化というたった一つの構成された矛盾が充満するこの社会で、自己の主体性の追求は、他者の存在の否定でもある。しかし、矛盾の止揚を声高に叫ぶ観念論者《イデオローグ》には理解できないことに、それ以外の選択は歴史的に許されていない、それが今日と明日を生きるために労働者と資本家が持たされた規定性である。

それでは人は矛盾に押し流されてしまえばいいのだろうか？　そうではない。

人生は、生きてきた過去で決まるものではない。あるいは次の一歩の踏み出しで決まるわけでもない。次の一歩の踏み出しへの決意、その決意の瞬間に決まるのである。その意思が実現できるかどうかは、その意思の確定の1秒後以降における環境の反作用であって、本人の問題ではない。

人の命の中身とは道を前にした決意にのみある。人の辿る道は、それ以前の景色により異なる。しかしその道は幾億筋あろうとも、重ね合わせれば一つの道になる。同じ道を歩いているように見えるから仲間なのではない。次の一歩を踏み出そうと決めた瞬間に輝いた顔こそが、仲間の印なのである。人間の倫理とはイデオロギーの教唆の果てにあるものではない。それは個人の心の中にあり、あるときにそれが他者のそれと合一する。その一瞬にこそ普遍的なプロレタリアートの倫理がある。

かくて言いうる。万国の仲間たちよ、筆者はこの道を通り、団結する。

●著者プロフィール

隈　栄二郎（くま・えいじろう）

1953年生まれ。

1979年早稲田大学大学院（社会学専攻）中退。

市井の研究者として行為理論に基づく社会学基礎理論の著述を続ける。解釈的な行為論を排し、現実に生きている個人としての行為主体という視点を根拠として、行為、社会関係、社会運動、社会変動の各分野を統括する社会学を確立。

著書に『行為の集成――行為論的社会学基礎理論』（デジタルパブリッシングサービス、2011）、『歴史としての支配――行為論的社会学応用理論』（合同フォレスト、2016）、『「上部構造」の社会学――主体の意思と歴史過程』（合同フォレスト、2018）がある。

装　幀　合同フォレスト制作室
組　版　GALLAP

資本主義と支配システム
――その展開と終焉の社会過程

2021年3月10日　第1刷発行

著者　隈　栄二郎
発行者　松本　威
発　行　合同フォレスト株式会社
郵便番号 101-0051
東京都千代田区神田神保町 1-44
電話 03（3291）5200　FAX 03（3294）3509
振替 00170-4-324578
ホームページ　https://www.godo-forest.co.jp
発　売　合同出版株式会社
郵便番号 101-0051
東京都千代田区神田神保町 1-44
電話 03（3294）3506　FAX 03（3294）3509
印刷・製本　新灯印刷株式会社

■落丁・乱丁の際はお取り換えいたします。

ISBN 978-4-7726-6180-5　NDC 361　194×133

合同フォレストSNS
合同フォレスト
ホームページ
facebook　Instagram　Twitter　YouTube